U0798063

STATISTICAL YEARBOOK OF CHINA RESTAURANTS AND HOTELS IN CHAIN

中国连锁餐饮住宿业统计年鉴

2006

中华人民共和国国家统计局贸易外经统计司
中华人民共和国商务部市场运行调节司　编
中　国　商　业　联　合　会　信　息　部

Compiled by
Department of Trade and External Economic Relations Statistics,
National Bureau of Statistics of China
Department of Market Operation Regulation,
Ministry of Commerce of China
China General Chamber of Commerce Informetion Department

中国统计出版社
China Statistics Press

(京)新登字 041 号

图书在版编目(CIP)数据

中国连锁餐饮住宿业统计年鉴—2006/中华人民共和国国家统计局贸易外经统计司，
中华人民共和国商务部市场运行调节司，中国商业联合会信息部编.
—北京：中国统计出版社，2006.7
ISBN 7—5037—5029—4

Ⅰ.中…
Ⅱ.①中…②中…③中…
Ⅲ.①餐饮业—企业经济—统计资料—中国—2006—年鉴
②住宿业—企业经济—统计资料—中国—2006—年鉴
Ⅳ.F719.3—66

中国版本图书馆 CIP 数据核字(2006)第 057309 号

中国连锁餐饮住宿业统计年鉴—2006

作　　者/中华人民共和国国家统计局贸易外经统计司，
中华人民共和国商务部市场运行调节司，中国商业联合会信息部.
责任编辑/马平　王贵蛮　李敏
装帧设计/艺编广告
出版发行/中国统计出版社
通信地址/北京市西城区月坛南街 57 号　邮政编码/100826
办公地址/北京市丰台区西三环南路甲 6 号
电　　话/邮购(010)63376907　书店(010)68783172
印　　刷/河北天普润印刷厂
开　　本/880×1230mm　1/16
字　　数/520 千字
印　　张/17.75
版　　别/2006 年 8 月第 1 版
版　　次/2006 年 8 月第 1 次印刷
书　　号/ISBN 7—5037—5029—4/F・2351
定　　价/180.00 元

《中国连锁餐饮住宿业统计年鉴—2006》

编辑委员会

序

随着国内居民生活水平的提高和内外交往的进一步扩大，相应带动了餐饮业和住宿业的发展。为了从宏观和微观两个方面系统反映我国限额以上连锁餐饮业和住宿业集团(企业)发展的规模、结构和经营情况，准确判断连锁餐饮业和住宿业发展现状、存在问题，分析其在流通经济中的地位、作用，为合理规划和建设餐饮、住宿行业，提供可靠的数据依据，进而促进国民经济良性循环。国家统计局从2002年起将限额以上连锁餐饮业经营情况及其门店和配送中心分布情况列入《批发和零售业、餐饮业统计报表制度》，2005年又将连锁住宿业纳入了《批发和零售业、住宿和餐饮业统计报表制度》，并按年度出版《中国连锁餐饮业统计年鉴》。迄今已连续出版了三年。

为了更好地发挥统计信息的作用，增强政府宏观调控能力，引导企业投资经营，服务民众，指导消费，经国家统计局、商务部和中国商业联合会协商，决定由三个部门联合编辑《中国连锁餐饮住宿业统计年鉴—2006》，由中国统计出版社出版。

《中国连锁餐饮住宿业统计年鉴—2006》，在2004年第一次全国经济普查的基础上，进一步细化了统计指标、分类和业态。使统计数据更加丰富、详实和具有权威性，也便于经济和市场管理部门、科研机构与大专院校分析研究市场、进行宏观调控、科学决策、理论研究和教学、生产经营单位获取信息。

三年来，这本年鉴还运用统计数据资料对限额以上连锁餐饮业、住宿业集团(企业)进行分析研究，撰写专题文章，一方面将分析研究的成果提供给各方参考，另一方面也起到为读者导读的作用。

随着连锁餐饮业、住宿业统计制度的进一步完善，我国的餐饮业、住宿业统计工作将为社会主义市场经济的发展，发挥更大的作用。

徐一帆

编辑说明

一、《中国连锁餐饮住宿业统计年鉴—2006》是反映中国大型连锁餐饮业和住宿业全貌的资料性工具书，今年是出版的第三年。旨在通过大量、丰富、详实、具体和权威的统计数据，全面系统和多角度地反映中国连锁餐饮业和住宿业发育和发展的规模、水平。本年鉴是各级经济和企业管理部门、科研机构与大专院校分析研究餐饮业和住宿业，进行宏观调控和科学决策，开展理论研究和教学的重要资料；也是生产经营单位了解市场，获取商业信息的必备参考用书。

二、年鉴分为七部分：第一部分专文；第二部分社会消费品零售总额；第三部分限额以上连锁餐饮业集团（企业）情况；第四部分限额以上连锁餐饮业配送中心情况；第五部分限额以上连锁住宿业情况；第六部分连锁餐饮业集团（企业）门店、营业面积和营业收入；第七部分连锁住宿业集团（企业）门店、营业面积和营业收入。同时，为了便于读者阅读，还附有连锁餐饮住宿业主要统计指标解释。

三、年鉴中限额以上连锁餐饮集团（企业）统计范围为2005年度年营业收入200万元及以上，年末从业人员40人及以上的集团（企业）。西藏自治区未进行调查，全国性数据均不包括台湾省、香港特别行政区和澳门特别行政区。

四、年鉴中的时期数据为2005年年度数据，时点数据为2005年年末数据。

编辑说明

目 录

第一部分 专文

2005年我国限额以上连锁餐饮业持续发展 …… (3)

第二部分 社会消费品零售总额

2-1 社会消费品零售总额变动情况 …… (7)
2-2 各地区社会消费品零售总额 …… (8)

第三部分 限额以上连锁餐饮业集团(企业)情况

综合篇
(一)连锁企业
3-1 限额以上连锁餐饮业集团(企业)数(按登记注册类型,业态分) …… (11)
3-2 限额以上连锁餐饮业集团(企业)构成(按登记注册类型,业态分) …… (12)
3-3 限额以上连锁餐饮业基本情况 …… (13)
3-4 限额以上连锁餐饮业情况(按业态分) …… (14)
3-5 限额以上连锁餐饮业情况(按登记注册类型分) …… (16)
3-6 限额以上连锁正餐情况(按登记注册类型分) …… (19)
3-7 限额以上连锁快餐情况(按登记注册类型分) …… (22)
3-8 限额以上连锁茶馆情况(按登记注册类型分) …… (25)
3-9 限额以上连锁咖啡店情况(按登记注册类型分) …… (28)
3-10 限额以上连锁其他餐饮业情况(按登记注册类型分) …… (31)
(二)直营店
3-11 限额以上直营连锁餐饮业情况(按登记注册类型分) …… (34)
3-12 限额以上直营连锁正餐情况(按登记注册类型分) …… (37)
3-13 限额以上直营连锁快餐情况(按登记注册类型分) …… (40)
3-14 限额以上直营连锁茶馆情况(按登记注册类型分) …… (43)
3-15 限额以上直营连锁咖啡店情况(按登记注册类型分) …… (46)
3-16 限额以上直营连锁其他餐饮业情况(按登记注册类型分) …… (49)
(三)加盟店
3-17 限额以上加盟连锁餐饮业情况(按登记注册类型分) …… (52)
3-18 限额以上加盟连锁正餐情况(按登记注册类型分) …… (55)
3-19 限额以上加盟连锁快餐情况(按登记注册类型分) …… (58)
3-20 限额以上加盟连锁咖啡店情况(按登记注册类型分) …… (61)
3-21 限额以上加盟连锁其他餐饮业情况(按登记注册类型分) …… (64)

地区篇

（一）省、自治区、直辖市

1.连锁集团（企业）

3-22 各地区限额以上连锁餐饮业集团（企业）数（按业态分）…………(67)
3-23 各地区限额以上连锁餐饮业集团（企业）构成（按业态分）…………(68)

2.门店

3-24 各地区限额以上连锁餐饮业门店数（按业态分）…………(69)
3-25 各地区限额以上直营连锁餐饮业门店数（按业态分）…………(70)
3-26 各地区限额以上加盟连锁餐饮业门店数（按业态分）…………(71)
3-27 各地区限额以上连锁餐饮业门店数（按登记注册类型分）…………(72)
3-28 各地区限额以上内资企业连锁餐饮业门店数（按登记注册类型分）…………(73)
3-29 各地区限额以上国有企业连锁餐饮业门店数（按登记注册类型分）…………(74)
3-30 各地区限额以上股份合作企业连锁餐饮业门店数（按登记注册类型分）…………(75)
3-31 各地区限额以上有限责任公司连锁餐饮业门店数（按登记注册类型分）…………(76)
3-32 各地区限额以上股份有限公司连锁餐饮业门店数（按登记注册类型分）…………(77)
3-33 各地区限额以上私营企业连锁餐饮业门店数（按登记注册类型分）…………(78)
3-34 各地区限额以上港澳台商投资企业连锁餐饮业门店数（按登记注册类型分）…………(79)
3-35 各地区限额以上外商投资企业连锁餐饮业门店数（按登记注册类型分）…………(80)

3.营业面积

3-36 各地区限额以上连锁餐饮业营业面积（按业态分）…………(81)
3-37 各地区限额以上直营连锁餐饮业营业面积（按业态分）…………(82)
3-38 各地区限额以上加盟连锁餐饮业营业面积（按业态分）…………(83)

4.餐位数

3-39 各地区限额以上连锁餐饮业经营餐饮业务餐位数（按业态分）…………(84)
3-40 各地区限额以上直营连锁餐饮业经营餐饮业务餐位数（按业态分）…………(85)
3-41 各地区限额以上加盟连锁餐饮业经营餐饮业务餐位数（按业态分）…………(86)

5.从业人员

3-42 各地区限额以上连锁餐饮业从业人员（按业态分）…………(87)
3-43 各地区限额以上直营连锁餐饮业从业人员（按业态分）…………(88)
3-44 各地区限额以上加盟连锁餐饮业从业人员（按业态分）…………(89)

6.商品购进总额

3-45 各地区限额以上连锁餐饮业商品购进总额（按业态分）…………(90)
3-46 各地区限额以上直营连锁餐饮业商品购进总额（按业态分）…………(91)
3-47 各地区限额以上加盟连锁餐饮业商品购进总额（按业态分）…………(92)
3-48 各地区限额以上连锁餐饮业统一配送商品购进额（按业态分）…………(93)
3-49 各地区限额以上直营连锁餐饮业统一配送商品购进额（按业态分）…………(94)
3-50 各地区限额以上加盟连锁餐饮业统一配送商品购进额（按业态分）…………(95)
3-51 各地区限额以上连锁餐饮业自有配送中心配送商品购进额（按业态分）…………(96)
3-52 各地区限额以上直营连锁餐饮业自有配送中心配送商品购进额（按业态分）…………(97)
3-53 各地区限额以上加盟连锁餐饮业自有配送中心配送商品购进额（按业态分）…………(98)
3-54 各地区限额以上连锁餐饮业非自有配送中心配送商品购进额（按业态分）…………(99)
3-55 各地区限额以上直营连锁餐饮业非自有配送中心配送商品购进额（按业态分）…(100)
3-56 各地区限额以上加盟连锁餐饮业非自有配送中心配送商品购进额（按业态分）…(101)

7.营业收入

3-57 各地区限额以上连锁餐饮业营业收入（按业态分）…………(102)
3-58 各地区限额以上直营连锁餐饮业营业收入（按业态分）…………(103)
3-59 各地区限额以上加盟连锁餐饮业营业收入（按业态分）…………(104)

8.餐费收入

3-60 各地区限额以上连锁餐饮业餐费收入（按业态分）…………(105)
3-61 各地区限额以上直营连锁餐饮业餐费收入（按业态分）…………(106)
3-62 各地区限额以上加盟连锁餐饮业餐费收入（按业态分）…………(107)

9.商品销售额

3-63 各地区限额以上连锁餐饮业商品销售额（按业态分）…………(108)
3-64 各地区限额以上直营连锁餐饮业商品销售额（按业态分）…………(109)

3-65 各地区限额以上加盟连锁餐饮业商品销售额（按业态分） …………………… (110)
10.商品零售额
3-66 各地区限额以上连锁餐饮业商品零售额（按业态分） …………………… (111)
3-67 各地区限额以上直营连锁餐饮业商品零售额（按业态分） …………………… (112)
3-68 各地区限额以上加盟连锁餐饮业商品零售额（按业态分） …………………… (113)
（二）东中西部
3-69 东中西部地区限额以上连锁餐饮业门店数（按业态分） …………………… (114)
3-70 东中西部地区限额以上直营连锁餐饮业门店数（按业态分） …………………… (114)
3-71 东中西部地区限额以上加盟连锁餐饮业门店数（按业态分） …………………… (114)
3-72 东中西部地区限额以上连锁餐饮业营业面积（按业态分） …………………… (115)
3-73 东中西部地区限额以上直营连锁餐饮业营业面积（按业态分） …………………… (115)
3-74 东中西部地区限额以上加盟连锁餐饮业营业面积（按业态分） …………………… (115)
3-75 东中西部地区限额以上连锁餐饮业经营餐饮业务餐位数（按业态分） ………… (116)
3-76 东中西部地区限额以上直营连锁餐饮业经营餐饮业务餐位数（按业态分） …… (116)
3-77 东中西部地区限额以上加盟连锁餐饮业经营餐饮业务餐位数（按业态分） …… (116)
3-78 东中西部地区限额以上连锁餐饮业从业人员（按业态分） …………………… (117)
3-79 东中西部地区限额以上直营连锁餐饮业从业人员（按业态分） …………………… (117)
3-80 东中西部地区限额以上加盟连锁餐饮业从业人员（按业态分） …………………… (117)
3-81 东中西部地区限额以上连锁餐饮业商品购进总额（按业态分） …………………… (118)
3-82 东中西部地区限额以上直营连锁餐饮业商品购进总额（按业态分） ……………… (118)
3-83 东中西部地区限额以上加盟连锁餐饮业商品购进总额（按业态分） ……………… (118)
3-84 东中西部地区限额以上连锁餐饮业统一配送商品购进额（按业态分） ………… (119)
3-85 东中西部地区限额以上直营连锁餐饮业统一配送商品购进额（按业态分） …… (119)
3-86 东中西部地区限额以上加盟连锁餐饮业统一配送商品购进额（按业态分） …… (119)
3-87 东中西部地区限额以上连锁餐饮业自有配送中心配送商品购进额（按业态分） (120)
3-88 东中西部地区限额以上直营连锁餐饮业自有配送中心配送商品购进额
（按业态分） …………………………………………………………………… (120)
3-89 东中西部地区限额以上加盟连锁餐饮业自有配送中心配送商品购进额
（按业态分） …………………………………………………………………… (120)
3-90 东中西部地区限额以上连锁餐饮业非自有配送中心配送商品购进额
（按业态分） …………………………………………………………………… (121)
3-91 东中西部地区限额以上直营连锁餐饮业非自有配送中心配送商品购进额
（按业态分） …………………………………………………………………… (121)
3-92 东中西部地区限额以上加盟连锁餐饮业非自有配送中心配送商品购进额
（按业态分） …………………………………………………………………… (121)
3-93 东中西部地区限额以上连锁餐饮业营业收入（按业态分） …………………… (122)
3-94 东中西部地区限额以上直营连锁餐饮业营业收入（按业态分） …………………… (122)
3-95 东中西部地区限额以上加盟连锁餐饮业营业收入（按业态分） …………………… (122)
3-96 东中西部地区限额以上连锁餐饮业餐费收入（按业态分） …………………… (123)
3-97 东中西部地区限额以上直营连锁餐饮业餐费收入（按业态分） …………………… (123)
3-98 东中西部地区限额以上加盟连锁餐饮业餐费收入（按业态分） …………………… (123)
3-99 东中西部地区限额以上连锁餐饮业商品销售额（按业态分） …………………… (124)
3-100 东中西部地区限额以上直营连锁餐饮业商品销售额（按业态分） ……………… (124)
3-101 东中西部地区限额以上加盟连锁餐饮业商品销售额（按业态分） ……………… (124)
3-102 东中西部地区限额以上连锁餐饮业商品零售额（按业态分） …………………… (125)
3-103 东中西部地区限额以上直营连锁餐饮业商品零售额（按业态分） ……………… (125)
3-104 东中西部地区限额以上加盟连锁餐饮业商品零售额（按业态分） ……………… (125)
（三）六经济区
3-105 六经济区限额以上连锁餐饮业门店数（按业态分） …………………… (126)
3-106 六经济区限额以上直营连锁餐饮业门店数（按业态分） …………………… (126)
3-107 六经济区限额以上加盟连锁餐饮业门店数（按业态分） …………………… (126)
3-108 六经济区限额以上连锁餐饮业营业面积（按业态分） …………………… (127)
3-109 六经济区限额以上直营连锁餐饮业营业面积（按业态分） …………………… (127)

3-110 六经济区限额以上加盟连锁餐饮业营业面积（按业态分） …………………… (127)
3-111 六经济区限额以上连锁餐饮业经营餐饮业务餐位数（按业态分） ………… (128)
3-112 六经济区限额以上直营连锁餐饮业经营餐饮业务餐位数（按业态分） ……… (128)
3-113 六经济区限额以上加盟连锁餐饮业经营餐饮业务餐位数（按业态分） ……… (128)
3-114 六经济区限额以上连锁餐饮业从业人员（按业态分） ………………………… (129)
3-115 六经济区限额以上直营连锁餐饮业从业人员（按业态分） …………………… (129)
3-116 六经济区限额以上加盟连锁餐饮业从业人员（按业态分） …………………… (129)
3-117 六经济区限额以上连锁餐饮业商品购进总额（按业态分） …………………… (130)
3-118 六经济区限额以上直营连锁餐饮业商品购进总额（按业态分） ……………… (130)
3-119 六经济区限额以上加盟连锁餐饮业商品购进总额（按业态分） ……………… (130)
3-120 六经济区限额以上连锁餐饮业统一配送商品购进额（按业态分） …………… (131)
3-121 六经济区限额以上直营连锁餐饮业统一配送商品购进额（按业态分） ……… (131)
3-122 六经济区限额以上加盟连锁餐饮业统一配送商品购进额（按业态分） ……… (131)
3-123 六经济区限额以上连锁餐饮业自有配送中心配送商品购进额（按业态分） …… (132)
3-124 六经济区限额以上直营连锁餐饮业自有配送中心配送商品购进额（按业态分） (132)
3-125 六经济区限额以上加盟连锁餐饮业自有配送中心配送商品购进额（按业态分） (132)
3-126 六经济区限额以上连锁餐饮业非自有配送中心配送商品购进额（按业态分） … (133)
3-127 六经济区限额以上直营连锁餐饮业非自有配送中心配送商品购进额（按业态分） …………………………………………………………………… (133)
3-128 六经济区限额以上加盟连锁餐饮业非自有配送中心配送商品购进额（按业态分） …………………………………………………………………… (133)
3-129 六经济区限额以上连锁餐饮业营业收入（按业态分） ………………………… (134)
3-130 六经济区限额以上直营连锁餐饮业营业收入（按业态分） …………………… (134)
3-131 六经济区限额以上加盟连锁餐饮业营业收入（按业态分） …………………… (134)
3-132 六经济区限额以上连锁餐饮业餐费收入（按业态分） ………………………… (135)
3-133 六经济区限额以上直营连锁餐饮业餐费收入（按业态分） …………………… (135)
3-134 六经济区限额以上加盟连锁餐饮业餐费收入（按业态分） …………………… (135)
3-135 六经济区限额以上连锁餐饮业商品销售额（按业态分） ……………………… (136)
3-136 六经济区限额以上直营连锁餐饮业商品销售额（按业态分） ………………… (136)
3-137 六经济区限额以上加盟连锁餐饮业商品销售额（按业态分） ………………… (136)
3-138 六经济区限额以上连锁餐饮业商品零售额（按业态分） ……………………… (137)
3-139 六经济区限额以上直营连锁餐饮业商品零售额（按业态分） ………………… (137)
3-140 六经济区限额以上加盟连锁餐饮业商品零售额（按业态分） ………………… (137)
（四）大中小城市
3-141 大中小城市限额以上连锁餐饮业门店数（按业态分） ………………………… (138)
3-142 大中小城市限额以上直营连锁餐饮业门店数（按业态分） …………………… (138)
3-143 大中小城市限额以上加盟连锁餐饮业门店数（按业态分） …………………… (138)
3-144 大中小城市限额以上连锁餐饮业营业面积（按业态分） ……………………… (139)
3-145 大中小城市限额以上直营连锁餐饮业营业面积（按业态分） ………………… (139)
3-146 大中小城市限额以上加盟连锁餐饮业营业面积（按业态分） ………………… (139)
3-147 大中小城市限额以上连锁餐饮业经营餐饮业务餐位数（按业态分） ………… (140)
3-148 大中小城市限额以上直营连锁餐饮业经营餐饮业务餐位数（按业态分） …… (140)
3-149 大中小城市限额以上加盟连锁餐饮业经营餐饮业务餐位数（按业态分） …… (140)
3-150 大中小城市限额以上连锁餐饮业从业人员（按业态分） ……………………… (141)
3-151 大中小城市限额以上直营连锁餐饮业从业人员（按业态分） ………………… (141)
3-152 大中小城市限额以上加盟连锁餐饮业从业人员（按业态分） ………………… (141)
3-153 大中小城市限额以上连锁餐饮业商品购进总额（按业态分） ………………… (142)
3-154 大中小城市限额以上直营连锁餐饮业商品购进总额（按业态分） …………… (142)
3-155 大中小城市限额以上加盟连锁餐饮业商品购进总额（按业态分） …………… (142)
3-156 大中小城市限额以上连锁餐饮业统一配送商品购进额（按业态分） ………… (143)
3-157 大中小城市限额以上直营连锁餐饮业统一配送商品购进额（按业态分） …… (143)
3-158 大中小城市限额以上加盟连锁餐饮业统一配送商品购进额（按业态分） …… (143)
3-159 大中小城市限额以上连锁餐饮业自有配送中心配送商品购进额（按业态分） … (144)

3-160 大中小城市限额以上直营连锁餐饮业自有配送中心配送商品购进额（按业态分） …… (144)
3-161 大中小城市限额以上加盟连锁餐饮业自有配送中心配送商品购进额（按业态分） …… (144)
3-162 大中小城市限额以上连锁餐饮业非自有配送中心配送商品购进额（按业态分） …… (145)
3-163 大中小城市限额以上直营连锁餐饮业非自有配送中心配送商品购进额（按业态分） …… (145)
3-164 大中小城市限额以上加盟连锁餐饮业非自有配送中心配送商品购进额（按业态分） …… (145)
3-165 大中小城市限额以上连锁餐饮业营业收入（按业态分） …… (146)
3-166 大中小城市限额以上直营连锁餐饮业营业收入（按业态分） …… (146)
3-167 大中小城市限额以上加盟连锁餐饮业营业收入（按业态分） …… (146)
3-168 大中小城市限额以上连锁餐饮业餐费收入（按业态分） …… (147)
3-169 大中小城市限额以上直营连锁餐饮业餐费收入（按业态分） …… (147)
3-170 大中小城市限额以上加盟连锁餐饮业餐费收入（按业态分） …… (147)
3-171 大中小城市限额以上连锁餐饮业商品销售额（按业态分） …… (148)
3-172 大中小城市限额以上直营连锁餐饮业商品销售额（按业态分） …… (148)
3-173 大中小城市限额以上加盟连锁餐饮业商品销售额（按业态分） …… (148)
3-174 大中小城市限额以上连锁餐饮业商品零售额（按业态分） …… (149)
3-175 大中小城市限额以上直营连锁餐饮业商品零售额（按业态分） …… (149)
3-176 大中小城市限额以上加盟连锁餐饮业商品零售额（按业态分） …… (149)
（五）35城市
3-177 35城市限额以上连锁餐饮业门店数（按业态分） …… (150)
3-178 35城市限额以上直营连锁餐饮业门店数（按业态分） …… (151)
3-179 35城市限额以上加盟连锁餐饮业门店数（按业态分） …… (152)
3-180 35城市限额以上连锁餐饮业营业面积（按业态分） …… (153)
3-181 35城市限额以上直营连锁餐饮业营业面积（按业态分） …… (154)
3-182 35城市限额以上加盟连锁餐饮业营业面积（按业态分） …… (155)
3-183 35城市限额以上连锁餐饮业经营餐饮业务餐位数（按业态分） …… (156)
3-184 35城市限额以上直营连锁餐饮业经营餐饮业务餐位数（按业态分） …… (157)
3-185 35城市限额以上加盟连锁餐饮业经营餐饮业务餐位数（按业态分） …… (158)
3-186 35城市限额以上连锁餐饮业从业人员（按业态分） …… (159)
3-187 35城市限额以上直营连锁餐饮业从业人员（按业态分） …… (160)
3-188 35城市限额以上加盟连锁餐饮业从业人员（按业态分） …… (161)
3-189 35城市限额以上连锁餐饮业商品购进总额（按业态分） …… (162)
3-190 35城市限额以上直营连锁餐饮业商品购进总额（按业态分） …… (163)
3-191 35城市限额以上加盟连锁餐饮业商品购进总额（按业态分） …… (164)
3-192 35城市限额以上连锁餐饮业统一配送商品购进额（按业态分） …… (165)
3-193 35城市限额以上直营连锁餐饮业统一配送商品购进额（按业态分） …… (166)
3-194 35城市限额以上加盟连锁餐饮业统一配送商品购进额（按业态分） …… (167)
3-195 35城市限额以上连锁餐饮业自有配送中心配送商品购进额（按业态分） …… (168)
3-196 35城市限额以上直营连锁餐饮业自有配送中心配送商品购进额（按业态分） … (169)
3-197 35城市限额以上加盟连锁餐饮业自有配送中心配送商品购进额（按业态分） … (170)
3-198 35城市限额以上连锁餐饮业非自有配送中心配送商品购进额（按业态分） …… (171)
3-199 35城市限额以上直营连锁餐饮业非自有配送中心配送商品购进额（按业态分） (172)
3-200 35城市限额以上加盟连锁餐饮业非自有配送中心配送商品购进额（按业态分） (173)
3-201 35城市限额以上连锁餐饮业营业收入（按业态分） …… (174)
3-202 35城市限额以上直营连锁餐饮业营业收入（按业态分） …… (175)
3-203 35城市限额以上加盟连锁餐饮业营业收入（按业态分） …… (176)
3-204 35城市限额以上连锁餐饮业餐费收入（按业态分） …… (177)
3-205 35城市限额以上直营连锁餐饮业餐费收入（按业态分） …… (178)
3-206 35城市限额以上加盟连锁餐饮业餐费收入（按业态分） …… (179)

3-207　35城市限额以上连锁餐饮业商品销售额（按业态分）…………………………（180）
3-208　35城市限额以上直营连锁餐饮业商品销售额（按业态分）……………………（181）
3-209　35城市限额以上加盟连锁餐饮业商品销售额（按业态分）……………………（182）
3-210　35城市限额以上连锁餐饮业商品零售额（按业态分）…………………………（182）
3-211　35城市限额以上直营连锁餐饮业商品零售额（按业态分）……………………（182）
3-212　35城市限额以上加盟连锁餐饮业商品零售额（按业态分）……………………（182）
（六）三大地带
3-213　三大地带限额以上连锁餐饮业门店数（按业态分）………………………………（183）
3-214　三大地带限额以上直营连锁餐饮业门店数（按业态分）…………………………（184）
3-215　三大地带限额以上加盟连锁餐饮业门店数（按业态分）…………………………（185）
3-216　三大地带限额以上连锁餐饮业营业面积（按业态分）……………………………（186）
3-217　三大地带限额以上直营连锁餐饮业营业面积（按业态分）………………………（187）
3-218　三大地带限额以上加盟连锁餐饮业营业面积（按业态分）………………………（188）
3-219　三大地带限额以上连锁餐饮业经营餐饮业务餐位数（按业态分）………………（189）
3-220　三大地带限额以上直营连锁餐饮业经营餐饮业务餐位数（按业态分）…………（190）
3-221　三大地带限额以上加盟连锁餐饮业经营餐饮业务餐位数（按业态分）…………（191）
3-222　三大地带限额以上连锁餐饮业从业人员（按业态分）……………………………（192）
3-223　三大地带限额以上直营连锁餐饮业从业人员（按业态分）………………………（193）
3-224　三大地带限额以上加盟连锁餐饮业从业人员（按业态分）………………………（194）
3-225　三大地带限额以上连锁餐饮业商品购进总额（按业态分）………………………（195）
3-226　三大地带限额以上直营连锁餐饮业商品购进总额（按业态分）…………………（196）
3-227　三大地带限额以上加盟连锁餐饮业商品购进总额（按业态分）…………………（197）
3-228　三大地带限额以上连锁餐饮业统一配送商品购进额（按业态分）………………（198）
3-229　三大地带限额以上直营连锁餐饮业统一配送商品购进额（按业态分）…………（199）
3-230　三大地带限额以上加盟连锁餐饮业统一配送商品购进额（按业态分）…………（200）
3-231　三大地带限额以上连锁餐饮业自有配送中心配送商品购进额（按业态分）……（201）
3-232　三大地带限额以上直营连锁餐饮业自有配送中心配送商品购进额（按业态分）（202）
3-233　三大地带限额以上加盟连锁餐饮业自有配送中心配送商品购进额（按业态分）（203）
3-234　三大地带限额以上连锁餐饮业非自有配送中心配送商品购进额（按业态分）…（204）
3-235　三大地带限额以上直营连锁餐饮业非自有配送中心配送商品购进额
（按业态分）……………………………………………………………………………（205）
3-236　三大地带限额以上加盟连锁餐饮业非自有配送中心配送商品购进额
（按业态分）……………………………………………………………………………（206）
3-237　三大地带限额以上连锁餐饮业营业收入（按业态分）……………………………（207）
3-238　三大地带限额以上直营连锁餐饮业营业收入（按业态分）………………………（208）
3-239　三大地带限额以上加盟连锁餐饮业营业收入（按业态分）………………………（209）
3-240　三大地带限额以上连锁餐饮业餐费收入（按业态分）……………………………（210）
3-241　三大地带限额以上直营连锁餐饮业餐费收入（按业态分）………………………（211）
3-242　三大地带限额以上加盟连锁餐饮业餐费收入（按业态分）………………………（212）
3-243　三大地带限额以上连锁餐饮业商品销售额（按业态分）…………………………（213）
3-244　三大地带限额以上直营连锁餐饮业商品销售额（按业态分）……………………（214）
3-245　三大地带限额以上加盟连锁餐饮业商品销售额（按业态分）……………………（215）
3-246　三大地带限额以上连锁餐饮业商品零售额（按业态分）…………………………（215）
3-247　三大地带限额以上直营连锁餐饮业商品零售额（按业态分）……………………（215）
3-248　三大地带限额以上加盟连锁餐饮业商品零售额（按业态分）……………………（215）

第四部分　限额以上连锁餐饮业配送中心情况
（一）省、自治区、直辖市
4-1　各地区限额以上连锁餐饮业配送中心数（按业态分）………………………………（219）
4-2　各地区限额以上连锁餐饮业自有配送中心数（按业态分）…………………………（220）
4-3　各地区限额以上连锁餐饮业非自有配送中心数（按业态分）………………………（221）
4-4　各地区限额以上连锁餐饮业配送中心数（按登记注册类型分）……………………（222）
4-5　各地区限额以上内资企业连锁餐饮业配送中心数（按登记注册类型分）…………（223）

4-6 各地区限额以上港澳台商投资企业连锁餐饮业配送中心数（按登记注册类型分） …… (224)
4-7 各地区限额以上外商投资企业连锁餐饮业配送中心数（按登记注册类型分） …… (225)
（二）东中西部
4-8 东中西部地区限额以上连锁餐饮业配送中心数（按业态分） …… (226)
4-9 东中西部地区限额以上连锁餐饮业自有配送中心数（按业态分） …… (226)
4-10 东中西部地区限额以上连锁餐饮业非自有配送中心数（按业态分） …… (226)
（三）六经济区
4-11 六经济区限额以上连锁餐饮业配送中心数（按业态分） …… (227)
4-12 六经济区限额以上连锁餐饮业自有配送中心数（按业态分） …… (227)
4-13 六经济区限额以上连锁餐饮业非自有配送中心数（按业态分） …… (227)
（四）大中小城市
4-14 大中小城市限额以上连锁餐饮业配送中心数（按业态分） …… (228)
4-15 大中小城市限额以上连锁餐饮业自有配送中心数（按业态分） …… (228)
4-16 大中小城市限额以上连锁餐饮业非自有配送中心数（按业态分） …… (228)
（五）35城市
4-17 35城市限额以上连锁餐饮业配送中心数（按业态分） …… (229)
4-18 35城市限额以上连锁餐饮业自有配送中心数（按业态分） …… (230)
4-19 35城市限额以上连锁餐饮业非自有配送中心数（按业态分） …… (231)
（六）三大地带
4-20 三大地带限额以上连锁餐饮业配送中心数（按业态分） …… (232)
4-21 三大地带限额以上连锁餐饮业自有配送中心数（按业态分） …… (233)
4-22 三大地带限额以上连锁餐饮业非自有配送中心数（按业态分） …… (234)

第五部分 限额以上连锁住宿业情况
5-1 限额以上连锁住宿业集团（企业）数及构成 …… (237)
5-2 限额以上连锁住宿业基本情况 …… (237)
5-3 限额以上连锁住宿业情况（按登记注册类型分） …… (238)
5-4 限额以上直营连锁住宿业情况（按登记注册类型分） …… (240)
5-5 限额以上加盟连锁住宿业情况（按登记注册类型分） …… (242)
5-6 各地区限额以上连锁住宿业集团（企业）数及构成 …… (243)
5-7 各地区限额以上连锁住宿业情况 …… (243)
5-8 各地区限额以上直营连锁住宿业情况 …… (244)
5-9 各地区限额以上加盟连锁住宿业情况 …… (244)

第六部分 连锁餐饮业集团(企业)门店、营业面积和营业收入
6-1 10门店以上连锁餐饮业(集团)企业门店 …… (247)
6-2 10门店以上连锁正餐(集团)企业门店 …… (249)
6-3 10门店以上连锁快餐(集团)企业门店 …… (250)
6-4 限额以上连锁茶馆集团（企业）门店 …… (251)
6-5 限额以上连锁咖啡店集团（企业）门店 …… (251)
6-6 限额以上连锁其他餐饮集团（企业）门店 …… (251)
6-7 营业面积万平米以上连锁餐饮业集团（企业） …… (252)
6-8 营业面积万平米以上连锁正餐集团（企业） …… (254)
6-9 营业面积万平米以上连锁快餐集团（企业） …… (255)
6-10 限额以上连锁茶馆集团（企业）营业面积 …… (255)
6-11 限额以上连锁咖啡店集团（企业）营业面积 …… (255)
6-12 限额以上连锁其他餐饮集团（企业）营业面积 …… (255)
6-13 营业收入亿元以上连锁餐饮业集团(企业) …… (256)
6-14 营业收入亿元以上连锁正餐集团（企业） …… (257)
6-15 营业收入亿元以上连锁快餐集团（企业） …… (258)
6-16 限额以上连锁茶馆集团（企业）营业收入 …… (258)

6-17 限额以上连锁咖啡店集团（企业）营业收入 …… (258)
6-18 限额以上连锁其他餐饮集团（企业）营业收入 …… (258)

第七部分 连锁住宿业集团(企业)门店、营业面积和营业收入

7-1 限额以上连锁住宿业集团（企业）门店 …… (261)
7-2 限额以上连锁住宿业集团（企业）营业面积 …… (261)
7-3 限额以上连锁住宿业集团（企业）营业收入 …… (261)

附录 连锁餐饮住宿业统计指标解释 …… (265)

第一部分　专　文

2005 年我国限额以上连锁餐饮业持续发展

2005 年我国国民经济平稳快速增长，城乡居民收入明显提高，旅游业繁荣，推动了连锁餐饮业的持续发展。

一、总体规模持续扩张，但增速趋缓

2005 年我国限额以上连锁餐饮集团（企业）、门店数、营业面积、餐位数和营业收入持续增长，连锁餐饮集团（企业）达 300 家，比上年增加 49 家，增长 19.5%；门店数 8514 个，增长 12.4%；营业面积 390.8 万平方米；增长 10.8%；餐位数 200.4 万个，增长 11.3%；从业人员 42.6 万人，增长 12.3%；营业收入 388.9 亿元，增长 11.7%（其中餐费收入增长 11.6%，商品销售额增长 16.5%）。除从业人员外，门店数、营业面积和营业收入的增速分别低于上年。限额以上连锁餐饮集团（企业）餐费收入和商品销售额两项合计占餐饮业零售额的比重仅 4.4%，也比上年下降 0.2 个百分点；人均年营业收入 9.1 万元/人，下降 0.5 个百分点；平均门店营业收入 456.7 万元，下降 0.6 个百分点。

二、集中度增强，单体规模增大

2005 年 10 门店以上的连锁餐饮集团（企业）有 133 家，比上年增加 12 家。其中门店数超过 100 个的连锁餐饮集团（企业）有 21 家，比上年增加 4 家。

2005 年营业收入在亿元以上的连锁餐饮集团（企业）有 77 家，比上年增加 6 家。其中营业收入超过 10 亿元的企业由上年的 5 家增至 7 家。仅这 7 家企业的营业收入就占限额以上连锁餐饮业的 33%。

三、内资连锁餐饮集团（企业）扩张速度低于港澳台商投资和外商投资连锁餐饮集团（企业），但门店的平均规模超过港澳台商投资和外商投资的连锁餐饮集团（企业）

2005 年内资连锁餐饮集团（企业）220 家，比上年增加 46 家，占限额以上连锁餐饮集团（企业）的 73.3%，门店数 5488 个，虽增长了 7.4%，但比重下降 3 个百分点；港澳台商投资餐饮集团（企业）有 23 家，减少 4 家，门店数为 574 个，增长 16.9%；外商投资集团（企业）有 57 家，增加 6 家，门店数为 2452 个，增长 24.1%。

2005 年内资连锁餐饮集团（企业）营业收入为 187.8 亿元，比上年增长 12.1%，占限额以上连锁餐饮业集团（企业）的 48.3%；港澳台商投资和外商投资集团（企业）的营业收入分别为 35.1 亿元和 166 亿元，增长 5.8%和 12.5%，占限额以上连锁餐饮业的比重分别 9%和 42.7%。

内资连锁餐饮集团（企业）中，私营企业、有限责任公司和国有企业占主体，其门店合计占内资连锁餐饮集团（企业）的 96%（分别为 46.4%、38.3%和 11.2%），比上年分别增长 9.5%、2.3%和 13.5%；营业收入合计占内资连锁餐饮集团（企业）的 91.9%（分别为 29.2%、58.3%和 4.4%），分别增长 7.7%、14.8%和 10.3%。

尽管内资连锁餐饮集团（企业）的增速趋缓，但是门店的平均规模超过港澳台商投资和外商投资的连锁餐饮集团（企业），就餐环境好于港澳台商投资和外商投资的连锁餐饮集团（企业）。内资连锁餐饮集团（企业）平均门店营业面积、平均门店餐位数以及每一餐位占用的营业面积分别为 498.5 平方米/个、235.4 个和 0.57 平方米/个，高于港澳台商投资的连锁餐饮集团（企业）5.6%、51%和 59%；高于外商投资的连锁餐饮集团（企业）22%、63.1%和 48.8%。

而内资连锁餐饮集团（企业）的经济效益却低于港澳台商投资和外商投资的连锁餐饮集团（企业），平均门店的营业收入只是港澳台商投资和外商投资的连锁餐饮集团（企业）的 50%；单位平方米创造的营业收入是港澳台商投资的连锁餐饮集团（企业）的 48.8%，是外商投资的连锁餐饮集团（企业）的 38.2%；人均劳效是外商投资连锁集团（企业）的 71.1%。

四、连锁正餐和快餐占据主导地位，连锁咖啡店发展迅速

2005 年限额以上连锁正餐和连锁快餐门店数

合计占限额以上连锁餐饮集团(企业)门店的86.8%。其中正餐门店数3208个,比上年增长10.4%,占37.7%;快餐门店数为4178个,比上年增长12.3%,占49.1%。限额以上连锁正餐和连锁快餐营业收入合计占限额以上连锁餐饮集团(企业)营业收入的96.9%。其中正餐营业收入为190.4亿元,增长13.9%,占49%;快餐营业收入为186.3亿元,增长8.9%,占47.9%。

值得注意的是,无论是连锁正餐还是连锁快餐,港澳台商投资企业和外商投资企业门店的增长速度是内资企业的3～8倍,门店平均营业收入、单位营业面积创造的年营业收入和人均劳效,外商投资企业也超过了内资企业1倍以上。

近年来一些新型连锁餐饮业态发展较快,其中尤以连锁咖啡店发展最为迅速。2005年连锁咖啡店门店和营业收入的增长速度均超过了30%,其增速是连锁正餐和快餐的2～3倍。

五、加盟连锁餐饮业的发展速度超过了直营连锁餐饮业

2005年限额以上连锁餐饮业加盟店2996个,占限额以上餐饮业集团(企业)门店的35.2%,比上年增长14.1%;营业收入102.1亿元,占26.3%,增长17.8%。在加盟门店和营业收入比重上升的同时,直营店的比重分别下降了0.5和1.4个百分点,而且加盟门店和营业收入的增速超过直营店2.7和8.1个百分点。

在各类连锁餐饮业加盟店中,正餐加盟店最多,有门店数2015个,占67.3%;营业收入达91.7亿元,占加盟店营业收入的89.8%。正餐加盟店所占比重虽高,但加盟快餐发展更迅速,门店数和营业收入比重仅占9.1%和6.4%,增速却达31.7%和46.7%。

六、连锁餐饮业主要集中在东部地区和大城市,但是向西部地区和中型城市渗透速度加快

2005年东部地区限额以上连锁餐饮业门店数5589个,占限额以上连锁餐饮业门店的65.6%,比上年增长12.8%;中部和西部地区门店数分别为1211个和1714个,占14.2%和20.1%,增长5.6%和16.1%,西部地区超过了东部地区门店的增速3.3个百分点。

2005年东部地区营业收入为244.3亿元,占限额以上连锁餐饮业营业收入的62.8%,比上年增长10.9%;中部和西部地区营业收入分别为86.5亿元和58.1亿元,占22.2%和14.9%,增长13.5%和12.3%。中部和西部地区连锁餐饮业营业收入的增速超过东部地区2.6和1.4个百分点。

35个大城市限额以上连锁餐饮业门店6372个,占限额以上连锁餐饮业门店的74.8%,比上年增长16.2%,超过限额以上连锁餐饮业门店的增速3.9个百分点;营业收入308.6亿元,占限额以上连锁餐饮业营业收入的79.3%,增长9.9%,低于限额以上连锁餐饮业营业收入增速1.7个百分点。中型城市虽然门店的扩张速度比东部地区低14个百分点,但是营业收入的增速却高出东部地区8.9个百分点。目前在小城市还没有连锁餐饮业。

2005年我国限额以上连锁餐饮业延续了2004年商务活动、旅游业的发展;城乡居民总体消费水平的提高;连锁餐饮集团(企业)的品牌和大店效应以及充分满足现代社会消费者日益多元化的需求等,2005年新型连锁餐饮业态发展迅速,促进了限额以上连锁餐饮业的持续发展。

2006年,在增加居民消费、扩大内需的政策推动下,餐饮市场活力将会进一步增强,并继续推动连锁餐饮业的增长势头。

(李敏/文)

第二部分 社会消费品零售总额

2—1 社会消费品零售总额变动情况

单位:亿元

指 标	2005 年	2004 年	±%
社会消费品零售总额	**67176.6**	**59501.0**	**12.9**
一、按销售地区分			
市	45094.3	39695.7	13.6
县	7485.4	6636.0	12.8
县以下	14596.9	13169.3	10.8
二、按行业分			
批发零售贸易业	56589.2	50256.8	12.6
餐饮业	8886.8	7550.4	17.7
其他	1700.6	1693.8	0.4

注:1. 2004 年经济普查数据。
2. 2005 年按经济普查口径加以调整。

2—2 各地区社会消费品零售总额

单位:亿元

地　　区	2005 年	2004 年	±%
北　　京	2902.8	2626.6	10.5
天　　津	1190.1	1044.8	13.9
河　　北	2952.9	2576.4	14.6
山　　西	1401.2	1219.1	14.9
内 蒙 古	1344.1	1160.7	15.8
辽　　宁	2999.0	2642.8	13.5
吉　　林	1460.8	1286.9	13.5
黑 龙 江	1760.1	1557.3	13.0
上　　海	2973.0	2656.9	11.9
江　　苏	5699.9	4912.2	16.0
浙　　江	4631.7	4055.5	14.2
安　　徽	1765.0	1557.4	13.3
福　　建	2345.8	2062.0	13.8
江　　西	1236.2	1074.5	15.0
山　　东	6126.4	5290.5	15.8
河　　南	3358.4	2938.3	14.3
湖　　北	2964.6	2619.5	13.2
湖　　南	2459.1	2149.6	14.4
广　　东	7882.6	6852.0	15.0
广　　西	1397.0	1222.2	14.3
海　　南	268.6	236.8	13.4
重　　庆	1215.8	1068.3	13.8
四　　川	2981.4	2615.2	14.0
贵　　州	606.9	535.3	13.4
云　　南	1034.4	915.3	13.0
西　　藏	73.1	63.2	15.7
陕　　西	1322.4	1162.8	13.7
甘　　肃	632.8	560.6	12.9
青　　海	160.5	141.2	13.7
宁　　夏	174.3	153.5	13.6
新　　疆	637.8	563.4	13.2

第三部分 限额以上连锁餐饮业集团（企业）情况

3—1 限额以上连锁餐饮业集团(企业)数

(按登记注册类型,业态分,2005 年)

单位:个

登记注册类型	合 计	正 餐	快 餐	茶 馆	咖啡店	其他餐饮业
总 计	**300**	**169**	**117**	**3**	**5**	**6**
内资企业	**220**	**154**	**57**	**3**	**1**	**5**
国有企业	8	5	1	1		1
集体企业						
股份合作企业	7	4	2			1
联营企业						
国有联营企业						
集体联营企业						
国有与集体联营企业						
其他联营企业						
有限责任公司	54	33	21			
国有独资公司						
其他有限责任公司	54	33	21			
股份有限公司	8	3	4			1
私营企业	141	107	29	2	1	2
私营独资企业	22	16	5			1
私营合伙企业	5	5				
私营有限责任公司	104	77	23	2	1	1
私营股份有限公司	10	9	1			
其他企业	2	2				
港澳台商投资企业	**23**	**6**	**15**		**2**	
港澳台商合资经营企业	8	3	4		1	
港澳台商合作经营企业	6	3	3			
港澳台商独资经营企业	9		8		1	
港澳台商投资股份有限公司						
外商投资企业	**57**	**9**	**45**		**2**	**1**
中外合资经营企业	13	3	9		1	
中外合作经营企业	11	3	7		1	
外资企业	33	3	29			1
外商投资股份有限公司						

3—2 限额以上连锁餐饮业集团(企业)构成

(按登记注册类型,业态分,2005 年)

单位:%

登记注册类型	合 计	正 餐	快 餐	茶 馆	咖啡店
总　　计	100.0	100.0	100.0	100.0	100.0
内资企业	73.3	91.1	48.7	100.0	20.0
国有企业	2.7	3.0	0.9	33.3	
集体企业					
股份合作企业	2.3	2.4	1.7		
联营企业					
国有联营企业					
集体联营企业					
国有与集体联营企业					
其他联营企业					
有限责任公司	18.0	19.5	17.9		
国有独资公司					
其他有限责任公司	18.0	19.5	17.9		
股份有限公司	2.7	1.8	3.4		
私营企业	47.0	63.3	24.8	66.7	20.0
私营独资企业	7.3	9.5	4.3		
私营合伙企业	1.7	3.0			
私营有限责任公司	34.7	45.6	19.7	66.7	20.0
私营股份有限公司	3.3	5.3	0.9		
其他企业	0.7	1.2			
港澳台商投资企业	7.7	3.6	12.8		40.0
港澳台商合资经营企业	2.7	1.8	3.4		20.0
港澳台商合作经营企业	2.0	1.8	2.6		
港澳台商独资经营企业	3.0		6.8		20.0
港澳台商投资股份有限公司					
外商投资企业	19.0	5.3	38.5		40.0
中外合资经营企业	4.3	1.8	7.7		20.0
中外合作经营企业	3.7	1.8	6.0		20.0
外资企业	11.0	1.8	24.8		
外商投资股份有限公司					

3—3　限额以上连锁餐饮业基本情况

指　　标	计量单位	合　计		直营店		加盟店	
		2005 年	2004 年	2005 年	2004 年	2005 年	2004 年
一、门店总数	个	8514	7578	5518	4952	2996	2626
二、营业面积	平方米	3907689	3526227	2475224	2260799	1432465	1265428
三、经营餐饮业务餐位数	个	2004869	1800985	882972	796804	1121897	1004181
四、从业人员	人	426029	379460	291467	265036	134562	114424
五、商品购进总额	万元	1433268	1246344	874204	849321	559064	397024
#统一配送商品购进额	万元	987093	893021	635733	632408	351360	260613
#自有配送中心配送商品购进额	万元	712741	647022	507946	515682	204795	131340
非自有配送中心配送商品购进额	万元	274352	245999	127787	116726	146565	129273
六、营业收入	万元	3888664	3482336	2867562	2615446	1021103	866890
#餐费收入	万元	3852779	3453394	2840836	2592885	1011944	860508
商品销售额	万元	27844	23211	20330	18263	7513	4948
#零售额	万元	21720	18650	15997	13974	5723	4676
七、配送中心	个	299	271	186	177	113	94

3—4 限额以上连锁餐饮业情况

（按业态分）

指标	计量单位	合计		直营店		加盟店	
		2005年	2004年	2005年	2004年	2005年	2004年
一、门店总数	**个**	**8514**	**7578**	**5518**	**4952**	**2996**	**2626**
正餐	个	3208	2906	1193	1069	2015	1837
快餐	个	4178	3719	3904	3511	274	208
茶馆	个	200	192	200	192		
咖啡店	个	293	222	146	115	147	107
其他餐饮业	个	635	539	75	65	560	474
二、营业面积	**平方米**	**3907689**	**3526227**	**2475224**	**2260799**	**1432465**	**1265428**
正餐	平方米	2572139	2382652	1316289	1247266	1255850	1135386
快餐	平方米	1188229	1032457	1103000	968606	85229	63851
茶馆	平方米	11061	11036	11061	11036		
咖啡店	平方米	97728	73754	23558	18679	74170	55075
其他餐饮业	平方米	38532	26328	21316	15212	17216	11116
三、经营餐饮业务餐位数	**个**	**2004869**	**1800985**	**882972**	**796804**	**1121897**	**1004181**
正餐	个	151931	1388519	456547	427339	1062784	961180
快餐	个	449122	384655	413949	359179	35173	25476
茶馆	个	3760	3298	3760	3298		
咖啡店	个	31837	23762	7987	6321	23850	17441
其他餐饮业	个	819	751	729	667	90	84
四、从业人员	**人**	**426029**	**379460**	**291467**	**265036**	**134562**	**114424**
正餐	人	224101	198800	104152	95880	119949	102920
快餐	人	190358	171370	183032	165552	7326	5818
茶馆	人	675	574	675	574		
咖啡店	人	7151	5262	2265	1678	4886	3584
其他餐饮业	人	3744	3454	1343	1352	2401	2102
五、商品购进总额	**万元**	**1433268**	**1246344**	**874204**	**849321**	**559064**	**397024**
正餐	万元	866658	679195	333486	300263	533173	378932
快餐	万元	540849	546066	524346	534899	16502	11167
茶馆	万元	829	886	829	886		
咖啡店	万元	10797	8019	3449	2688	7348	5331
其他餐饮业	万元	14136	12179	12094	10585	2041	1594
#统一配送商品购进额	万元	987093	893021	635733	632408	351360	260613
正餐	万元	464917	364019	130753	115580	334164	248439
快餐	万元	503558	513443	489306	503416	14252	10028
茶馆	万元	141	148	141	148		
咖啡店	万元	4371	3259	3449	2688	922	571
其他餐饮业	万元	14106	12152	12084	10576	2021	1576
#自有配送中心配送商品购进额	万元	712741	647022	507946	515682	204795	131340
正餐	万元	296138	209981	105246	88642	190892	121339
快餐	万元	400074	423428	389008	415534	11066	7894
茶馆	万元	141	148	141	148		
咖啡店	万元	2526	1528	1680	960	846	568
其他餐饮业	万元	13862	11937	11871	10398	1990	1539

3—4 续表

指　标	计量单位	合　计		直营店		加盟店	
		2005 年	2004 年	2005 年	2004 年	2005 年	2004 年
#非自有配送中心配送商品购进额	万元	274352	245999	127787	116726	146565	129273
正餐	万元	168779	154038	25507	26939	143272	127099
快餐	万元	103484	90016	100298	87882	3186	2134
茶馆	万元						
咖啡店	万元	1845	1731	1769	1728	76	3
其他餐饮业	万元	244	215	213	178	31	37
六、营业收入	**万元**	**3888664**	**3482336**	**2867562**	**2615446**	**1021103**	**866890**
正餐	万元	1903736	1672127	986715	880770	917021	791357
快餐	万元	1862650	1710555	1797658	1666259	64992	44296
茶馆	万元	3399	3293	3399	3293		
咖啡店	万元	68730	51327	42636	32330	26094	18997
其他餐饮业	万元	50149	45035	37153	32796	12996	12239
#餐费收入	万元	3852779	3453394	2840836	2592885	1011944	860508
正餐	万元	1870422	1645639	962360	860477	908062	785162
快餐	万元	1860978	1708925	1796068	1664719	64910	44206
茶馆	万元	3259	3117	3259	3117		
咖啡店	万元	68730	51327	42636	32330	26094	18997
其他餐饮业	万元	49390	44385	36512	32243	12878	12143
#商品销售额	万元	27844	23211	20330	18263	7513	4948
正餐	万元	25660	21032	18265	16180	7395	4852
快餐	万元	1285	1354	1285	1354		
茶馆	万元	140	176	140	176		
其他餐饮业	万元	758	649	640	553	118	96
#零售额	万元	21720	18650	15997	13974	5723	4676
正餐	万元	20045	17072	14439	12492	5605	4580
快餐	万元	1126	1013	1126	1013		
茶馆	万元						
其他餐饮业	万元	549	565	431	469	118	96
七、配送中心数	**个**	**299**	**271**	**186**	**177**	**113**	**94**
正餐	个	107	103	69	68	38	35
快餐	个	127	118	109	101	18	17
茶馆	个	2	2	2	2		
咖啡店	个	58	43	2	2	56	41
其他餐饮业	个	5	5	4	4	1	1

3—5 限额以上连锁餐饮业情况

（按登记注册类型分）

登记注册类型	门店总数（个）		营业面积（平方米）		从业人员（人）		经营餐饮业务餐位数（个）	
	2005 年	2004 年	2005 年	2004 年	2005 年	2004 年	2005 年	2004 年
总　　计	**8514**	**7578**	**3907689**	**3526227**	**426029**	**379460**	**2004869**	**1800985**
内资企业	**5488**	**5111**	**2735643**	**2547530**	**226122**	**205347**	**1561563**	**1432234**
国有企业	614	541	101209	87070	4638	4427	14732	13486
集体企业								
股份合作企业	51	54	34332	30163	2685	2660	9802	8647
联营企业								
国有联营企业								
集体联营企业								
国有与集体联营企业								
其他联营企业								
有限责任公司	2104	2057	1247736	1200046	125349	114640	1229925	1129258
国有独资公司								
其他有限责任公司	2104	2057	1247736	1200046	125349	114640	1229925	1129258
股份有限公司	152	113	182808	147461	9213	6947	30211	26437
私营企业	2548	2326	1154258	1067990	82894	75256	269813	247726
私营独资企业	392	342	187047	185043	13339	13475	63225	58094
私营合伙企业	52	41	51370	43236	2258	2969	10332	8390
私营有限责任公司	1949	1870	855804	798106	61455	55356	183936	173499
私营股份有限公司	155	73	60037	41605	5842	3456	12320	7743
其他企业	19	20	15300	14800	1343	1417	7080	6680
港澳台商投资企业	**574**	**491**	**249412**	**210902**	**57914**	**56150**	**89492**	**75516**
港澳台合资经营企业	315	256	160468	132046	17499	16232	57594	46870
港澳台合作经营企业	47	39	29868	26420	2438	2239	8850	7456
港澳台独资经营企业	212	196	59076	52436	37977	37679	23048	21190
港澳台商投资股份有限公司								
外商投资企业	**2452**	**1976**	**922634**	**767795**	**141993**	**117963**	**353814**	**293235**
中外合资经营企业	816	687	326547	277269	50126	43986	131293	111892
中外合作经营企业	520	411	163114	132166	32452	24948	59386	48647
外资企业	1116	878	432973	358360	59415	49029	163135	132696
外商投资股份有限公司								

3—5 续表1

登记注册类型	商品购进总额（万元）		统一配送商品购进额		自有配送中心配送商品购进额		非自有配送中心配送商品购进额	
	2005年	2004年	2005年	2004年	2005年	2004年	2005年	2004年
总　　计	**1433268**	**1246344**	**987093**	**893021**	**712741**	**647022**	**274352**	**245999**
内资企业	**890779**	**761785**	**514201**	**469444**	**337692**	**309237**	**176509**	**160208**
国有企业	14103	11888	1367	840	1050	825	317	15
集体企业								
股份合作企业	4745	4739	3075	2985	3075	2985		
联营企业								
国有联营企业								
集体联营企业								
国有与集体联营企业								
其他联营企业								
有限责任公司	632248	525129	419631	381190	261854	239982	157777	141208
国有独资公司								
其他有限责任公司	632248	525129	419631	381190	261854	239982	157777	141208
股份有限公司	46276	40883	20134	17054	20134	17054		
私营企业	188323	174557	69994	67375	51579	48390	18416	18985
私营独资企业	19669	21373	5252	5417	4572	4548	681	869
私营合伙企业	12800	9955						
私营有限责任公司	138366	133301	60466	57001	45507	42042	14959	14959
私营股份有限公司	17489	9928	4276	4957	1500	1800	2776	3157
其他企业	5083	4589						
港澳台商投资企业	**93392**	**86026**	**57516**	**53810**	**18876**	**16215**	**38640**	**37595**
港澳台合资经营企业	23551	19706	3308	2846	3108	2696	200	150
港澳台合作经营企业	21745	21130	6112	5774			6112	5774
港澳台独资经营企业	48096	45190	48096	45190	15769	13519	32328	31671
港澳台商投资股份有限公司								
外商投资企业	**449097**	**398533**	**415375**	**369767**	**356173**	**321570**	**59203**	**48197**
中外合资经营企业	237716	213091	236662	212172	197761	182679	38901	29493
中外合作经营企业	93251	78442	77123	65493	77123	65493		
外资企业	118130	107000	101590	92102	81288	73398	20302	18704
外商投资股份有限公司								

3—5 续表2

登记注册类型	营业收入（万元）		餐费收入		商品销售额		零售额	
	2005年	2004年	2005年	2004年	2005年	2004年	2005年	2004年
总　　计	**3888664**	**3482336**	**3852779**	**3453394**	**27844**	**23211**	**21720**	**18650**
内资企业	**1877900**	**1675299**	**1844123**	**1647609**	**25758**	**21959**	**21720**	**18650**
国有企业	82344	74681	78904	70869	2080	2282	1940	2106
集体企业								
股份合作企业	27721	26340	27461	26108				
联营企业								
国有联营企业								
集体联营企业								
国有与集体联营企业								
其他联营企业								
有限责任公司	1094688	953267	1074272	937882	17050	12912	13566	10192
国有独资公司								
其他有限责任公司	1094688	953267	1074272	937882	17050	12912	13566	10192
股份有限公司	116840	104571	114465	102344	2103	1953	2103	1953
私营企业	549185	509889	541900	503854	4525	4812	4111	4399
私营独资企业	75406	78108	74683	77183	579	666	579	666
私营合伙企业	21859	19335	20935	18774	254	183	254	183
私营有限责任公司	410226	391210	405378	387466	2904	3158	2490	2745
私营股份有限公司	41694	21237	40905	20431	789	806	789	806
其他企业	7121	6552	7121	6552				
港澳台商投资企业	**351060**	**331921**	**349184**	**330752**	**1877**	**1169**		
港澳台合资经营企业	192205	180368	192047	180026	159	342		
港澳台合作经营企业	37474	36633	35756	35806	1718	827		
港澳台独资经营企业	121381	114921	121381	114921				
港澳台商投资股份有限公司								
外商投资企业	**1659704**	**1475116**	**1659473**	**1475032**	**209**	**84**		
中外合资经营企业	648757	581523	648757	581523				
中外合作经营企业	346590	279667	346590	279667				
外资企业	664357	613926	664126	613842	209	84		
外商投资股份有限公司								

3—6 限额以上连锁正餐情况

（按登记注册类型分）

登记注册类型	门店总数（个）		营业面积（平方米）		从业人员（人）		经营餐饮业务餐位数（个）	
	2005 年	2004 年	2005 年	2004 年	2005 年	2004 年	2005 年	2004 年
总　　计	**3208**	**2906**	**2572139**	**2382652**	**224101**	**198800**	**1519331**	**1388519**
内资企业	**2807**	**2591**	**2406042**	**2247969**	**196096**	**177248**	**1464671**	**1344519**
国有企业	34	31	78785	70334	3677	3469	11817	10821
集体企业								
股份合作企业	10	11	8181	8461	447	495	2146	2241
联营企业								
国有联营企业								
集体联营企业								
国有与集体联营企业								
其他联营企业								
有限责任公司	1695	1671	1149899	1099515	115952	105102	1202288	1103457
国有独资公司								
其他有限责任公司	1695	1671	1149899	1099515	115952	105102	1202288	1103457
股份有限公司	68	59	162285	131593	7893	5954	26675	23159
私营企业	981	799	991592	923266	66784	60811	214665	198161
私营独资企业	210	197	169127	171603	12334	12605	55067	51706
私营合伙企业	52	41	51370	43236	2258	2969	10332	8390
私营有限责任公司	569	493	711228	666992	46360	41791	137046	130422
私营股份有限公司	150	68	59867	41435	5832	3446	12220	7643
其他企业	19	20	15300	14800	1343	1417	7080	6680
港澳台商投资企业	**35**	**28**	**38330**	**34844**	**2993**	**2627**	**8194**	**7656**
港澳台合资经营企业	26	19	25104	21618	1592	1203	6594	6056
港澳台合作经营企业	9	9	13226	13226	1401	1424	1600	1600
港澳台独资经营企业								
港澳台商投资股份有限公司								
外商投资企业	**366**	**287**	**127767**	**99839**	**25012**	**18925**	**46466**	**36344**
中外合资经营企业	13	13	5365	5353	575	544	1708	1738
中外合作经营企业	315	246	111696	86539	23457	17694	40061	31274
外资企业	38	28	10706	7947	980	687	4697	3332
外商投资股份有限公司								

3—6 续表 1

登记注册类型	商品购进总额（万元）		统一配送商品购进额		自有配送中心配送商品购进额		非自有配送中心配送商品购进额	
	2005 年	2004 年	2005 年	2004 年	2005 年	2004 年	2005 年	2004 年
总　　计	**866658**	**679195**	**464917**	**364019**	**296138**	**209981**	**168779**	**154038**
内资企业	**769258**	**599874**	**413800**	**325647**	**248643**	**174272**	**165157**	**151374**
国有企业	13962	11740	1226	691	909	677	317	15
集体企业								
股份合作企业	2626	2703	956	950	956	950		
联营企业								
国有联营企业								
集体联营企业								
国有与集体联营企业								
其他联营企业								
有限责任公司	586641	428152	380045	289584	223401	149349	156644	140234
国有独资公司								
其他有限责任公司	586641	428152	380045	289584	223401	149349	156644	140234
股份有限公司	31690	28954	6411	5749	6411	5749		
私营企业	129256	123737	25163	28673	16966	17547	8197	11126
私营独资企业	18289	20682	4572	5099	3941	4282	631	818
私营合伙企业	12800	9955						
私营有限责任公司	80702	83192	16316	18616	11526	11466	4790	7151
私营股份有限公司	17466	9908	4276	4957	1500	1800	2776	3157
其他企业	5083	4589						
港澳台商投资企业	**29450**	**27456**						
港澳台合资经营企业	13817	12100						
港澳台合作经营企业	15633	15356						
港澳台独资经营企业								
港澳台商投资股份有限公司								
外商投资企业	**67950**	**51864**	**51116**	**38372**	**47495**	**35709**	**3622**	**2664**
中外合资经营企业	1753	1759	1112	1270	1112	1270		
中外合作经营企业	62362	47215	46234	34266	46234	34266		
外资企业	3835	2891	3771	2837	149	173	3622	2664
外商投资股份有限公司								

3—6 续表2

登记注册类型	营业收入（万元）		餐费收入		商品销售额		零售额	
	2005年	2004年	2005年	2004年	2005年	2004年	2005年	2004年
总　　计	**1903736**	**1672127**	**1870422**	**1645639**	**25660**	**21032**	**20045**	**17072**
内资企业	**1600176**	**1429645**	**1568580**	**1403984**	**23942**	**20205**	**20045**	**17072**
国有企业	45300	41044	41999	37407	1940	2106	1940	2106
集体企业								
股份合作企业	5384	5532	5384	5532				
联营企业								
国有联营企业								
集体联营企业								
国有与集体联营企业								
其他联营企业								
有限责任公司	1006699	872953	986385	857610	17050	12912	13566	10192
国有独资公司								
其他有限责任公司	1006699	872953	986385	857610	17050	12912	13566	10192
股份有限公司	95311	85466	92936	83240	2103	1953	2103	1953
私营企业	440361	418099	434755	413644	2849	3235	2436	2822
私营独资企业	71862	74663	71339	73892	378	512	378	512
私营合伙企业	21859	19335	20935	18774	254	183	254	183
私营有限责任公司	304974	302890	301603	300573	1428	1734	1015	1321
私营股份有限公司	41667	21212	40878	20406	789	806	789	806
其他企业	7121	6552	7121	6552				
港澳台商投资企业	**44457**	**41973**	**42739**	**41146**	**1718**	**827**		
港澳台合资经营企业	25126	23031	25126	23031				
港澳台合作经营企业	19331	18942	17613	18115	1718	827		
港澳台独资经营企业								
港澳台商投资股份有限公司								
外商投资企业	**259103**	**200508**	**259103**	**200508**				
中外合资经营企业	5470	4175	5470	4175				
中外合作经营企业	242013	186239	242013	186239				
外资企业	11621	10094	11621	10094				
外商投资股份有限公司								

3—7 限额以上连锁快餐情况

（按登记注册类型分）

登记注册类型	门店总数（个）		营业面积（平方米）		从业人员（人）		经营餐饮业务餐位数（个）	
	2005年	2004年	2005年	2004年	2005年	2004年	2005年	2004年
总　　计	**4178**	**3719**	**1188229**	**1032457**	**190358**	**171370**	**449122**	**384655**
内资企业	**1803**	**1756**	**266210**	**250883**	**24791**	**23438**	**88614**	**80863**
国有企业	25	23	7224	6872	391	386	1899	1649
集体企业								
股份合作企业	34	35	25773	21258	2167	2075	7206	5926
联营企业								
国有联营企业								
集体联营企业								
国有与集体联营企业								
其他联营企业								
有限责任公司	409	386	97837	100531	9397	9538	27637	25801
国有独资公司								
其他有限责任公司	409	386	97837	100531	9397	9538	27637	25801
股份有限公司	40	35	10010	8868	795	616	3536	3278
私营企业	1295	1277	125366	113354	12041	10823	48336	44209
私营独资企业	172	135	17620	13140	965	830	8028	6268
私营合伙企业								
私营有限责任公司	1118	1137	107576	100044	11066	9983	40208	37841
私营股份有限公司	5	5	170	170	10	10	100	100
其他企业								
港澳台商投资企业	**428**	**384**	**149014**	**130753**	**50686**	**50452**	**60698**	**52860**
港澳台合资经营企业	188	163	74764	65918	11833	12028	30800	26014
港澳台合作经营企业	38	30	16642	13194	1037	815	7250	5856
港澳台独资经营企业	202	191	57608	51641	37816	37609	22648	20990
港澳台商投资股份有限公司								
外商投资企业	**1947**	**1579**	**773005**	**650821**	**114881**	**97480**	**299810**	**250932**
中外合资经营企业	744	622	311307	263818	48743	42828	126036	107096
中外合作经营企业	130	110	40353	37091	7752	6325	15575	14623
外资企业	1073	847	421345	349912	58386	48327	158199	129213
外商投资股份有限公司								

3—7　续表 1

登记注册类型	商品购进总额（万元）		统一配送商品购进额		自有配送中心配送商品购进额		非自有配送中心配送商品购进额	
	2005 年	2004 年	2005 年	2004 年	2005 年	2004 年	2005 年	2004 年
总　　计	**540849**	**546066**	**503558**	**513443**	**400074**	**423428**	**103484**	**90016**
内资企业	**106665**	**148996**	**86262**	**131647**	**75046**	**122879**	**11216**	**8768**
国有企业								
集体企业								
股份合作企业	1960	1864	1960	1864	1960	1864		
联营企业								
国有联营企业								
集体联营企业								
国有与集体联营企业								
其他联营企业								
有限责任公司	45607	96978	39587	91607	38453	90633	1133	974
国有独资公司								
其他有限责任公司	45607	96978	39587	91607	38453	90633	1133	974
股份有限公司	3190	2472	2326	1848	2326	1848		
私营企业	55908	47683	42390	36330	32307	28535	10083	7794
私营独资企业	1270	585	601	240	601	240		
私营合伙企业								
私营有限责任公司	54614	47077	41789	36090	31706	28296	10083	7794
私营股份有限公司	23	21						
其他企业								
港澳台商投资企业	**54990**	**52282**	**54990**	**52282**	**16350**	**14687**	**38640**	**37595**
港澳台合资经营企业	2462	2278	2462	2278	2262	2128	200	150
港澳台合作经营企业	6112	5774	6112	5774			6112	5774
港澳台独资经营企业	46416	44230	46416	44230	14089	12559	32328	31671
港澳台商投资股份有限公司								
外商投资企业	**379194**	**344788**	**362306**	**329514**	**308678**	**285862**	**53628**	**43653**
中外合资经营企业	234204	209616	233791	209186	196649	181409	37142	27776
中外合作经营企业	30889	31227	30889	31227	30889	31227		
外资企业	114101	103945	97626	89101	81139	73225	16486	15876
外商投资股份有限公司								

3—7 续表 2

登记注册类型	营业收入（万元）		餐费收入		商品销售额		零售额	
	2005 年	2004 年	2005 年	2004 年	2005 年	2004 年	2005 年	2004 年
总　　计	**1862650**	**1710555**	**1860978**	**1708925**	**1285**	**1354**	**1126**	**1013**
内资企业	**223665**	**197198**	**222173**	**195909**	**1126**	**1013**	**1126**	**1013**
国有企业	2612	2234	2612	2234				
集体企业								
股份合作企业	22001	20439	21740	20208				
联营企业								
国有联营企业								
集体联营企业								
国有与集体联营企业								
其他联营企业								
有限责任公司	87989	80314	87887	80271				
国有独资公司								
其他有限责任公司	87989	80314	87887	80271				
股份有限公司	10132	9647	10132	9647				
私营企业	100931	84563	99801	83548	1126	1013	1126	1013
私营独资企业	3381	3284	3181	3130	200	154	200	154
私营合伙企业								
私营有限责任公司	97523	81254	96594	80393	926	859	926	859
私营股份有限公司	27	25	27	25				
其他企业								
港澳台商投资企业	**279837**	**271048**	**279678**	**270706**	**159**	**342**		
港澳台合资经营企业	142839	139576	142681	139235	159	342		
港澳台合作经营企业	18143	17691	18143	17691				
港澳台独资经营企业	118854	113781	118854	113781				
港澳台商投资股份有限公司								
外商投资企业	**1359149**	**1242310**	**1359127**	**1242310**				
中外合资经营企业	628967	566014	628967	566014				
中外合作经营企业	79194	74030	79194	74030				
外资企业	650988	602266	650966	602266				
外商投资股份有限公司								

3—8 限额以上连锁茶馆情况

（按登记注册类型分）

登记注册类型	门店总数（个）		营业面积（平方米）		从业人员（人）		经营餐饮业务餐位数（个）	
	2005年	2004年	2005年	2004年	2005年	2004年	2005年	2004年
总　　计	**200**	**192**	**11061**	**11036**	**675**	**574**	**3760**	**3298**
内资企业	**200**	**192**	**11061**	**11036**	**675**	**574**	**3760**	**3298**
国有企业	6	6	2581	2581	146	136	1016	1016
集体企业								
股份合作企业								
联营企业								
国有联营企业								
集体联营企业								
国有与集体联营企业								
其他联营企业								
有限责任公司								
国有独资公司								
其他有限责任公司								
股份有限公司								
私营企业	194	186	8480	8455	529	438	2744	2282
私营独资企业								
私营合伙企业								
私营有限责任公司	194	186	8480	8455	529	438	2744	2282
私营股份有限公司								
其他企业								
港澳台商投资企业								
港澳台合资经营企业								
港澳台合作经营企业								
港澳台独资经营企业								
港澳台商投资股份有限公司								
外商投资企业								
中外合资经营企业								
中外合作经营企业								
外资企业								
外商投资股份有限公司								

3—8 续表1

登记注册类型	商品购进总额（万元）		统一配送商品购进额		自有配送中心配送商品购进额	
	2005年	2004年	2005年	2004年	2005年	2004年
总　　计	**829**	**886**	**141**	**148**	**141**	**148**
内资企业	**829**	**886**	**141**	**148**	**141**	**148**
国有企业	141	148	141	148	141	148
集体企业						
股份合作企业						
联营企业						
国有联营企业						
集体联营企业						
国有与集体联营企业						
其他联营企业						
有限责任公司						
国有独资公司						
其他有限责任公司						
股份有限公司						
私营企业	688	738				
私营独资企业						
私营合伙企业						
私营有限责任公司	688	738				
私营股份有限公司						
其他企业						
港澳台商投资企业						
港澳台合资经营企业						
港澳台合作经营企业						
港澳台独资经营企业						
港澳台商投资股份有限公司						
外商投资企业						
中外合资经营企业						
中外合作经营企业						
外资企业						
外商投资股份有限公司						

3—8 续表2

登记注册类型	营业收入（万元）		餐费收入		商品销售额	
	2005年	2004年	2005年	2004年	2005年	2004年
总　计	**3399**	**3293**	**3259**	**3117**	**140**	**176**
内资企业	**3399**	**3293**	**3259**	**3117**	**140**	**176**
国有企业	1852	1788	1712	1612	140	176
集体企业						
股份合作企业						
联营企业						
国有联营企业						
集体联营企业						
国有与集体联营企业						
其他联营企业						
有限责任公司						
国有独资公司						
其他有限责任公司						
股份有限公司						
私营企业	1547	1505	1547	1505		
私营独资企业						
私营合伙企业						
私营有限责任公司	1547	1505	1547	1505		
私营股份有限公司						
其他企业						
港澳台商投资企业						
港澳台合资经营企业						
港澳台合作经营企业						
港澳台独资经营企业						
港澳台商投资股份有限公司						
外商投资企业						
中外合资经营企业						
中外合作经营企业						
外资企业						
外商投资股份有限公司						

3—9 限额以上连锁咖啡店情况

（按登记注册类型分）

登记注册类型	门店总数（个）		营业面积（平方米）		从业人员（人）		经营餐饮业务餐位数（个）	
	2005 年	2004 年	2005 年	2004 年	2005 年	2004 年	2005 年	2004 年
总　　计	**293**	**222**	**97728**	**73754**	**7151**	**5262**	**31837**	**23762**
内资企业	**48**	**36**	**14720**	**11815**	**865**	**648**	**3938**	**2954**
国有企业								
集体企业								
股份合作企业								
联营企业								
国有联营企业								
集体联营企业								
国有与集体联营企业								
其他联营企业								
有限责任公司								
国有独资公司								
其他有限责任公司								
股份有限公司								
私营企业	48	36	14720	11815	865	648	3938	2954
私营独资企业								
私营合伙企业								
私营有限责任公司	48	36	14720	11815	865	648	3938	2954
私营股份有限公司								
其他企业								
港澳台商投资企业	**111**	**79**	**62068**	**45305**	**4235**	**3071**	**20600**	**15000**
港澳台合资经营企业	101	74	60600	44510	4074	3001	20200	14800
港澳台合作经营企业								
港澳台独资经营企业	10	5	1468	795	161	70	400	200
港澳台商投资股份有限公司								
外商投资企业	**134**	**107**	**20940**	**16634**	**2051**	**1543**	**7299**	**5808**
中外合资经营企业	59	52	9875	8098	808	614	3549	3058
中外合作经营企业	75	55	11065	8536	1243	929	3750	2750
外资企业								
外商投资股份有限公司								

3—9　续表 1

登记注册类型	商品购进总额（万元）		统一配送商品购进额		自有配送中心配送商品购进额		非自有配送中心配送商品购进额	
	2005 年	2004 年	2005 年	2004 年	2005 年	2004 年	2005 年	2004 年
总　　计	**10797**	**8019**	**4371**	**3259**	**2526**	**1528**	**1845**	**1731**
内资企业	**86**	**14**	**86**	**14**			**86**	**14**
国有企业								
集体企业								
股份合作企业								
联营企业								
国有联营企业								
集体联营企业								
国有与集体联营企业								
其他联营企业								
有限责任公司								
国有独资公司								
其他有限责任公司								
股份有限公司								
私营企业	86	14	86	14			86	14
私营独资企业								
私营合伙企业								
私营有限责任公司	86	14	86	14			86	14
私营股份有限公司								
其他企业								
港澳台商投资企业	**8952**	**6288**	**2526**	**1528**	**2526**	**1528**		
港澳台合资经营企业	7272	5328	846	568	846	568		
港澳台合作经营企业								
港澳台独资经营企业	1680	960	1680	960	1680	960		
港澳台商投资股份有限公司								
外商投资企业	**1759**	**1717**	**1759**	**1717**			**1759**	**1717**
中外合资经营企业	1759	1717	1759	1717			1759	1717
中外合作经营企业								
外资企业								
外商投资股份有限公司								

3—9 续表 2

登记注册类型	营业收入（万元）		餐费收入	
	2004 年	2005 年	2004 年	2005 年
总　　计	**68730**	**51327**	**68730**	**51327**
内资企业	**2260**	**1695**	**2260**	**1695**
国有企业				
集体企业				
股份合作企业				
联营企业				
国有联营企业				
集体联营企业				
国有与集体联营企业				
其他联营企业				
有限责任公司				
国有独资公司				
其他有限责任公司				
股份有限公司				
私营企业	2260	1695	2260	1695
私营独资企业				
私营合伙企业				
私营有限责任公司	2260	1695	2260	1695
私营股份有限公司				
其他企业				
港澳台商投资企业	**26767**	**18900**	**26767**	**18900**
港澳台合资经营企业	24240	17760	24240	17760
港澳台合作经营企业				
港澳台独资经营企业	2527	1140	2527	1140
港澳台商投资股份有限公司				
外商投资企业	**39704**	**30732**	**39704**	**30732**
中外合资经营企业	14320	11334	14320	11334
中外合作经营企业	25383	19398	25383	19398
外资企业				
外商投资股份有限公司				

3—10 限额以上连锁其他餐饮业情况

（按登记注册类型分）

登记注册类型	门店总数（个）		营业面积（平方米）		从业人员（人）		经营餐饮业务餐位数（个）	
	2005年	2004年	2005年	2004年	2005年	2004年	2005年	2004年
总　　计	**635**	**539**	**38532**	**26328**	**3744**	**3454**	**819**	**751**
内资企业	**630**	**536**	**37610**	**25827**	**3695**	**3439**	**580**	**600**
国有企业	549	481	12619	7283	424	436		
集体企业								
股份合作企业	7	8	378	444	71	90	450	480
联营企业								
国有联营企业								
集体联营企业								
国有与集体联营企业								
其他联营企业								
有限责任公司								
国有独资公司								
其他有限责任公司								
股份有限公司	44	19	10513	7000	525	377		
私营企业	30	28	14100	11100	2675	2536	130	120
私营独资企业	10	10	300	300	40	40	130	120
私营合伙企业								
私营有限责任公司	20	18	13800	10800	2635	2496		
私营股份有限公司								
其他企业								
港澳台商投资企业								
港澳台合资经营企业								
港澳台合作经营企业								
港澳台独资经营企业								
港澳台商投资股份有限公司								
外商投资企业	**5**	**3**	**922**	**501**	**49**	**15**	**239**	**151**
中外合资经营企业								
中外合作经营企业								
外资企业	5	3	922	501	49	15	239	151
外商投资股份有限公司								

3—10 续表1

登记注册类型	商品购进总额（万元）		统一配送商品购进额		自有配送中心配送商品购进额		非自有配送中心配送商品购进额	
	2005年	2004年	2005年	2004年	2005年	2004年	2005年	2004年
总　　计	**14136**	**12179**	**14106**	**12152**	**13862**	**11937**	**244**	**215**
内资企业	**13942**	**12015**	**13912**	**11988**	**13862**	**11937**	**50**	**51**
国有企业								
集体企业								
股份合作企业	159	172	159	172	159	172		
联营企业								
国有联营企业								
集体联营企业								
国有与集体联营企业								
其他联营企业								
有限责任公司								
国有独资公司								
其他有限责任公司								
股份有限公司	11397	9457	11397	9457	11397	9457		
私营企业	2385	2386	2355	2359	2305	2308	50	51
私营独资企业	110	105	80	78	30	27	50	51
私营合伙企业								
私营有限责任公司	2275	2281	2275	2281	2275	2281		
私营股份有限公司								
其他企业								
港澳台商投资企业								
港澳台合资经营企业								
港澳台合作经营企业								
港澳台独资经营企业								
港澳台商投资股份有限公司								
外商投资企业	**194**	**164**	**194**	**164**			**194**	**164**
中外合资经营企业								
中外合作经营企业								
外资企业	194	164	194	164			194	164
外商投资股份有限公司								

3—10　续表2

登记注册类型	营业收入（万元）		餐费收入		商品销售额		零售额	
	2005年	2004年	2005年	2004年	2005年	2004年	2005年	2004年
总　计	**50149**	**45035**	**49390**	**44385**	**758**	**649**	**549**	**565**
内资企业	**48401**	**43470**	**47851**	**42904**	**549**	**565**	**549**	**565**
国有企业	32580	29616	32580	29616				
集体企业								
股份合作企业	337	369	337	369				
联营企业								
国有联营企业								
集体联营企业								
国有与集体联营企业								
其他联营企业								
有限责任公司								
国有独资公司								
其他有限责任公司								
股份有限公司	11397	9457	11397	9457				
私营企业	4086	4028	3537	3462	549	565	549	565
私营独资企业	163	162	163	162				
私营合伙企业								
私营有限责任公司	3923	3866	3374	3301	549	565	549	565
私营股份有限公司								
其他企业								
港澳台商投资企业								
港澳台合资经营企业								
港澳台合作经营企业								
港澳台独资经营企业								
港澳台商投资股份有限公司								
外商投资企业	**1748**	**1565**	**1539**	**1481**	**209**	**84**		
中外合资经营企业								
中外合作经营企业								
外资企业	1748	1565	1539	1481	209	84		
外商投资股份有限公司								

3—11 限额以上直营连锁餐饮业情况

（按登记注册类型分）

登记注册类型	门店总数（个）		营业面积（平方米）		从业人员（人）		经营餐饮业务餐位数（个）	
	2005年	2004年	2005年	2004年	2005年	2004年	2005年	2004年
总计	**5518**	**4952**	**2475224**	**2260799**	**291467**	**265036**	**882972**	**796804**
内资企业	**2759**	**2682**	**1415241**	**1366447**	**100822**	**97869**	**4821790**	**459589**
国有企业	92	85	94243	82154	3987	3935	14182	13236
集体企业								
股份合作企业	20	22	10360	10706	949	1044	3608	3733
联营企业								
国有联营企业								
集体联营企业								
国有与集体联营企业								
其他联营企业								
有限责任公司	678	642	396085	375693	34546	32554	258096	2454866
国有独资公司								
其他有限责任公司	678	642	396085	375693	34546	32554	258096	2454866
股份有限公司	76	66	63063	58648	3472	3380	11830	10962
私营企业	1889	1863	846990	834746	57591	56692	193364	184082
私营独资企业	222	191	116575	122763	7310	7967	29719	28319
私营合伙企业	31	29	30406	28536	2077	1967	6112	5880
私营有限责任公司	1608	1622	665342	652862	45994	45029	150083	144455
私营股份有限公司	28	21	34667	30585	2210	1729	7450	5428
其他企业	4	4	4500	4500	277	264	1710	1710
港澳台商投资企业	**437**	**385**	**178610**	**158592**	**52952**	**52343**	**68283**	**59829**
港澳台合资经营企业	211	179	98738	86836	13335	13151	37053	31770
港澳台合作经营企业	47	39	29868	26420	2438	2239	8850	7456
港澳台独资经营企业	179	167	50004	45336	37179	36953	22380	20603
港澳台商投资股份有限公司								
外商投资企业	**2322**	**1885**	**881373**	**735760**	**137693**	**114824**	**331899**	**277386**
中外合资经营企业	816	687	326547	277269	50126	43986	131293	111892
中外合作经营企业	506	400	159334	129086	31591	24265	57612	47173
外资企业	1000	798	395492	329405	55976	46573	142994	118321
外商投资股份有限公司								

3—11　续表 1

登记注册类型	商品购进总额（万元）		统一配送商品购进额		自有配送中心配送商品购进额		非自有配送中心配送商品购进额	
	2005 年	2004 年	2005 年	2004 年	2005 年	2004 年	2005 年	2004 年
总　　计	**874204**	**849321**	**635733**	**632408**	**507946**	**515682**	**127787**	**116726**
内资企业	**351231**	**379722**	**175847**	**219031**	**144202**	**186602**	**31644**	**32429**
国有企业	10103	8888	1367	840	1050	825	317	15
集体企业								
股份合作企业	4032	4110	2412	2414	2412	2414		
联营企业								
国有联营企业								
集体联营企业								
国有与集体联营企业								
其他联营企业								
有限责任公司	159463	197049	93632	140561	77695	125094	15938	15468
国有独资公司								
其他有限责任公司	159463	197049	93632	140561	77695	125094	15938	15468
股份有限公司	27829	23378	19748	17054	19748	17054		
私营企业	148850	145365	58688	58162	43297	41215	15390	16947
私营独资企业	17800	19711	3852	4038	3202	3206	650	832
私营合伙企业	9421	7975						
私营有限责任公司	114875	112318	50560	49167	38595	36209	11965	12959
私营股份有限公司	6754	5362	4276	4957	1500	1800	2776	3157
其他企业	954	930						
港澳台商投资企业	**83589**	**78576**	**54139**	**51120**	**15499**	**13524**	**38640**	**37595**
港澳台合资经营企业	16279	14378	2462	2278	2262	2128	200	150
港澳台合作经营企业	21745	21130	6112	5774			6112	5774
港澳台独资经营企业	45565	43068	45565	43068	13238	11397	32328	31671
港澳台商投资股份有限公司								
外商投资企业	**439384**	**391024**	**405747**	**362257**	**348245**	**315556**	**57503**	**46702**
中外合资经营企业	237716	213091	236662	212172	197761	182679	38901	29493
中外合作经营企业	90451	76202	74323	63253	74323	63253		
外资企业	111217	101731	94762	86832	76160	69623	18602	17209
外商投资股份有限公司								

3—11 续表 2

登记注册类型	营业收入（万元）		餐费收入		商品销售额		零售额	
	2005 年	2004 年	2005 年	2004 年	2005 年	2004 年	2005 年	2004 年
总　　计	**2867562**	**2615446**	**2840836**	**2592885**	**20330**	**18263**	**15997**	**13974**
内资企业	**926301**	**856271**	**901683**	**834963**	**18245**	**17010**	**15997**	**13974**
国有企业	69375	62622	65935	58810	2080	2282	1940	2106
集体企业								
股份合作企业	11176	11353	10998	11211				
联营企业								
国有联营企业								
集体联营企业								
国有与集体联营企业								
其他联营企业								
有限责任公司	312389	281764	300932	272574	9655	8060	7960	5612
国有独资公司								
其他有限责任公司	312389	281764	300932	272574	9655	8060	7960	5612
股份有限公司	74695	63961	72320	61735	2103	1953	2103	1953
私营企业	457506	435136	450339	429197	4407	4716	3993	4303
私营独资企业	54944	58893	54220	57969	579	666	579	666
私营合伙企业	16413	15401	15489	14840	254	183	254	183
私营有限责任公司	360229	346667	355498	343020	2786	3062	2372	2649
私营股份有限公司	25921	14174	25132	13368	789	806	789	806
其他企业	1159	1435	1159	1435				
港澳台商投资企业	**318908**	**307536**	**317031**	**306367**	**1877**	**1169**	**—**	
港澳台合资经营企业	167525	162249	167366	161907	159	342		
港澳台合作经营企业	37474	36633	35756	35806	1718	827		
港澳台独资经营企业	113909	108655	113909	108655				
港澳台商投资股份有限公司								
外商投资企业	**1622353**	**1451640**	**1622122**	**1451556**	**209**	**84**		
中外合资经营企业	648757	581523	648757	581523				
中外合作经营企业	338106	272731	338106	272731				
外资企业	635490	597385	635259	597301	209	84		
外商投资股份有限公司								

3—12　限额以上直营连锁正餐情况

（按登记注册类型分）

登记注册类型	门店总数（个）		营业面积（平方米）		从业人员（人）		经营餐饮业务餐位数（个）	
	2005年	2004年	2005年	2004年	2005年	2004年	2005年	2004年
总　　计	**1193**	**1069**	**1316289**	**1247266**	**104152**	**95880**	**456547**	**427339**
内资企业	**805**	**764**	**1154822**	**1116083**	**76837**	**74888**	**403728**	**384839**
国有企业	32	30	77585	69734	3427	3389	11267	10571
集体企业								
股份合作企业	8	9	5480	5760	387	435	1866	1961
联营企业								
国有联营企业								
集体联营企业								
国有与集体联营企业								
其他联营企业								
有限责任公司	286	270	302409	278612	25380	23194	232248	221518
国有独资公司								
其他有限责任公司	286	270	302409	278612	25380	23194	232248	221518
股份有限公司	15	14	44590	42980	2394	2427	8434	7784
私营企业	460	437	720258	714497	44972	45179	148203	141295
私营独资企业	58	57	102815	110123	6451	7172	23159	22559
私营合伙企业	31	29	30406	28536	2077	1967	6112	5880
私营有限责任公司	343	330	552370	545253	34234	34311	111482	107428
私营股份有限公司	28	21	34667	30585	2210	1729	7450	5428
其他企业	4	4	4500	4500	277	264	1710	1710
港澳台商投资企业	**32**	**25**	**37200**	**34144**	**2903**	**2547**	**7853**	**7356**
港澳台合资经营企业	23	16	23974	20918	1502	1123	6253	5756
港澳台合作经营企业	9	9	13226	13226	1401	1424	1600	1600
港澳台独资经营企业								
港澳台商投资股份有限公司								
外商投资企业	**356**	**280**	**124267**	**97039**	**24412**	**18445**	**44966**	**35144**
中外合资经营企业	13	13	5365	5353	575	544	1708	1738
中外合作经营企业	305	239	108196	83739	22857	17214	38561	30074
外资企业	38	28	10706	7947	980	687	4697	3332
外商投资股份有限公司								

3—12 续表1

登记注册类型	商品购进总额（万元）		统一配送商品购进额		自有配送中心配送商品购进额		非自有配送中心配送商品购进额	
	2005年	2004年	2005年	2004年	2005年	2004年	2005年	2004年
总　　计	**333486**	**300263**	**130753**	**115580**	**105246**	**88642**	**25507**	**26939**
内资企业	**238885**	**223182**	**82436**	**79448**	**60551**	**55173**	**21885**	**24275**
国有企业	9962	8740	1226	691	909	677	317	15
集体企业								
股份合作企业	2556	2620	936	924	936	924		
联营企业								
国有联营企业								
集体联营企业								
国有与集体联营企业								
其他联营企业								
有限责任公司	115556	101179	55616	49940	40812	35446	14804	14494
国有独资公司								
其他有限责任公司	115556	101179	55616	49940	40812	35446	14804	14494
股份有限公司	13628	11449	6411	5749	6411	5749		
私营企业	96230	98264	18248	22144	11483	12377	6765	9767
私营独资企业	16721	19129	3249	3779	2619	2961	631	818
私营合伙企业	9421	7975						
私营有限责任公司	63334	65798	10723	13408	7365	7616	3358	5792
私营股份有限公司	6754	5362	4276	4957	1500	1800	2776	3157
其他企业	954	930						
港澳台商投资企业	**29450**	**27456**						
港澳台合资经营企业	13817	12100						
港澳台合作经营企业	15633	15356						
港澳台独资经营企业								
港澳台商投资股份有限公司								
外商投资企业	**65150**	**49624**	**48316**	**36132**	**44695**	**33469**	**3622**	**2664**
中外合资经营企业	1753	1759	1112	1270	1112	1270		
中外合作经营企业	59562	44975	43434	32026	43434	32026		
外资企业	3835	2891	3771	2837	149	173	3622	2664
外商投资股份有限公司								

3—12 续表 2

登记注册类型	营业收入（万元）		餐费收入		商品销售额		零售额	
	2005年	2004年	2005年	2004年	2005年	2004年	2005年	2004年
总　　计	**986715**	**880770**	**962360**	**860477**	**18265**	**16180**	**14439**	**12492**
内资企业	**690596**	**644247**	**667959**	**624782**	**16547**	**15353**	**14439**	**12492**
国有企业	44002	40381	40701	36744	1940	2106	1940	2106
集体企业								
股份合作企业	4903	4977	4903	4977				
联营企业								
国有联营企业								
集体联营企业								
国有与集体联营企业								
其他联营企业								
有限责任公司	228180	204097	216825	194950	9655	8060	7960	5612
国有独资公司								
其他有限责任公司	228180	204097	216825	194950	9655	8060	7960	5612
股份有限公司	53556	44859	51181	42633	2103	1953	2103	1953
私营企业	358796	348499	353190	344044	2849	3235	2436	2822
私营独资企业	51878	55641	51355	54870	378	512	378	512
私营合伙企业	16413	15401	15489	14840	254	183	254	183
私营有限责任公司	264584	263283	261214	260966	1428	1734	1015	1321
私营股份有限公司	25921	14174	25132	13368	789	806	789	806
其他企业	1159	1435	1159	1435				
港澳台商投资企业	**44016**	**41614**	**42298**	**40787**	**1718**	**827**		
港澳台合资经营企业	24685	22672	24685	22672				
港澳台合作经营企业	19331	18942	17613	18115	1718	827		
港澳台独资经营企业								
港澳台商投资股份有限公司								
外商投资企业	**252103**	**194908**	**252103**	**194908**				
中外合资经营企业	5470	4175	5470	4175				
中外合作经营企业	235013	180639	235013	180639				
外资企业	11621	10094	11621	10094				
外商投资股份有限公司								

3－13　限额以上直营连锁快餐情况

（按登记注册类型分）

登记注册类型	门店总数（个）		营业面积（平方米）		从业人员（人）		经营餐饮业务餐位数（个）	
	2005 年	2004 年	2005 年	2004 年	2005 年	2004 年	2005 年	2004 年
总　　计	**3904**	**3511**	**1103000**	**968606**	**183032**	**165552**	**413949**	**359179**
内资企业	**1682**	**1661**	**227814**	**223367**	**21963**	**21005**	**74524**	**70623**
国有企业	25	23	7224	6872	391	386	1899	1649
集体企业								
股份合作企业	5	5	4502	4502	491	519	1292	1292
联营企业								
国有联营企业								
集体联营企业								
国有与集体联营企业								
其他联营企业								
有限责任公司	392	372	93676	97081	9166	9360	25848	24348
国有独资公司								
其他有限责任公司	392	372	93676	97081	9166	9360	25848	24348
股份有限公司	36	33	9610	8668	733	576	3396	3178
私营企业	1224	1228	112802	106244	11182	10164	42089	40156
私营独资企业	161	131	13660	12540	844	780	6520	5724
私营合伙企业								
私营有限责任公司	1063	1097	99142	93704	10338	9384	35569	34432
私营股份有限公司								
其他企业								
港澳台商投资企业	**395**	**355**	**139942**	**123653**	**49888**	**49726**	**60030**	**52273**
港澳台合资经营企业	188	163	74764	65918	11833	12028	30800	26014
港澳台合作经营企业	38	30	16642	13194	1037	815	7250	5856
港澳台独资经营企业	169	162	48536	44541	37018	36883	21980	20403
港澳台商投资股份有限公司								
外商投资企业	**1827**	**1495**	**735244**	**621586**	**111181**	**94821**	**279395**	**236283**
中外合资经营企业	744	622	311307	263818	48743	42828	126036	107096
中外合作经营企业	126	106	40073	36811	7491	6122	15301	14349
外资企业	957	767	383864	320957	54947	45871	138058	114838
外商投资股份有限公司								

3—13 续表1

登记注册类型	商品购进总额（万元）		统一配送商品购进额		自有配送中心配送商品购进额		非自有配送中心配送商品购进额	
	2005 年	2004 年	2005 年	2004 年	2005 年	2004 年	2005 年	2004 年
总　　计	**524346**	**534899**	**489306**	**503416**	**389008**	**415534**	**100298**	**87882**
内资企业	**99607**	**145221**	**81369**	**129012**	**71639**	**120882**	**9730**	**8129**
国有企业								
集体企业								
股份合作企业	1318	1318	1318	1318	1318	1318		
联营企业								
国有联营企业								
集体联营企业								
国有与集体联营企业								
其他联营企业								
有限责任公司	43907	95870	38016	90622	36883	89648	1133	974
国有独资公司								
其他有限责任公司	43907	95870	38016	90622	36883	89648	1133	974
股份有限公司	3184	2472	2320	1848	2320	1848		
私营企业	51198	45561	39716	35224	31119	28069	8597	7155
私营独资企业	1045	549	578	236	578	236		
私营合伙企业								
私营有限责任公司	50153	45011	39137	34988	30541	27833	8597	7155
私营股份有限公司								
其他企业								
港澳台商投资企业	**52459**	**50160**	**52459**	**50160**	**13819**	**12564**	**38640**	**37595**
港澳台合资经营企业	2462	2278	2462	2278	2262	2128	200	150
港澳台合作经营企业	6112	5774	6112	5774			6112	5774
港澳台独资经营企业	43885	42108	43885	42108	11558	10437	32328	31671
港澳台商投资股份有限公司								
外商投资企业	**372280**	**339519**	**355478**	**324245**	**303550**	**282087**	**51928**	**42158**
中外合资经营企业	234204	209616	233791	209186	196649	181409	37142	27776
中外合作经营企业	30889	31227	30889	31227	30889	31227		
外资企业	107187	98676	90798	83832	76011	69450	14786	14381
外商投资股份有限公司								

3—13 续表 2

登记注册类型	营业收入（万元）		餐费收入		商品销售额		零售额	
	2005 年	2004 年	2005 年	2004 年	2005 年	2004 年	2005 年	2004 年
总　　计	**1797658**	**1666259**	**1796068**	**1664719**	**1285**	**1354**	**1126**	**1013**
内资企业	**196496**	**177043**	**195086**	**175845**	**1126**	**1013**	**1126**	**1013**
国有企业	2612	2234	2612	2234				
集体企业								
股份合作企业	5936	6007	5758	5866				
联营企业								
国有联营企业								
集体联营企业								
国有与集体联营企业								
其他联营企业								
有限责任公司	84209	77667	84107	77625				
国有独资公司								
其他有限责任公司	84209	77667	84107	77625				
股份有限公司	10122	9645	10122	9645				
私营企业	93617	81490	92487	80475	1126	1013	1126	1013
私营独资企业	3006	3194	2805	3040	200	154	200	154
私营合伙企业								
私营有限责任公司	90611	78296	89682	77435	926	859	926	859
私营股份有限公司								
其他企业								
港澳台商投资企业	**272365**	**264781**	**272206**	**264440**	**159**	**342**		
港澳台合资经营企业	142839	139576	142681	139235	159	342		
港澳台合作经营企业	18143	17691	18143	17691				
港澳台独资经营企业	111382	107515	111382	107515				
港澳台商投资股份有限公司								
外商投资企业	**1328798**	**1224434**	**1328776**	**1224434**				
中外合资经营企业	628967	566014	628967	566014				
中外合作经营企业	77710	72694	77710	72694				
外资企业	622122	585726	622099	585726				
外商投资股份有限公司								

3—14 限额以上直营连锁茶馆情况

（按登记注册类型分）

登记注册类型	门店总数（个）		营业面积（平方米）		从业人员（人）		经营餐饮业务餐位数（个）	
	2005 年	2004 年	2005 年	2004 年	2005 年	2004 年	2005 年	2004 年
总　　计	200	192	11061	11036	675	574	3760	3298
内资企业	200	192	11061	11036	675	574	3760	3298
国有企业	6	6	2581	2581	146	136	1016	1016
集体企业								
股份合作企业								
联营企业								
国有联营企业								
集体联营企业								
国有与集体联营企业								
其他联营企业								
有限责任公司								
国有独资公司								
其他有限责任公司								
股份有限公司								
私营企业	194	186	8480	8455	529	438	2744	2282
私营独资企业								
私营合伙企业								
私营有限责任公司	194	186	8480	8455	529	438	2744	2282
私营股份有限公司								
其他企业								
港澳台商投资企业								
港澳台合资经营企业								
港澳台合作经营企业								
港澳台独资经营企业								
港澳台商投资股份有限公司								
外商投资企业								
中外合资经营企业								
中外合作经营企业								
外资企业								
外商投资股份有限公司								

3—14 续表1

登记注册类型	商品购进总额（万元）		统一配送商品购进额		自有配送中心配送商品购进额	
	2005年	2004年	2005年	2004年	2005年	2004年
总　　计	**829**	**886**	**141**	**148**	**141**	**148**
内资企业	**829**	**886**	**141**	**148**	**141**	**148**
国有企业	141	148	141	148	141	148
集体企业						
股份合作企业						
联营企业						
国有联营企业						
集体联营企业						
国有与集体联营企业						
其他联营企业						
有限责任公司						
国有独资公司						
其他有限责任公司						
股份有限公司						
私营企业	688	738				
私营独资企业						
私营合伙企业						
私营有限责任公司	688	738				
私营股份有限公司						
其他企业						
港澳台商投资企业						
港澳台合资经营企业						
港澳台合作经营企业						
港澳台独资经营企业						
港澳台商投资股份有限公司						
外商投资企业						
中外合资经营企业						
中外合作经营企业						
外资企业						
外商投资股份有限公司						

3—14 续表2

登记注册类型	营业收入（万元）		餐费收入		商品销售额	
	2005年	2004年	2005年	2004年	2005年	2004年
总　　计	3399	3293	3259	3117	140	176
内资企业	3399	3293	3259	3117	140	176
国有企业	1852	1788	1712	1612	140	176
集体企业						
股份合作企业						
联营企业						
国有联营企业						
集体联营企业						
国有与集体联营企业						
其他联营企业						
有限责任公司						
国有独资公司						
其他有限责任公司						
股份有限公司						
私营企业	1547	1505	1547	1505		
私营独资企业						
私营合伙企业						
私营有限责任公司	1547	1505	1547	1505		
私营股份有限公司						
其他企业						
港澳台商投资企业						
港澳台合资经营企业						
港澳台合作经营企业						
港澳台独资经营企业						
港澳台商投资股份有限公司						
外商投资企业						
中外合资经营企业						
中外合作经营企业						
外资企业						
外商投资股份有限公司						

3—15 限额以上直营连锁咖啡店情况

（按登记注册类型分）

登记注册类型	门店总数（个）		营业面积（平方米）		从业人员（人）		经营餐饮业务餐位数（个）	
	2005年	2004年	2005年	2004年	2005年	2004年	2005年	2004年
总　计	**146**	**115**	**23558**	**18679**	**2265**	**1678**	**7987**	**6321**
内资企业	**2**	**3**	**1150**	**1250**	**53**	**65**	**288**	**313**
国有企业								
集体企业								
股份合作企业								
联营企业								
国有联营企业								
集体联营企业								
国有与集体联营企业								
其他联营企业								
有限责任公司								
国有独资公司								
其他有限责任公司								
股份有限公司								
私营企业	2	3	1150	1250	53	65	288	313
私营独资企业								
私营合伙企业								
私营有限责任公司	2	3	1150	1250	53	65	288	313
私营股份有限公司								
其他企业								
港澳台商投资企业	**10**	**5**	**1468**	**795**	**161**	**70**	**400**	**200**
港澳台合资经营企业								
港澳台合作经营企业								
港澳台独资经营企业	10	5	1468	795	161	70	400	200
港澳台商投资股份有限公司								
外商投资企业	**134**	**107**	**20940**	**16634**	**2051**	**1543**	**7299**	**5808**
中外合资经营企业	59	52	9875	8098	808	614	3549	3058
中外合作经营企业	75	55	11065	8536	1243	929	3750	2750
外资企业								
外商投资股份有限公司								

3—15 续表1

登记注册类型	商品购进总额（万元）		统一配送商品购进额		自有配送中心配送商品购进额		非自有配送中心配送商品购进额	
	2005年	2004年	2005年	2004年	2005年	2004年	2005年	2004年
总　　计	**3449**	**2688**	**3449**	**2688**	**1680**	**960**	**1769**	**1728**
内资企业	**10**	**11**	**10**	**11**			**10**	**11**
国有企业								
集体企业								
股份合作企业								
联营企业								
国有联营企业								
集体联营企业								
国有与集体联营企业								
其他联营企业								
有限责任公司								
国有独资公司								
其他有限责任公司								
股份有限公司								
私营企业	10	11	10	11			10	11
私营独资企业								
私营合伙企业								
私营有限责任公司	10	11	10	11			10	11
私营股份有限公司								
其他企业								
港澳台商投资企业	**1680**	**960**	**1680**	**960**	**1680**	**960**		
港澳台合资经营企业								
港澳台合作经营企业								
港澳台独资经营企业	1680	960	1680	960	1680	960		
港澳台商投资股份有限公司								
外商投资企业	**1759**	**1717**	**1759**	**1717**			**1759**	**1717**
中外合资经营企业	1759	1717	1759	1717			1759	1717
中外合作经营企业								
外资企业								
外商投资股份有限公司								

3—15 续表2

登记注册类型	营业收入（万元）		餐费收入	
	2005年	2004年	2005年	2004年
总　　计	**42636**	**32330**	**42636**	**32330**
内资企业	**406**	**457**	**406**	**457**
国有企业				
集体企业				
股份合作企业				
联营企业				
国有联营企业				
集体联营企业				
国有与集体联营企业				
其他联营企业				
有限责任公司				
国有独资公司				
其他有限责任公司				
股份有限公司				
私营企业	406	457	406	457
私营独资企业				
私营合伙企业				
私营有限责任公司	406	457	406	457
私营股份有限公司				
其他企业				
港澳台商投资企业	**2527**	**1140**	**2527**	**1140**
港澳台合资经营企业				
港澳台合作经营企业				
港澳台独资经营企业	2527	1140	2527	1140
港澳台商投资股份有限公司				
外商投资企业	**39704**	**30732**	**39704**	**30732**
中外合资经营企业	14320	11334	14320	11334
中外合作经营企业	25383	19398	25383	19398
外资企业				
外商投资股份有限公司				

3—16　限额以上直营连锁其他餐饮业情况

（按登记注册类型分）

登记注册类型	门店总数（个）		营业面积（平方米）		从业人员（人）		经营餐饮业务餐位数（个）	
	2005年	2004年	2005年	2004年	2005年	2004年	2005年	2004年
总　　计	**75**	**65**	**21316**	**15212**	**1343**	**1352**	**729**	**667**
内资企业	**70**	**62**	**20394**	**14711**	**1294**	**1337**	**490**	**516**
国有企业	29	26	6853	2967	23	24		
集体企业								
股份合作企业	7	8	378	444	71	90	450	480
联营企业								
国有联营企业								
集体联营企业								
国有与集体联营企业								
其他联营企业								
有限责任公司								
国有独资公司								
其他有限责任公司								
股份有限公司	25	19	8863	7000	345	377		
私营企业	9	9	4300	4300	855	846	40	36
私营独资企业	3	3	100	100	15	15	40	36
私营合伙企业								
私营有限责任公司	6	6	4200	4200	840	831		
私营股份有限公司								
其他企业								
港澳台商投资企业								
港澳台合资经营企业								
港澳台合作经营企业								
港澳台独资经营企业								
港澳台商投资股份有限公司								
外商投资企业	**5**	**3**	**922**	**501**	**49**	**15**	**239**	**151**
中外合资经营企业								
中外合作经营企业								
外资企业	5	3	922	501	49	15	239	151
外商投资股份有限公司								

3—16 续表 1

登记注册类型	商品购进总额（万元）		统一配送商品购进额		自有配送中心配送商品购进额		非自有配送中心配送商品购进额	
	2005 年	2004 年	2005 年	2004 年	2005 年	2004 年	2005 年	2004 年
总　　计	**12094**	**10585**	**12084**	**10576**	**11871**	**10398**	**213**	**178**
内资企业	**11900**	**10421**	**11890**	**10412**	**11871**	**10398**	**19**	**14**
国有企业								
集体企业								
股份合作企业	159	172	159	172	159	172		
联营企业								
国有联营企业								
集体联营企业								
国有与集体联营企业								
其他联营企业								
有限责任公司								
国有独资公司								
其他有限责任公司								
股份有限公司	11017	9457	11017	9457	11017	9457		
私营企业	724	792	714	783	695	769	19	14
私营独资企业	34	32	24	23	5	9	19	14
私营合伙企业								
私营有限责任公司	690	760	690	760	690	760		
私营股份有限公司								
其他企业								
港澳台商投资企业								
港澳台合资经营企业								
港澳台合作经营企业								
港澳台独资经营企业								
港澳台商投资股份有限公司								
外商投资企业	**194**	**164**	**194**	**164**			**194**	**164**
中外合资经营企业								
中外合作经营企业								
外资企业	194	164	194	164			194	164
外商投资股份有限公司								

3—16　续表2

登记注册类型	营业收入（万元）		餐费收入		商品销售额		零售额	
	2005年	2004年	2005年	2004年	2005年	2004年	2005年	2004年
总　　计	**37153**	**32796**	**36512**	**32243**	**640**	**553**	**431**	**469**
内资企业	**35405**	**31231**	**34973**	**30762**	**431**	**469**	**431**	**469**
国有企业	20909	18220	20909	18220				
集体企业								
股份合作企业	337	369	337	369				
联营企业								
国有联营企业								
集体联营企业								
国有与集体联营企业								
其他联营企业								
有限责任公司								
国有独资公司								
其他有限责任公司								
股份有限公司	11017	9457	11017	9457				
私营企业	3141	3185	2710	2716	431	469	431	469
私营独资企业	60	59	60	59				
私营合伙企业								
私营有限责任公司	3081	3126	2650	2657	431	469	431	469
私营股份有限公司								
其他企业								
港澳台商投资企业								
港澳台合资经营企业								
港澳台合作经营企业								
港澳台独资经营企业								
港澳台商投资股份有限公司								
外商投资企业	**1748**	**1565**	**1539**	**1481**	**209**	**84**		
中外合资经营企业								
中外合作经营企业								
外资企业	1748	1565	1539	1481	209	84		
外商投资股份有限公司								

3—17 限额以上加盟连锁餐饮业情况

（按登记注册类型分）

登记注册类型	门店总数（个）		营业面积（平方米）		从业人员（人）		经营餐饮业务餐位数（个）	
	2005年	2004年	2005年	2004年	2005年	2004年	2005年	2004年
总　计	**2996**	**2626**	**1432465**	**1265428**	**134562**	**114424**	**1121897**	**1004181**
内资企业	**2729**	**2429**	**1320402**	**1181083**	**125300**	**107478**	**1078773**	**972645**
国有企业	522	456	6966	4916	651	492	550	250
集体企业								
股份合作企业	31	32	23972	19457	1736	1616	6194	4914
联营企业								
国有联营企业								
集体联营企业								
国有与集体联营企业								
其他联营企业								
有限责任公司	1426	1415	851651	824353	90803	82086	971829	883392
国有独资公司								
其他有限责任公司	1426	1415	851651	824353	90803	82086	971829	883392
股份有限公司	76	47	119745	88813	5741	3567	18381	15475
私营企业	659	463	307268	233244	25303	18564	76449	63644
私营独资企业	170	151	70472	62280	6029	5508	33506	29775
私营合伙企业	21	12	20964	14700	181	1002	4220	2510
私营有限责任公司	341	248	190462	145244	15461	10327	33853	29044
私营股份有限公司	127	52	25370	11020	3632	1727	4870	2315
其他企业	15	16	10800	10300	1066	1153	5370	4970
港澳台商投资企业	**137**	**106**	**70802**	**52310**	**4962**	**3807**	**21209**	**15687**
港澳台合资经营企业	104	77	61730	45210	4164	3081	20541	15100
港澳台合作经营企业								
港澳台独资经营企业	33	29	9072	7100	798	726	668	587
港澳台商投资股份有限公司								
外商投资企业	**130**	**91**	**41261**	**32035**	**4300**	**3139**	**21915**	**15849**
中外合资经营企业								
中外合作经营企业	14	11	3780	3080	861	683	1774	1474
外资企业	116	80	37481	28955	3439	2456	20141	14375
外商投资股份有限公司								

3—17 续表1

登记注册类型	商品购进总额（万元）		统一配送商品购进额		自有配送中心配送商品购进额		非自有配送中心配送商品购进额	
	2005年	2004年	2005年	2004年	2005年	2004年	2005年	2004年
总　　计	**559064**	**397024**	**351360**	**260613**	**204795**	**131340**	**146565**	**129273**
内资企业	**539548**	**382064**	**338354**	**250413**	**193489**	**122635**	**144865**	**127778**
国有企业	4000	3000						
集体企业								
股份合作企业	713	628	663	571	663	571		
联营企业								
国有联营企业								
集体联营企业								
国有与集体联营企业								
其他联营企业								
有限责任公司	472785	328080	325999	240629	184160	114888	141839	125740
国有独资公司								
其他有限责任公司	472785	328080	325999	240629	184160	114888	141839	125740
股份有限公司	18448	17505	386		386			
私营企业	39473	29192	11307	9213	8281	7175	3025	2038
私营独资企业	1869	1662	1401	1379	1370	1342	31	37
私营合伙企业	3379	1980						
私营有限责任公司	23491	20984	9906	7834	6912	5833	2994	2001
私营股份有限公司	10735	4566						
其他企业	4129	3659						
港澳台商投资企业	**9803**	**7451**	**3377**	**2691**	**3377**	**2691**		
港澳台合资经营企业	7272	5328	846	568	846	568		
港澳台合作经营企业								
港澳台独资经营企业	2531	2123	2531	2123	2531	2123		
港澳台商投资股份有限公司								
外商投资企业	**9713**	**7510**	**9628**	**7510**	**7928**	**6015**	**1700**	**1495**
中外合资经营企业								
中外合作经营企业	2800	2240	2800	2240	2800	2240		
外资企业	6913	5270	6828	5270	5128	3775	1700	1495
外商投资股份有限公司								

3—17 续表 2

登记注册类型	营业收入（万元）		餐费收入		商品销售额		零售额	
	2005 年	2004 年	2005 年	2004 年	2005 年	2004 年	2005 年	2004 年
总计	**1021103**	**866890**	**1011944**	**860508**	**7513**	**4948**	**5723**	**4676**
内资企业	**951599**	**819029**	**942440**	**812647**	**7513**	**4948**	**5723**	**4676**
国有企业	12969	12059	12969	12059				
集体企业								
股份合作企业	16545	14987	16463	14897				
联营企业								
国有联营企业								
集体联营企业								
国有与集体联营企业								
其他联营企业								
有限责任公司	782299	671503	773340	665307	7395	4852	5605	4580
国有独资公司								
其他有限责任公司	782299	671503	773340	665307	7395	4852	5605	4580
股份有限公司	42145	40609	42145	40609				
私营企业	91679	74754	91561	74657	118	96	118	96
私营独资企业	20462	19215	20462	19215				
私营合伙企业	5445	3934	5445	3934				
私营有限责任公司	49998	44542	49880	44446	118	96	118	96
私营股份有限公司	15773	7063	15773	7063				
其他企业	5962	5117	5962	5117				
港澳台商投资企业	**32153**	**24385**	**32153**	**24385**				
港澳台合资经营企业	24681	18119	24681	18119				
港澳台合作经营企业								
港澳台独资经营企业	7472	6266	7472	6266				
港澳台商投资股份有限公司								
外商投资企业	**37351**	**23476**	**37351**	**23476**				
中外合资经营企业								
中外合作经营企业	8485	6936	8485	6936				
外资企业	28867	16540	28867	16540				
外商投资股份有限公司								

3—18 限额以上加盟连锁正餐情况

（按登记注册类型分）

登记注册类型	门店总数（个）		营业面积（平方米）		从业人员（人）		经营餐饮业务餐位数（个）	
	2005 年	2004 年	2005 年	2004 年	2005 年	2004 年	2005 年	2004 年
总　　计	**2015**	**1837**	**1255850**	**1135386**	**119949**	**102920**	**1062784**	**961180**
内资企业	**2002**	**1827**	**1251220**	**1131886**	**119259**	**102360**	**1060943**	**959680**
国有企业	2	1	1200	600	250	80	550	250
集体企业								
股份合作企业	2	2	2701	2701	60	60	280	280
联营企业								
国有联营企业								
集体联营企业								
国有与集体联营企业								
其他联营企业								
有限责任公司	1409	1401	847490	820903	90572	81908	970040	881939
国有独资公司								
其他有限责任公司	1409	1401	847490	820903	90572	81908	970040	881939
股份有限公司	53	45	117695	88613	5499	3527	18241	15375
私营企业	521	362	271334	208769	21812	15632	66462	56866
私营独资企业	152	140	66312	61480	5883	5433	31908	29147
私营合伙企业	21	12	20964	14700	181	1002	4220	2510
私营有限责任公司	226	163	158858	121739	12126	7480	25564	22994
私营股份有限公司	122	47	25200	10850	3622	1717	4770	2215
其他企业	15	16	10800	10300	1066	1153	5370	4970
港澳台商投资企业	**3**	**3**	**1130**	**700**	**90**	**80**	**341**	**300**
港澳台合资经营企业	3	3	1130	700	90	80	341	300
港澳台合作经营企业								
港澳台独资经营企业								
港澳台商投资股份有限公司								
外商投资企业	**10**	**7**	**3500**	**2800**	**600**	**480**	**1500**	**1200**
中外合资经营企业								
中外合作经营企业	10	7	3500	2800	600	480	1500	1200
外资企业								
外商投资股份有限公司								

3—18 续表1

登记注册类型	商品购进总额（万元）		统一配送商品购进额		自有配送中心配送商品购进额		非自有配送中心配送商品购进额	
	2005年	2004年	2005年	2004年	2005年	2004年	2005年	2004年
总　计	**533173**	**378932**	**334164**	**248439**	**190892**	**121339**	**143272**	**127099**
内资企业	**530373**	**376692**	**331364**	**246199**	**188092**	**119099**	**143272**	**127099**
国有企业	4000	3000						
集体企业								
股份合作企业	70	83	20	26	20	26		
联营企业								
国有联营企业								
集体联营企业								
国有与集体联营企业								
其他联营企业								
有限责任公司	471085	326973	324428	239644	182589	113903	141839	125740
国有独资公司								
其他有限责任公司	471085	326973	324428	239644	182589	113903	141839	125740
股份有限公司	18062	17505						
私营企业	33026	25473	6916	6529	5483	5170	1432	1359
私营独资企业	1568	1553	1322	1320	1322	1320		
私营合伙企业	3379	1980						
私营有限责任公司	17368	17394	5593	5208	4161	3850	1432	1359
私营股份有限公司	10712	4545						
其他企业	4129	3659						
港澳台商投资企业								
港澳台合资经营企业								
港澳台合作经营企业								
港澳台独资经营企业								
港澳台商投资股份有限公司								
外商投资企业	**2800**	**2240**	**2800**	**2240**	**2800**	**2240**		
中外合资经营企业								
中外合作经营企业	2800	2240	2800	2240	2800	2240		
外资企业								
外商投资股份有限公司								

3—18　续表 2

登记注册类型	营业收入（万元）		餐费收入		商品销售额		零售额	
	2005 年	2004 年	2005 年	2004 年	2005 年	2004 年	2005 年	2004 年
总　　计	**917021**	**791357**	**908062**	**785162**	**7395**	**4852**	**5605**	**4580**
内资企业	**909581**	**785398**	**900621**	**779203**	**7395**	**4852**	**5605**	**4580**
国有企业	1298	663	1298	663				
集体企业								
股份合作企业	481	555	481	555				
联营企业								
国有联营企业								
集体联营企业								
国有与集体联营企业								
其他联营企业								
有限责任公司	778519	668856	769560	662661	7395	4852	5605	4580
国有独资公司								
其他有限责任公司	778519	668856	769560	662661	7395	4852	5605	4580
股份有限公司	41755	40607	41755	40607				
私营企业	81566	69600	81566	69600				
私营独资企业	19984	19022	19984	19022				
私营合伙企业	5445	3934	5445	3934				
私营有限责任公司	40390	39607	40390	39607				
私营股份有限公司	15746	7038	15746	7038				
其他企业	5962	5117	5962	5117				
港澳台商投资企业	**441**	**359**	**441**	**359**				
港澳台合资经营企业	441	359	441	359				
港澳台合作经营企业								
港澳台独资经营企业								
港澳台商投资股份有限公司								
外商投资企业	**7000**	**5600**	**7000**	**5600**				
中外合资经营企业								
中外合作经营企业	7000	5600	7000	5600				
外资企业								
外商投资股份有限公司								

3—19 限额以上加盟连锁快餐情况

（按登记注册类型分）

登记注册类型	门店总数（个）		营业面积（平方米）		从业人员（人）		经营餐饮业务餐位数（个）	
	2005年	2004年	2005年	2004年	2005年	2004年	2005年	2004年
总　　计	**274**	**208**	**85229**	**63851**	**7326**	**5818**	**35173**	**25476**
内资企业	**121**	**95**	**38396**	**27516**	**2828**	**2433**	**14090**	**10240**
国有企业								
集体企业								
股份合作企业	29	30	21271	16756	1676	1556	5914	4634
联营企业								
国有联营企业								
集体联营企业								
国有与集体联营企业								
其他联营企业								
有限责任公司	17	14	4161	3450	231	178	1789	1453
国有独资公司								
其他有限责任公司	17	14	4161	3450	231	178	1789	1453
股份有限公司	4	2	400	200	62	40	140	100
私营企业	71	49	12564	7110	859	659	6247	4053
私营独资企业	11	4	3960	600	121	50	1508	544
私营合伙企业								
私营有限责任公司	55	40	8434	6340	728	599	4639	3409
私营股份有限公司	5	5	170	170	10	10	100	100
其他企业								
港澳台商投资企业	**33**	**29**	**9072**	**7100**	**798**	**726**	**668**	**587**
港澳台合资经营企业								
港澳台合作经营企业								
港澳台独资经营企业	33	29	9072	7100	798	726	668	587
港澳台商投资股份有限公司								
外商投资企业	**120**	**84**	**37761**	**29235**	**3700**	**2659**	**20415**	**14649**
中外合资经营企业								
中外合作经营企业	4	4	280	280	261	203	274	274
外资企业	116	80	37481	28955	3439	2456	20141	14375
外商投资股份有限公司								

3—19 续表1

登记注册类型	商品购进总额（万元）		统一配送商品购进额		自有配送中心配送商品购进额		非自有配送中心配送商品购进额	
	2005年	2004年	2005年	2004年	2005年	2004年	2005年	2004年
总　　计	**16502**	**11167**	**14252**	**10028**	**11066**	**7894**	**3186**	**2134**
内资企业	**7058**	**3775**	**4893**	**2636**	**3407**	**1997**	**1486**	**639**
国有企业								
集体企业								
股份合作企业	643	545	643	545	643	545		
联营企业								
国有联营企业								
集体联营企业								
国有与集体联营企业								
其他联营企业								
有限责任公司	1700	1108	1571	985	1571	985		
国有独资公司								
其他有限责任公司	1700	1108	1571	985	1571	985		
股份有限公司	6		6		6			
私营企业	4710	2122	2674	1105	1188	466	1486	639
私营独资企业	225	36	23	4	23	4		
私营合伙企业								
私营有限责任公司	4461	2065	2651	1102	1165	463	1486	639
私营股份有限公司	23	21						
其他企业								
港澳台商投资企业	**2531**	**2123**	**2531**	**2123**	**2531**	**2123**		
港澳台合资经营企业								
港澳台合作经营企业								
港澳台独资经营企业	2531	2123	2531	2123	2531	2123		
港澳台商投资股份有限公司								
外商投资企业	**6913**	**5270**	**6828**	**5270**	**5128**	**3775**	**1700**	**1495**
中外合资经营企业								
中外合作经营企业								
外资企业	6913	5270	6828	5270	5128	3775	1700	1495
外商投资股份有限公司								

3—19 续表2

登记注册类型	营业收入（万元）		餐费收入	
	2005年	2004年	2005年	2004年
总　　计	**64992**	**44296**	**64910**	**44206**
内资企业	**27169**	**20154**	**27086**	**20064**
国有企业				
集体企业				
股份合作企业	16064	14432	15982	14342
联营企业				
国有联营企业				
集体联营企业				
国有与集体联营企业				
其他联营企业				
有限责任公司	3780	2646	3780	2646
国有独资公司				
其他有限责任公司	3780	2646	3780	2646
股份有限公司	10	2	10	2
私营企业	7314	3074	7314	3074
私营独资企业	375	90	375	90
私营合伙企业				
私营有限责任公司	6912	2959	6912	2959
私营股份有限公司	27	25	27	25
其他企业				
港澳台商投资企业	**7472**	**6266**	**7472**	**6266**
港澳台合资经营企业				
港澳台合作经营企业				
港澳台独资经营企业	7472	6266	7472	6266
港澳台商投资股份有限公司				
外商投资企业	**30351**	**17876**	**30351**	**17876**
中外合资经营企业				
中外合作经营企业	1485	1336	1485	1336
外资企业	28867	16540	28867	16540
外商投资股份有限公司				

3—20 限额以上加盟连锁咖啡店情况

（按登记注册类型分）

登记注册类型	门店总数（个）		营业面积（平方米）		从业人员（人）		经营餐饮业务餐位数（个）	
	2005年	2004年	2005年	2004年	2005年	2004年	2005年	2004年
总　计	**147**	**107**	**74170**	**55075**	**4886**	**3584**	**23850**	**17441**
内资企业	**46**	**33**	**13570**	**10565**	**812**	**583**	**3650**	**2641**
国有企业								
集体企业								
股份合作企业								
联营企业								
国有联营企业								
集体联营企业								
国有与集体联营企业								
其他联营企业								
有限责任公司								
国有独资公司								
其他有限责任公司								
股份有限公司								
私营企业	46	33	13570	10565	812	583	3650	2641
私营独资企业								
私营合伙企业								
私营有限责任公司	46	33	13570	10565	812	583	3650	2641
私营股份有限公司								
其他企业								
港澳台商投资企业	**101**	**74**	**60600**	**44510**	**4074**	**3001**	**20200**	**14800**
港澳台合资经营企业	101	74	60600	44510	4074	3001	20200	14800
港澳台合作经营企业								
港澳台独资经营企业								
港澳台商投资股份有限公司								
外商投资企业								
中外合资经营企业								
中外合作经营企业								
外资企业								
外商投资股份有限公司								

3—20 续表1

登记注册类型	商品购进总额（万元）		统一配送商品购进额		自有配送中心配送商品购进额		非自有配送中心配送商品购进额	
	2005年	2004年	2005年	2004年	2005年	2004年	2005年	2004年
总　　计	7348	5331	922	571	846	568	76	3
内资企业	76	3	76	3			76	3
国有企业								
集体企业								
股份合作企业								
联营企业								
国有联营企业								
集体联营企业								
国有与集体联营企业								
其他联营企业								
有限责任公司								
国有独资公司								
其他有限责任公司								
股份有限公司								
私营企业	76	3	76	3			76	3
私营独资企业								
私营合伙企业								
私营有限责任公司	76	3	76	3			76	3
私营股份有限公司								
其他企业								
港澳台商投资企业	7272	5328	846	568	846	568		
港澳台合资经营企业	7272	5328	846	568	846	568		
港澳台合作经营企业								
港澳台独资经营企业								
港澳台商投资股份有限公司								
外商投资企业								
中外合资经营企业								
中外合作经营企业								
外资企业								
外商投资股份有限公司								

3—20 续表 2

登记注册类型	营业收入（万元）		餐费收入	
	2005 年	2004 年	2005 年	2004 年
总　　计	**26094**	**18997**	**26094**	**18997**
内资企业	**1854**	**1237**	**1854**	**1237**
国有企业				
集体企业				
股份合作企业				
联营企业				
国有联营企业				
集体联营企业				
国有与集体联营企业				
其他联营企业				
有限责任公司				
国有独资公司				
其他有限责任公司				
股份有限公司				
私营企业	1854	1237	1854	1237
私营独资企业				
私营合伙企业				
私营有限责任公司	1854	1237	1854	1237
私营股份有限公司				
其他企业				
港澳台商投资企业	**24240**	**17760**	**24240**	**17760**
港澳台合资经营企业	24240	17760	24240	17760
港澳台合作经营企业				
港澳台独资经营企业				
港澳台商投资股份有限公司				
外商投资企业				
中外合资经营企业				
中外合作经营企业				
外资企业				
外商投资股份有限公司				

3—21 限额以上加盟连锁其他餐饮业情况

（按登记注册类型分）

登记注册类型	门店总数（个）		营业面积（平方米）		从业人员（人）		经营餐饮业务餐位数（个）	
	2005 年	2004 年	2005 年	2004 年	2005 年	2004 年	2005 年	2004 年
总　计	560	474	17216	11116	2401	2102	90	84
内资企业	560	474	17216	11116	2401	2102	90	84
国有企业	520	455	5766	4316	401	412		
集体企业								
股份合作企业								
联营企业								
国有联营企业								
集体联营企业								
国有与集体联营企业								
其他联营企业								
有限责任公司								
国有独资公司								
其他有限责任公司								
股份有限公司	19		1650		180			
私营企业	21	19	9800	6800	1820	1690	90	84
私营独资企业	7	7	200	200	25	25	90	84
私营合伙企业								
私营有限责任公司	14	12	9600	6600	1795	1665		
私营股份有限公司								
其他企业								
港澳台商投资企业								
港澳台合资经营企业								
港澳台合作经营企业								
港澳台独资经营企业								
港澳台商投资股份有限公司								
外商投资企业								
中外合资经营企业								
中外合作经营企业								
外资企业								
外商投资股份有限公司								

3—21　续表1

登记注册类型	商品购进总额（万元）		统一配送商品购进额		自有配送中心配送商品购进额		非自有配送中心配送商品购进额	
	2005年	2004年	2005年	2004年	2005年	2004年	2005年	2004年
总　　计	2041	1594	2021	1576	1990	1539	31	37
内资企业	2041	1594	2021	1576	1990	1539	31	37
国有企业								
集体企业								
股份合作企业								
联营企业								
国有联营企业								
集体联营企业								
国有与集体联营企业								
其他联营企业								
有限责任公司								
国有独资公司								
其他有限责任公司								
股份有限公司	380		380		380			
私营企业	1661	1594	1641	1576	1610	1539	31	37
私营独资企业	76	73	56	55	25	18	31	37
私营合伙企业								
私营有限责任公司	1585	1521	1585	1521	1585	1521		
私营股份有限公司								
其他企业								
港澳台商投资企业								
港澳台合资经营企业								
港澳台合作经营企业								
港澳台独资经营企业								
港澳台商投资股份有限公司								
外商投资企业								
中外合资经营企业								
中外合作经营企业								
外资企业								
外商投资股份有限公司								

3—21 续表 2

登记注册类型	营业收入（万元）		餐费收入		商品销售额		零售额	
	2005 年	2004 年	2005 年	2004 年	2005 年	2004 年	2005 年	2004 年
总　　计	**12996**	**12239**	**12878**	**12143**	**118**	**96**	**118**	**96**
内资企业	**12996**	**12239**	**12878**	**12143**	**118**	**96**	**118**	**96**
国有企业	11671	11396	11671	11396				
集体企业								
股份合作企业								
联营企业								
国有联营企业								
集体联营企业								
国有与集体联营企业								
其他联营企业								
有限责任公司								
国有独资公司								
其他有限责任公司								
股份有限公司	380		380					
私营企业	945	843	827	747	118	96	118	96
私营独资企业	103	103	103	103				
私营合伙企业								
私营有限责任公司	842	740	724	644	118	96	118	96
私营股份有限公司								
其他企业								
港澳台商投资企业								
港澳台合资经营企业								
港澳台合作经营企业								
港澳台独资经营企业								
港澳台商投资股份有限公司								
外商投资企业								
中外合资经营企业								
中外合作经营企业								
外资企业								
外商投资股份有限公司								

3—22　各地区限额以上连锁餐饮业集团(企业)数

(按业态分)

单位:个

地　区	合 计	正 餐	快 餐	茶 馆	咖啡店	其他餐饮业
全　国	**300**	**169**	**117**	**3**	**5**	**6**
北　京	56	32	21	1	2	
天　津	9	3	5			1
河　北	1	1				
山　西	7	6	1			
内蒙古	5	5				
辽　宁	6	1	5			
吉　林						
黑龙江	3	2	1			
上　海	13	2	10		1	
江　苏	20	4	15			1
浙　江	20	8	9	1	1	1
安　徽	5	4	1			
福　建	11	3	8			
江　西	5	3	2			
山　东	13	8	5			
河　南	9	9				
湖　北	27	22	5			
湖　南	5	3	2			
广　东	41	28	10	1	1	1
广　西						
海　南	1	1				
重　庆	13	10	3			
四　川	7	2	4			1
贵　州	3	3				
云　南	7	1	6			
西　藏						
陕　西	3	3				
甘　肃	3	3				
青　海	2	1				1
宁　夏						
新　疆	5	1	4			

3—23 各地区限额以上连锁餐饮业集团(企业)构成

(按业态分)

单位:%

地区	合计	正餐	快餐	茶馆	咖啡店	其他餐饮业
全国	**100.0**	**100.0**	**100.0**	**100.0**	**100.0**	**100.0**
北京	18.7	18.9	17.9	33.3	40.0	
天津	3.0	1.8	4.3			16.7
河北	0.3	0.6				
山西	2.3	3.6	0.9			
内蒙古	1.7	3.0				
辽宁	2.0	0.6	4.3			
吉林						
黑龙江	1.0	1.2	0.9			
上海	4.3	1.2	8.5		20.0	
江苏	6.7	2.4	12.8			16.7
浙江	6.7	4.7	7.7	33.3	20.0	16.7
安徽	1.7	2.4	0.9			
福建	3.7	1.8	6.8			
江西	1.7	1.8	1.7			
山东	4.3	4.7	4.3			
河南	3.0	5.3				
湖北	9.0	13.0	4.3			
湖南	1.7	1.8	1.7			
广东	13.7	16.6	8.5	33.3	20.0	16.7
广西						
海南	0.3	0.6				
重庆	4.3	5.9	2.6			
四川	2.3	1.2	3.4			16.7
贵州	1.0	1.8				
云南	2.3	0.6	5.1			
西藏						
陕西	1.0	1.8				
甘肃	1.0	1.8				
青海	0.7	0.6				16.7
宁夏						
新疆	1.7	0.6	3.4			

3—24 各地区限额以上连锁餐饮业门店数

（按业态分）

单位：个

地区	2005年	2004年	正餐		快餐		茶馆		咖啡店		其他餐饮业	
			2005年	2004年	2005年	2004年	2005年	2004年	2005年	2004年	2005年	2004年
全国	**8514**	**7578**	**3208**	**2906**	**4178**	**3719**	**200**	**192**	**293**	**222**	**635**	**539**
北京	1066	980	276	247	666	629	6	7	97	79	21	18
天津	643	577	55	46	139	133			11	10	438	388
河北	233	198	136	120	65	49			3	2	29	27
山西	161	127	127	105	28	22					6	
内蒙古	125	122	109	105	13	14					3	3
辽宁	201	164	39	36	147	115					15	13
吉林	64	58	27	24	35	31					2	3
黑龙江	86	69	45	35	41	34						
上海	679	594	140	118	437	407			66	47	36	22
江苏	1113	1079	69	60	1012	998			16	9	16	12
浙江	473	360	64	56	285	215	6	6	75	60	43	23
安徽	128	106	79	68	46	36			3	2		
福建	262	209	45	37	212	169			4	2	1	1
江西	52	50	16	17	34	31			1	1	1	1
山东	355	331	239	224	114	95					2	12
河南	242	211	230	205	8	3					4	3
湖北	250	208	145	123	104	85					1	
湖南	115	100	46	44	69	56						
广东	959	835	361	323	388	321	188	179	14	8	8	4
广西	20	18	7	6	13	12						
海南	22	18	13	11	9	7						
重庆	285	264	220	213	62	49			3	2		
四川	377	389	265	294	111	94					1	1
贵州	55	47	50	43	5	4						
云南	163	137	83	70	80	67						
西藏	8	9	6	8	1	1					1	
陕西	129	112	127	110	2	2						
甘肃	55	40	55	40								
青海	32	32	25	24							7	8
宁夏	14	16	11	14	3	2						
新疆	141	112	92	74	49	38						
港澳台和国外	5	5	5	5								

3—25 各地区限额以上直营连锁餐饮业门店数

（按业态分）

单位：个

地 区	2005 年	2004 年	正 餐		快 餐		茶 馆		咖啡店		其他餐饮业	
			2005 年	2004 年	2005 年	2004 年	2005 年	2004 年	2005 年	2004 年	2005 年	2004 年
全 国	**5518**	**4952**	**1193**	**1069**	**3904**	**3511**	**200**	**192**	**146**	**115**	**75**	**65**
北 京	953	888	245	217	646	613	6	7	51	46	5	5
天 津	197	183	33	28	136	131			10	9	18	15
河 北	66	52	4	4	62	48						
山 西	50	43	22	21	28	22						
内蒙古	44	42	31	28	13	14						
辽 宁	145	114	2	2	142	111					1	1
吉 林	35	31			35	31						
黑龙江	48	40	7	6	41	34						
上 海	605	533	129	107	413	379			54	39	9	8
江 苏	1000	999	18	17	965	969			12	8	5	5
浙 江	339	268	29	30	273	207	6	6	9	8	22	17
安 徽	64	60	22	25	42	35						
福 建	232	190	23	22	208	167					1	1
江 西	43	38	9	7	34	31						
山 东	145	125	37	35	107	89					1	1
河 南	33	26	29	26	4							
湖 北	173	155	76	71	97	84						
湖 南	78	66	12	13	66	53						
广 东	872	759	284	252	385	320	188	179	10	5	5	3
广 西	2	2	2	2								
海 南	13	10	4	3	9	7						
重 庆	101	80	65	52	36	28						
四 川	86	78	31	29	54	48					1	1
贵 州	24	22	19	18	5	4						
云 南	56	51	5	5	51	46						
西 藏												
陕 西	26	22	26	22								
甘 肃	15	16	15	16								
青 海	12	11	5	3							7	8
宁 夏	3	2			3	2						
新 疆	52	40	3	2	49	38						
港澳台和国外	5	5	5	5								

3—26 各地区限额以上加盟连锁餐饮业门店数

（按业态分）

单位：个

地区	2005年	2004年	正餐		快餐		咖啡店		其他餐饮业	
			2005年	2004年	2005年	2004年	2005年	2004年	2005年	2004年
全国	**2996**	**2626**	**2015**	**1837**	**274**	**208**	**147**	**107**	**560**	**474**
北京	113	92	31	30	20	16	46	33	16	13
天津	446	394	22	18	3	2	1	1	420	373
河北	167	146	132	116	3	1	3	2	29	27
山西	111	84	105	84					6	
内蒙古	81	80	78	77					3	3
辽宁	56	50	37	34	5	4			14	12
吉林	29	27	27	24					2	3
黑龙江	38	29	38	29						
上海	74	61	11	11	24	28	12	8	27	14
江苏	113	80	51	43	47	29	4	1	11	7
浙江	134	92	35	26	12	8	66	52	21	6
安徽	64	46	57	43	4	1	3	2		
福建	30	19	22	15	4	2	4	2		
江西	9	12	7	10			1	1	1	1
山东	210	206	202	189	7	6			1	11
河南	209	185	201	179	4	3			4	3
湖北	77	53	69	52	7	1			1	
湖南	37	34	34	31	3	3				
广东	87	76	77	71	3	1	4	3	3	1
广西	18	16	5	4	13	12				
海南	9	8	9	8						
重庆	184	184	155	161	26	21	3	2		
四川	291	311	234	265	57	46				
贵州	31	25	31	25						
云南	107	86	78	65	29	21				
西藏	8	9	6	8	1	1			1	
陕西	103	90	101	88	2	2				
甘肃	40	24	40	24						
青海	20	21	20	21						
宁夏	11	14	11	14						
新疆	89	72	89	72						
港澳台和国外										

3—27 各地区限额以上连锁餐饮业门店数

（按登记注册类型分）

单位:个

地区	合计		直营店		加盟店	
	2005年	2004年	2005年	2004年	2005年	2004年
全国	8514	7578	5518	4952	2996	2626
北京	1066	980	953	888	113	92
天津	643	577	197	183	446	394
河北	233	198	66	52	167	146
山西	161	127	50	43	111	84
内蒙古	125	122	44	42	81	80
辽宁	201	164	145	114	56	50
吉林	64	58	35	31	29	27
黑龙江	86	69	48	40	38	29
上海	679	594	605	533	74	61
江苏	1113	1079	1000	999	113	80
浙江	473	360	339	268	134	92
安徽	128	106	64	60	64	46
福建	262	209	232	190	30	19
江西	52	50	43	38	9	12
山东	355	331	145	125	210	206
河南	242	211	33	26	209	185
湖北	250	208	173	155	77	53
湖南	115	100	78	66	37	34
广东	959	835	872	759	87	76
广西	20	18	2	2	18	16
海南	22	18	13	10	9	8
重庆	285	264	101	80	184	184
四川	377	389	86	78	291	311
贵州	55	47	24	22	31	25
云南	163	137	56	51	107	86
西藏	8	9			8	9
陕西	129	112	26	22	103	90
甘肃	55	40	15	16	40	24
青海	32	32	12	11	20	21
宁夏	14	16	3	2	11	14
新疆	141	112	52	40	89	72
港澳台及国外	5	5	5	5		

3—28 各地区限额以上内资企业连锁餐饮业门店数

（按登记注册类型分）

单位：个

地 区	合 计		直营店		加盟店	
	2005 年	2004 年	2005 年	2004 年	2005 年	2004 年
全 国	**5488**	**5111**	**2759**	**2682**	**2729**	**2429**
北 京	557	531	460	453	97	78
天 津	521	466	79	75	442	391
河 北	164	145	2	2	162	143
山 西	130	102	19	18	111	84
内蒙古	110	106	29	26	81	80
辽 宁	57	51	6	5	51	46
吉 林	29	27			29	27
黑龙江	45	35	7	6	38	29
上 海	229	226	177	183	52	43
江 苏	892	914	793	840	99	74
浙 江	200	156	140	120	60	36
安 徽	83	71	24	27	59	44
福 建	170	131	146	115	24	16
江 西	25	27	17	16	8	11
山 东	269	263	59	57	210	206
河 南	239	209	32	24	207	185
湖 北	158	133	88	81	70	52
湖 南	49	47	12	13	37	34
广 东	481	451	410	386	71	65
广 西	5	4			5	4
海 南	13	11	4	3	9	8
重 庆	252	243	71	61	181	182
四 川	273	299	34	31	239	268
贵 州	50	43	19	18	31	25
云 南	121	102	34	32	87	70
西 藏	7	8			7	8
陕 西	125	110	23	21	102	89
甘 肃	55	40	15	16	40	24
青 海	32	32	12	11	20	21
宁 夏	11	14			11	14
新 疆	130	108	41	36	89	72
港澳台及国外	5	5	5	5		

3—29 各地区限额以上国有企业连锁餐饮业门店数

（按登记注册类型分）

单位：个

地区	合计		直营店		加盟店	
	2005年	2004年	2005年	2004年	2005年	2004年
全国	**614**	**541**	**92**	**85**	**522**	**456**
北京	25	22	9	9	16	13
天津	471	417	51	44	420	373
河北	29	27			29	27
山西	6				6	
内蒙古	3	3			3	3
辽宁	15	13	1	1	14	12
吉林	2	3			2	3
黑龙江						
上海	19	8	4	4	15	4
江苏	1	1	1	1		
浙江	12	12	6	6	6	6
安徽						
福建						
江西						
山东	4	14	3	3	1	11
河南	8	7	4	4	4	3
湖北	1				1	
湖南						
广东	17	14	13	13	4	1
广西						
海南						
重庆						
四川						
贵州						
云南						
西藏	1				1	
陕西						
甘肃						
青海						
宁夏						
新疆						
港澳台及国外						

3—30 各地区限额以上股份合作企业连锁餐饮业门店数

（按登记注册类型分）

单位：个

地区	合计		直营店		加盟店	
	2005年	2004年	2005年	2004年	2005年	2004年
全国	**51**	**54**	**20**	**22**	**31**	**32**
北京	5	5	5	5		
天津						
河北						
山西						
内蒙古						
辽宁						
吉林						
黑龙江						
上海	17	20	4	4	13	16
江苏						
浙江	3	4			3	4
安徽						
福建	2	1			2	1
江西						
山东	7	6			7	6
河南						
湖北						
湖南						
广东	5	6	3	4	2	2
广西						
海南						
重庆						
四川	5	4	1	1	4	3
贵州						
云南						
西藏						
陕西						
甘肃						
青海	7	8	7	8		
宁夏						
新疆						
港澳台及国外						

3—31 各地区限额以上有限责任公司连锁餐饮业门店数

（按登记注册类型分）

单位：个

地区	合计		直营店		加盟店	
	2005年	2004年	2005年	2004年	2005年	2004年
全国	**2104**	**2057**	**678**	**642**	**1426**	**1415**
北京	236	223	226	212	10	11
天津	29	28	13	13	16	15
河北	118	105	2	2	116	103
山西	66	57	7	6	59	51
内蒙古	84	83	13	12	71	71
辽宁	27	27	1	1	26	26
吉林	21	22			21	22
黑龙江	11	11	2	1	9	10
上海	94	97	86	88	8	9
江苏	57	51	18	19	39	32
浙江	92	79	65	58	27	21
安徽	46	37	6	5	40	32
福建	13	12	6	6	7	6
江西	5	6			5	6
山东	186	188	28	27	158	161
河南	179	172	18	14	161	158
湖北	62	50	21	17	41	33
湖南	31	31	7	7	24	24
广东	114	117	77	78	37	39
广西	1	1			1	1
海南	8	8	1	1	7	7
重庆	117	138	36	33	81	105
四川	179	217	16	16	163	201
贵州	29	24	2	2	27	22
云南	75	63	4	4	71	59
西藏	6	8			6	8
陕西	83	78	3	3	80	75
甘肃	30	26	9	9	21	17
青海	17	19	1		16	19
宁夏	9	11			9	11
新疆	73	62	4	2	69	60
港澳台及国外	5	5	5	5		

3—32 各地区限额以上股份有限公司连锁餐饮业门店数

（按登记注册类型分）

单位:个

地　区	合计		直营店		加盟店	
	2005年	2004年	2005年	2004年	2005年	2004年
全　国	**152**	**113**	**76**	**66**	**76**	**47**
北　京	12	9	5	4	7	5
天　津	2	1			2	1
河　北	8	6			8	6
山　西	1	1			1	1
内蒙古	6	5			6	5
辽　宁	3	3			3	3
吉　林						
黑龙江	9	10	5	5	4	5
上　海	5	4	3	2	2	2
江　苏	7	3	1	1	6	2
浙　江	56	34	40	34	16	
安　徽						
福　建	1	1			1	1
江　西						
山　东	5	3			5	3
河　南	4	3			4	3
湖　北						
湖　南						
广　东						
广　西						
海　南						
重　庆						
四　川						
贵　州						
云　南	22	19	18	16	4	3
西　藏						
陕　西	5	5	4	4	1	1
甘　肃	1	1			1	1
青　海	1	1			1	1
宁　夏	1	1			1	1
新　疆	3	3			3	3
港澳台及国外						

3—33 各地区限额以上私营企业连锁餐饮业门店数

（按登记注册类型分）

单位：个

地区	合计		直营店		加盟店	
	2005年	2004年	2005年	2004年	2005年	2004年
全国	2548	2326	1889	1863	659	463
北京	270	261	214	222	56	39
天津	19	20	15	18	4	2
河北	9	7			9	7
山西	47	35	9	9	38	26
内蒙古	17	15	16	14	1	1
辽宁	12	8	4	3	8	5
吉林	6	2			6	2
黑龙江	25	14			25	14
上海	94	97	80	85	14	12
江苏	827	859	773	819	54	40
浙江	37	27	29	22	8	5
安徽	37	34	18	22	19	12
福建	154	117	140	109	14	8
江西	20	21	17	16	3	5
山东	67	52	28	27	39	25
河南	48	27	10	6	38	21
湖北	95	83	67	64	28	19
湖南	18	16	5	6	13	10
广东	345	314	317	291	28	23
广西	4	3			4	3
海南	5	3	3	2	2	1
重庆	135	105	35	28	100	77
四川	89	78	17	14	72	64
贵州	21	19	17	16	4	3
云南	24	20	12	12	12	8
西藏						
陕西	37	27	16	14	21	13
甘肃	24	13	6	7	18	6
青海	7	4	4	3	3	1
宁夏	1	2			1	2
新疆	54	43	37	34	17	9
港澳台及国外						

3—34　各地区限额以上港澳台商投资企业连锁餐饮业门店数

（按登记注册类型分）

单位:个

地　区	合　计		直营店		加盟店	
	2005 年	2004 年	2005 年	2004 年	2005 年	2004 年
全　国	**574**	**491**	**437**	**385**	**137**	**106**
北　京	70	58	68	55	2	3
天　津	22	23	21	22	1	1
河　北	5	4	2	2	3	2
山　西	2	2	2	2		
内蒙古		1		1		
辽　宁	10	9	10	9		
吉　林						
黑龙江						
上　海	196	166	184	158	12	8
江　苏	5	2	1	1	4	1
浙　江	66	52			66	52
安　徽	3	2			3	2
福　建	32	29	28	27	4	2
江　西	4	4	3	3	1	1
山　东						
河　南	1	1		1	1	
湖　北						
湖　南						
广　东	85	78	81	75	4	3
广　西	13	12			13	12
海　南	2	1	2	1		
重　庆	12	8	9	6	3	2
四　川	19	15	17	13	2	2
贵　州						
云　南	27	24	9	9	18	15
西　藏						
陕　西						
甘　肃						
青　海						
宁　夏						
新　疆						
港澳台及国外						

3—35 各地区限额以上外商投资企业连锁餐饮业门店数

（按登记注册类型分）

单位：个

地区	合计		直营店		加盟店	
	2005年	2004年	2005年	2004年	2005年	2004年
全国	**2452**	**1976**	**2322**	**1885**	**130**	**91**
北京	439	391	425	380	14	11
天津	100	88	97	86	3	2
河北	64	49	62	48	2	1
山西	29	23	29	23		
内蒙古	15	15	15	15		
辽宁	134	104	129	100	5	4
吉林	35	31	35	31		
黑龙江	41	34	41	34		
上海	254	202	244	192	10	10
江苏	216	163	206	158	10	5
浙江	207	152	199	148	8	4
安徽	42	33	40	33	2	
福建	60	49	58	48	2	1
江西	23	19	23	19		
山东	86	68	86	68		
河南	2	1	1	1	1	
湖北	92	75	85	74	7	1
湖南	66	53	66	53		
广东	393	306	381	298	12	8
广西	2	2	2	2		
海南	7	6	7	6		
重庆	21	13	21	13		
四川	85	75	35	34	50	41
贵州	5	4	5	4		
云南	15	11	13	10	2	1
西藏	1	1			1	1
陕西	4	2	3	1	1	1
甘肃						
青海						
宁夏	3	2	3	2		
新疆	11	4	11	4		

3—36　各地区限额以上连锁餐饮业营业面积

（按业态分）

单位:平方米

地　　区	2005年	2004年	正　餐		快　餐		茶　馆		咖啡店		其他餐饮	
			2005年	2004年	2005年	2004年	2005年	2004年	2005年	2004年	2005年	2004年
全　　国	**3907689**	**3526227**	**2572139**	**2382652**	**1188229**	**1032457**	**11061**	**11036**	**97728**	**73754**	**38532**	**26328**
北　　京	517781	450599	312748	256012	179108	173144	1330	1530	24595	19913		
天　　津	117549	100022	30068	25720	74862	67019					12619	7283
河　　北	2180	2180	2180	2180								
山　　西	42220	36900	35100	31400	7120	5500						
内 蒙 古	218100	200200	218100	200200								
辽　　宁	79899	70808	900	900	78999	69908						
吉　　林												
黑 龙 江	6102	6394	4002	4294	2100	2100						
上　　海	247390	221555	81700	75100	154625	137919			11065	8536		
江　　苏	157729	132834	9420	6480	148009	126054					300	300
浙　　江	246320	212746	61340	70490	111286	88165	2581	2581	60600	44510	10513	7000
安　　徽	94683	116591	88920	112120	5763	4471						
福　　建	75660	64478	38742	32742	36918	31736						
江　　西	23674	18799	12560	8800	11114	9999						
山　　东	113283	106111	68150	66450	45133	39661						
河　　南	57815	59750	57815	59750								
湖　　北	221432	196297	173493	153924	47939	42373						
湖　　南	42358	36208	18180	16480	24178	19728						
广　　东	433469	398513	278120	268242	145809	122050	7150	6925	1468	795	922	501
广　　西												
海　　南	2600	2000	2600	2000								
重　　庆	984363	896340	967666	882801	16697	13539						
四　　川	73872	64178	14253	12990	45819	40388					13800	10800
贵　　州	22170	14409	22170	14409								
云　　南	49955	45330	15500	20000	34455	25330						
西　　藏												
陕　　西	36337	38445	36337	38445								
甘　　肃	11775	11423	11775	11423								
青　　海	6878	5944	6500	5500							378	444
宁　　夏												
新　　疆	22095	17173	3800	3800	18295	13373						

3—37 各地区限额以上直营连锁餐饮业营业面积

（按业态分）

单位：平方米

地区	2005年	2004年	正餐		快餐		茶馆		咖啡店		其他餐饮	
			2005年	2004年	2005年	2004年	2005年	2004年	2005年	2004年	2005年	2004年
全国	**2475224**	**2260799**	**1316289**	**1247266**	**1103000**	**968606**	**11061**	**11036**	**23558**	**18679**	**21316**	**15212**
北京	364733	331732	191296	161114	161082	159740	1330	1530	11025	9348		
天津	107388	90311	26068	20720	74467	66624					6853	2967
河北	2180	2180	2180	2180								
山西	35520	33900	28400	28400	7120	5500						
内蒙古	49340	49660	49340	49660								
辽宁	79899	70808	900	900	78999	69908						
吉林												
黑龙江	4537	4587	2437	2487	2100	2100						
上海	227841	205659	81700	75100	135076	122023			11065	8536		
江苏	150624	127504	9020	6100	141504	121304					100	100
浙江	175360	162306	56610	65760	107306	86965	2581	2581			8863	7000
安徽	70483	98591	64720	94120	5763	4471						
福建	74810	64078	38742	32742	36068	31336						
江西	23674	18799	12560	8800	11114	9999						
山东	97473	90981	52340	51320	45133	39661						
河南	28510	25400	28510	25400								
湖北	202805	179915	154866	137542	47939	42373						
湖南	35858	31708	11680	11980	24178	19728						
广东	400520	372927	245171	242656	145809	122050	7150	6925	1468	795	922	501
广西												
海南	2600	2000	2600	2000								
重庆	172473	149819	161716	140920	10757	8899						
四川	47278	41970	13911	12648	29167	25122					4200	4200
贵州	22170	14409	22170	14409								
云南	24123	20430	3000	3000	21123	17430						
西藏												
陕西	36337	38445	36337	38445								
甘肃	9715	9563	9715	9563								
青海	6878	5944	6500	5500							378	444
宁夏												
新疆	22095	17173	3800	3800	18295	13373						

3—38 各地区限额以上加盟连锁餐饮业营业面积

(按业态分)

单位:平方米

地区	2005年	2004年	正餐		快餐		咖啡店		其他餐饮	
			2005年	2004年	2005年	2004年	2005年	2004年	2005年	2004年
全国	**1432465**	**1265428**	**1255850**	**1135386**	**85229**	**63851**	**74170**	**55075**	**17216**	**11116**
北京	153048	118867	121452	94898	18026	13404	13570	10565		
天津	10161	9711	4000	5000	395	395			5766	4316
河北										
山西	6700	3000	6700	3000						
内蒙古	168760	150540	168760	150540						
辽宁										
吉林										
黑龙江	1565	1807	1565	1807						
上海	19549	15896			19549	15896				
江苏	7105	5330	400	380	6505	4750			200	200
浙江	70960	50440	4730	4730	3980	1200	60600	44510	1650	
安徽	24200	18000	24200	18000						
福建	850	400			850	400				
江西										
山东	15810	15130	15810	15130						
河南	29305	34350	29305	34350						
湖北	18627	16382	18627	16382						
湖南	6500	4500	6500	4500						
广东	32949	25586	32949	25586						
广西										
海南										
重庆	811890	746521	805950	741881	5940	4640				
四川	26594	22208	342	342	16652	15266			9600	6600
贵州										
云南	25832	24900	12500	17000	13332	7900				
西藏										
陕西										
甘肃	2060	1860	2060	1860						
青海										
宁夏										
新疆										

3—39 各地区限额以上连锁餐饮业经营餐饮业务餐位数

（按业态分）

单位：个

地区	2005年	2004年	正餐		快餐		茶馆		咖啡店		其他餐饮	
			2005年	2004年	2005年	2004年	2005年	2004年	2005年	2004年	2005年	2004年
全国	**2004869**	**1800985**	**1519331**	**1388519**	**449122**	**384655**	**3760**	**3298**	**31837**	**23762**	**819**	**751**
北京	153204	137362	73176	64039	72241	66961	300	350	7487	6012		
天津	25832	22863	6365	5855	19467	17008						
河北	1000	1000	1000	1000								
山西	15055	13255	12355	11555	2700	1700						
内蒙古	991000	898980	991000	898980								
辽宁	24974	21141	10	10	24964	21131						
吉林												
黑龙江	3857	4141	2057	2341	1800	1800						
上海	76493	65909	15730	13750	57013	49409			3750	2750		
江苏	57904	50166	2548	1958	55226	48088					130	120
浙江	76603	61375	10364	11014	45023	34545	1016	1016	20200	14800		
安徽	14130	17180	11672	15230	2458	1950						
福建	23614	20428	2040	1940	21574	18488						
江西	10614	6705	6600	2926	4014	3779						
山东	36210	32476	20780	18840	15430	13636						
河南	16673	14547	16673	14547								
湖北	54252	49651	40842	37327	13410	12324						
湖南	9530	8060	60	60	9470	8000						
广东	130664	111334	65697	57860	61884	51191	2444	1932	400	200	239	151
广西												
海南	1154	894	1154	894								
重庆	210510	197445	202804	191118	7706	6327						
四川	28496	24219	5950	5450	22546	18769						
贵州	5567	4667	5567	4667								
云南	17980	17409	9280	11080	8700	6329						
西藏												
陕西	11380	11980	11380	11980								
甘肃	3531	3410	3531	3410								
青海	546	568	96	88							450	480
宁夏												
新疆	4096	3820	600	600	3496	3220						

3—40 各地区限额以上直营连锁餐饮业经营餐饮业务餐位数

（按业态分）

单位：个

地区	2005年	2004年	正餐		快餐		茶馆		咖啡店		其他餐饮	
			2005年	2004年	2005年	2004年	2005年	2004年	2005年	2004年	2005年	2004年
全国	**882972**	**796804**	**456547**	**427339**	**413949**	**359179**	**3760**	**3298**	**7987**	**6321**	**729**	**667**
北京	123536	112886	53585	47239	65814	61926	300	350	3837	3371		
天津	24632	21363	5165	4355	19467	17008						
河北	1000	1000	1000	1000								
山西	11435	10435	8735	8735	2700	1700						
内蒙古	147200	146280	147200	146280								
辽宁	24974	21141	10	10	24964	21131						
吉林												
黑龙江	3116	3116	1316	1316	1800	1800						
上海	71169	61525	15730	13750	51689	45025			3750	2750		
江苏	54773	47994	2466	1879	52267	46079					40	36
浙江	50693	43655	8944	9594	40733	33045	1016	1016				
安徽	10122	14126	7664	12176	2458	1950						
福建	23214	20228	2040	1940	21174	18288						
江西	10614	6705	6600	2926	4014	3779						
山东	30280	27186	14850	13550	15430	13636						
河南	9278	7172	9278	7172								
湖北	48875	45001	35465	32677	13410	12324						
湖南	9530	8060	60	60	9470	8000						
广东	121984	104714	57017	51240	61884	51191	2444	1932	400	200	239	151
广西												
海南	1154	894	1154	894								
重庆	55311	47735	51024	44151	4287	3584						
四川	18218	15645	5750	5250	12468	10395						
贵州	5567	4667	5567	4667								
云南	7704	6378	1280	1280	6424	5098						
西藏												
陕西	11380	11980	11380	11980								
甘肃	2571	2530	2571	2530								
青海	546	568	96	88							450	480
宁夏												
新疆	4096	3820	600	600	3496	3220						

3—41 各地区限额以上加盟连锁餐饮业经营餐饮业务餐位数

(按业态分)

单位:个

地区	2005年	2004年	正餐		快餐		咖啡店		其他餐饮	
			2005年	2004年	2005年	2004年	2005年	2004年	2005年	2004年
全国	**1121897**	**1004181**	**1062784**	**961180**	**35173**	**25476**	**23850**	**17441**	**90**	**84**
北京	29668	24476	19591	16800	6427	5035	3650	2641		
天津	1200	1500	1200	1500						
河北										
山西	3620	2820	3620	2820						
内蒙古	843800	752700	843800	752700						
辽宁										
吉林										
黑龙江	741	1025	741	1025						
上海	5324	4384			5324	4384				
江苏	3131	2172	82	79	2959	2009			90	84
浙江	25910	17720	1420	1420	4290	1500	20200	14800		
安徽	4008	3054	4008	3054						
福建	400	200			400	200				
江西										
山东	5930	5290	5930	5290						
河南	7395	7375	7395	7375						
湖北	5377	4650	5377	4650						
湖南										
广东	8680	6620	8680	6620						
广西										
海南										
重庆	155199	149710	151780	146967	3419	2743				
四川	10278	8574	200	200	10078	8374				
贵州										
云南	10276	11031	8000	9800	2276	1231				
西藏										
陕西										
甘肃	960	880	960	880						
青海										
宁夏										
新疆										

3—42 各地区限额以上连锁餐饮业从业人员

（按业态分）

单位：人

地区	2005年	2004年	正餐		快餐		茶馆		咖啡店		其他餐饮	
			2005年	2004年	2005年	2004年	2005年	2004年	2005年	2004年	2005年	2004年
全国	**426029**	**379460**	**224101**	**198800**	**190358**	**171370**	**675**	**574**	**7151**	**5262**	**3744**	**3454**
北京	49013	43293	22714	18508	24589	23457	37	66	1673	1262		
天津	8812	8355	1170	1263	7218	6656					424	436
河北	173	169	173	169								
山西	3454	3395	3298	3271	156	124						
内蒙古	51073	44629	51073	44629								
辽宁	13326	11335	20	20	13306	11315						
吉林												
黑龙江	1174	1226	564	616	610	610						
上海	31489	28582	9100	6200	21146	21453			1243	929		
江苏	23852	21060	440	343	23372	20677					40	40
浙江	23169	19395	3186	3745	15238	12136	146	136	4074	3001	525	377
安徽	4441	5340	3426	4610	1015	730						
福建	8040	6894	3382	2976	4658	3918						
江西	2799	2436	1218	1016	1581	1420						
山东	8948	8018	2404	2320	6544	5698						
河南	4624	3951	4624	3951								
湖北	19549	17207	11915	11334	7634	5873						
湖南	5049	4328	1020	1022	4029	3306						
广东	76578	72405	25927	25446	49949	46502	492	372	161	70	49	15
广西												
海南	160	138	160	138								
重庆	72523	61087	71172	60055	1351	1032						
四川	7777	6677	660	599	4482	3582					2635	2496
贵州	1857	1537	1857	1537								
云南	3483	3366	989	1331	2494	2035						
西藏												
陕西	1990	2107	1990	2107								
甘肃	1317	1292	1317	1292								
青海	291	310	220	220							71	90
宁夏												
新疆	1068	928	82	82	986	846						

3—43 各地区限额以上直营连锁餐饮业从业人员

（按业态分）

单位：人

地区	2005年	2004年	正餐		快餐		茶馆		咖啡店		其他餐饮	
			2005年	2004年	2005年	2004年	2005年	2004年	2005年	2004年	2005年	2004年
全国	**291467**	**265036**	**104152**	**95880**	**183032**	**165552**	**675**	**574**	**2265**	**1678**	**1343**	**1352**
北京	40855	37614	16887	14553	23070	22316	37	66	861	679		
天津	8211	7765	1020	1135	7168	6606					23	24
河北	173	169	173	169								
山西	2825	2817	2669	2693	156	124						
内蒙古	7266	6058	7266	6058								
辽宁	13326	11335	20	20	13306	11315						
吉林												
黑龙江	961	985	351	375	610	610						
上海	29705	26881	9100	6200	19362	19752			1243	929		
江苏	23112	20491	370	289	22727	20187					15	15
浙江	18241	15944	2864	3415	14886	12016	146	136			345	377
安徽	3191	4533	2176	3803	1015	730						
福建	7950	6854	3382	2976	4568	3878						
江西	2799	2436	1218	1016	1581	1420						
山东	8017	7134	1473	1436	6544	5698						
河南	2196	1712	2196	1712								
湖北	17708	15465	10074	9592	7634	5873						
湖南	4699	4168	670	862	4029	3306						
广东	75160	70416	24509	23457	49949	46502	492	372	161	70	49	15
广西												
海南	160	138	160	138								
重庆	12744	11288	11692	10493	1052	795						
四川	4341	3766	637	576	2864	2359					840	831
贵州	1857	1537	1857	1537								
云南	1564	1258	39	39	1525	1219						
西藏												
陕西	1990	2107	1990	2107								
甘肃	1057	927	1057	927								
青海	291	310	220	220							71	90
宁夏												
新疆	1068	928	82	82	986	846						

3—44　各地区限额以上加盟连锁餐饮业从业人员

（按业态分）

单位：人

地　区	2005年	2004年	正　餐		快　餐		咖啡店		其他餐饮	
			2005年	2004年	2005年	2004年	2005年	2004年	2005年	2004年
全　国	**134562**	**114424**	**119949**	**102920**	**7326**	**5818**	**4886**	**3584**	**2401**	**2102**
北　京	8158	5679	5827	3955	1519	1141	812	583		
天　津	601	590	150	128	50	50			401	412
河　北										
山　西	629	578	629	578						
内蒙古	43807	38571	43807	38571						
辽　宁										
吉　林										
黑龙江	213	241	213	241						
上　海	1784	1701			1784	1701				
江　苏	740	569	70	54	645	490			25	25
浙　江	4928	3451	322	330	352	120	4074	3001	180	
安　徽	1250	807	1250	807						
福　建	90	40			90	40				
江　西										
山　东	931	884	931	884						
河　南	2428	2239	2428	2239						
湖　北	1841	1742	1841	1742						
湖　南	350	160	350	160						
广　东	1418	1989	1418	1989						
广　西										
海　南										
重　庆	59779	49799	59480	49562	299	237				
四　川	3436	2911	23	23	1618	1223			1795	1665
贵　州										
云　南	1919	2108	950	1292	969	816				
西　藏										
陕　西										
甘　肃	260	365	260	365						
青　海										
宁　夏										
新　疆										

3—45 各地区限额以上连锁餐饮业商品购进总额

（按业态分）

单位:万元

地区	2005年	2004年	正餐		快餐		茶馆		咖啡店		其他餐饮	
			2005年	2004年	2005年	2004年	2005年	2004年	2005年	2004年	2005年	2004年
全国	**1433268**	**1246344**	**866658**	**679195**	**540849**	**546066**	**829**	**886**	**10797**	**8019**	**14136**	**12179**
北京	211252	192652	103596	94161	105123	96022	688	738	1845	1731		
天津	687	645	687	645								
河北	863	734	863	734								
山西	10918	9487	3715	3912	7203	5575						
内蒙古	303400	216800	303400	216800								
辽宁	13161	13937			13161	13937						
吉林												
黑龙江	95	81	95	81								
上海	5838	61496			5838	61496						
江苏	126652	112514	2275	2391	124267	110018					110	105
浙江	111154	102387	21741	23857	70603	63596	141	148	7272	5328	11397	9457
安徽	12797	13184	8943	9579	3854	3605						
福建	22338	20472	645	516	21693	19956						
江西	6083	5871	2772	3271	3311	2600						
山东	37438	36296	9887	8965	27551	27331						
河南	3527	2091	3527	2091								
湖北	7413	7065	7413	7065								
湖南	16151	14205	2002	1315	14148	12890						
广东	234941	205441	124129	107659	108938	96658			1680	960	194	164
广西												
海南	1884	1620	1884	1620								
重庆	258531	184509	251920	178430	6612	6079						
四川	21105	20727	449	404	18381	18041					2275	2281
贵州	8356	7290	8356	7290								
云南	8745	6655			8745	6655						
西藏												
陕西	3075	3604	3075	3604								
甘肃	4271	3644	4271	3644								
青海	1174	1336	1015	1164							159	172
宁夏												
新疆	1421	1606			1421	1606						

3—46　各地区限额以上直营连锁餐饮业商品购进总额

（按业态分）

单位:万元

地　区	2005年	2004年	正　餐		快　餐		茶　馆		咖啡店		其他餐饮	
			2005年	2004年	2005年	2004年	2005年	2004年	2005年	2004年	2005年	2004年
全　国	**874204**	**849321**	**333486**	**300263**	**524346**	**534899**	**829**	**886**	**3449**	**2688**	**12094**	**10585**
北　京	186240	169377	82968	74270	100815	92641	688	738	1769	1728		
天　津	687	645	687	645								
河　北	863	734	863	734								
山　西	9355	8214	2152	2639	7203	5575						
内蒙古	47900	43600	47900	43600								
辽　宁	13161	13937			13161	13937						
吉　林												
黑龙江	95	81	95	81								
上　海	5838	61496			5838	61496						
江　苏	122139	110247	1739	1869	120365	108346					34	32
浙　江	99873	94107	19046	21320	69669	63181	141	148			11017	9457
安　徽	7476	10036	3622	6431	3854	3605						
福　建	22338	20472	645	516	21693	19956						
江　西	6083	5871	2772	3271	3311	2600						
山　东	34644	33952	7093	6621	27551	27331						
河　南	3277	1750	3277	1750								
湖　北	3721	3544	3721	3544								
湖　南	15253	13779	1104	889	14148	12890						
广　东	214468	187207	103656	89425	108938	96658			1680	960	194	164
广　西												
海　南	1884	1620	1884	1620								
重　庆	37962	29982	33610	25403	4352	4579						
四　川	17171	17160	443	398	16038	16001					690	760
贵　州	8356	7290	8356	7290								
云　南	5989	4496			5989	4496						
西　藏												
陕　西	3075	3604	3075	3604								
甘　肃	3763	3182	3763	3182								
青　海	1174	1336	1015	1164							159	172
宁　夏												
新　疆	1421	1606			1421	1606						

3—47 各地区限额以上加盟连锁餐饮业商品购进总额

（按业态分）

单位:万元

地区	2005年	2004年	正餐		快餐		咖啡店		其他餐饮	
			2005年	2004年	2005年	2004年	2005年	2004年	2005年	2004年
全国	**559064**	**397024**	**533173**	**378932**	**16502**	**11167**	**7348**	**5331**	**2041**	**1594**
北京	25012	23275	20628	19891	4308	3381	76	3		
天津										
河北										
山西	1563	1273	1563	1273						
内蒙古	255500	173200	255500	173200						
辽宁										
吉林										
黑龙江										
上海										
江苏	4513	2267	536	522	3902	1672			76	73
浙江	11281	8280	2695	2537	934	415	7272	5328	380	
安徽	5321	3148	5321	3148						
福建										
江西										
山东	2794	2344	2794	2344						
河南	250	341	250	341						
湖北	3692	3521	3692	3521						
湖南	898	426	898	426						
广东	20473	18234	20473	18234						
广西										
海南										
重庆	220569	154527	218310	153027	2260	1500				
四川	3934	3567	6	6	2343	2040			1585	1521
贵州										
云南	2756	2159			2756	2159				
西藏										
陕西										
甘肃	508	462	508	462						
青海										
宁夏										
新疆										

3—48　各地区限额以上连锁餐饮业统一配送商品购进额

（按业态分）

单位:万元

地　区	2005年	2004年	正　餐		快　餐		茶　馆		咖啡店		其他餐饮	
			2005年	2004年	2005年	2004年	2005年	2004年	2005年	2004年	2005年	2004年
全　国	**987093**	**893021**	**464917**	**364019**	**503558**	**513443**	**141**	**148**	**4371**	**3259**	**14106**	**12152**
北　京	120806	111718	20638	19820	98323	90168			1845	1731		
天　津	687	412	687	412								
河　北												
山　西	7479	5839	276	264	7203	5575						
内蒙古	196950	140725	196950	140725								
辽　宁	13161	13937			13161	13937						
吉　林												
黑龙江	95	81	95	81								
上　海	5838	61496			5838	61496						
江　苏	114294	101951	1255	1313	112959	100561					80	78
浙　江	86944	77942	4261	4786	70299	62982	141	148	846	568	11397	9457
安　徽	7644	8862	3790	5257	3854	3605						
福　建	21913	20109	245	183	21668	19926						
江　西	2974	2341			2974	2341						
山　东	36795	35175	9244	7844	27551	27331						
河　南	1714	1942	1714	1942								
湖　北	4872	4701	4872	4701								
湖　南	1303	758	1293	748	10	10						
广　东	159449	134006	49419	37214	108156	95668			1680	960	194	164
广　西												
海　南												
重　庆	169345	137385	164453	132531	4892	4854						
四　川	21079	20721	423	398	18381	18041					2275	2281
贵　州												
云　南	7549	5944			7549	5944						
西　藏												
陕　西	3075	3604	3075	3604								
甘　肃	1213	1033	1213	1033								
青　海	1174	1336	1015	1164							159	172
宁　夏												
新　疆	743	1005			743	1005						

3—49 各地区限额以上直营连锁餐饮业统一配送商品购进额

（按业态分）

单位：万元

地区	2005年	2004年	正餐		快餐		茶馆		咖啡店		其他餐饮	
			2005年	2004年	2005年	2004年	2005年	2004年	2005年	2004年	2005年	2004年
全国	**635733**	**632408**	**130753**	**115580**	**489306**	**503416**	**141**	**148**	**3449**	**2688**	**12084**	**10576**
北京	116530	108355	20638	19820	94123	86808			1769	1728		
天津	687	412	687	412								
河北												
山西	7479	5839	276	264	7203	5575						
内蒙古	30875	28145	30875	28145								
辽宁	13161	13937			13161	13937						
吉林												
黑龙江	95	81	95	81								
上海	5838	61496			5838	61496						
江苏	111296	100620	1201	1261	110071	99337					24	23
浙江	84657	76866	4134	4693	69365	62567	141	148			11017	9457
安徽	5531	6641	1677	3036	3854	3605						
福建	21913	20109	245	183	21668	19926						
江西	2974	2341			2974	2341						
山东	34001	32831	6450	5500	27551	27331						
河南	1528	1663	1528	1663								
湖北	1918	1884	1918	1884								
湖南	405	332	395	322	10	10						
广东	155620	130900	45590	34108	108156	95668			1680	960	194	164
广西												
海南												
重庆	13003	12118	9445	8127	3558	3991						
四川	17151	17160	423	398	16038	16001					690	760
贵州												
云南	4995	3818			4995	3818						
西藏												
陕西	3075	3604	3075	3604								
甘肃	1086	917	1086	917								
青海	1174	1336	1015	1164							159	172
宁夏												
新疆	743	1005			743	1005						

3—50　各地区限额以上加盟连锁餐饮业统一配送商品购进额

（按业态分）

单位:万元

地　　区	2005年	2004年	正　餐		快　餐		咖啡店		其他餐饮	
			2005年	2004年	2005年	2004年	2005年	2004年	2005年	2004年
全　　国	**351360**	**260613**	**334164**	**248439**	**14252**	**10028**	**922**	**571**	**2021**	**1576**
北　　京	4276	3363			4200	3360	76	3		
天　　津										
河　　北										
山　　西										
内 蒙 古	166075	112580	166075	112580						
辽　　宁										
吉　　林										
黑 龙 江										
上　　海										
江　　苏	2998	1331	54	52	2888	1224			56	55
浙　　江	2287	1076	127	93	934	415	846	568	380	
安　　徽	2113	2221	2113	2221						
福　　建										
江　　西										
山　　东	2794	2344	2794	2344						
河　　南	186	279	186	279						
湖　　北	2954	2817	2954	2817						
湖　　南	898	426	898	426						
广　　东	3829	3106	3829	3106						
广　　西										
海　　南										
重　　庆	156342	125267	155008	124404	1334	863				
四　　川	3928	3561			2343	2040			1585	1521
贵　　州										
云　　南	2554	2126			2554	2126				
西　　藏										
陕　　西										
甘　　肃	127	116	127	116						
青　　海										
宁　　夏										
新　　疆										

3—51 各地区限额以上连锁餐饮业自有配送中心配送商品购进额

（按业态分）

单位:万元

地 区	2005年	2004年	正 餐		快 餐		茶 馆		咖啡店		其他餐饮	
			2005年	2004年	2005年	2004年	2005年	2004年	2005年	2004年	2005年	2004年
全 国	**712741**	**647022**	**296138**	**209981**	**400074**	**423428**	**141**	**148**	**2526**	**1528**	**13862**	**11937**
北 京	75093	70932	13845	12705	61248	58227						
天 津	370	397	370	397								
河 北												
山 西	7479	5839	276	264	7203	5575						
内 蒙 古	128018	91471	128018	91471								
辽 宁	12961	13787			12961	13787						
吉 林												
黑 龙 江	95	81	95	81								
上 海	5838	61496			5838	61496						
江 苏	88325	83017	1155	1253	87140	81737					30	27
浙 江	83682	74402	999	1246	70299	62982	141	148	846	568	11397	9457
安 徽	6247	6073	2393	2468	3854	3605						
福 建	8803	7399			8803	7399						
江 西	2974	2341			2974	2341						
山 东	36795	35175	9244	7844	27551	27331						
河 南	1714	1942	1714	1942								
湖 北	4872	4701	4872	4701								
湖 南	1303	758	1293	748	10	10						
广 东	138950	114053	48827	36730	88443	76363			1680	960		
广 西												
海 南												
重 庆	82761	47521	77870	42668	4892	4854						
四 川	13267	13452	423	398	10569	10772					2275	2281
贵 州												
云 南	7549	5944			7549	5944						
西 藏												
陕 西	2518	2869	2518	2869								
甘 肃	1213	1033	1213	1033								
青 海	1174	1336	1015	1164							159	172
宁 夏												
新 疆	743	1005			743	1005						

3—52 各地区限额以上直营连锁餐饮业自有配送中心配送商品购进额

（按业态分）

单位:万元

地区	2005年	2004年	正餐		快餐		茶馆		咖啡店		其他餐饮	
			2005年	2004年	2005年	2004年	2005年	2004年	2005年	2004年	2005年	2004年
全国	**507946**	**515682**	**105246**	**88642**	**389008**	**415534**	**141**	**148**	**1680**	**960**	**11871**	**10398**
北京	70893	67572	13845	12705	57048	54867						
天津	370	397	370	397								
河北												
山西	7479	5839	276	264	7203	5575						
内蒙古	20069	18294	20069	18294								
辽宁	12961	13787			12961	13787						
吉林												
黑龙江	95	81	95	81								
上海	5838	61496			5838	61496						
江苏	86844	82361	1101	1201	85738	81152					5	9
浙江	81522	73419	999	1246	69365	62567	141	148			11017	9457
安徽	5439	5118	1585	1513	3854	3605						
福建	8803	7399			8803	7399						
江西	2974	2341			2974	2341						
山东	34001	32831	6450	5500	27551	27331						
河南	1528	1663	1528	1663								
湖北	1918	1884	1918	1884								
湖南	405	332	395	322	10	10						
广东	135121	110947	44998	33624	88443	76363			1680	960		
广西												
海南												
重庆	10132	8592	6575	4601	3558	3991						
四川	11039	11386	423	398	9926	10227					690	760
贵州												
云南	4995	3818			4995	3818						
西藏												
陕西	2518	2869	2518	2869								
甘肃	1086	917	1086	917								
青海	1174	1336	1015	1164							159	172
宁夏												
新疆	743	1005			743	1005						

3—53 各地区限额以上加盟连锁餐饮业自有配送中心配送商品购进额

（按业态分）

单位：万元

地　区	2005 年	2004 年	正　餐		快　餐		咖啡店		其他餐饮	
			2005 年	2004 年	2005 年	2004 年	2005 年	2004 年	2005 年	2004 年
全　国	**204795**	**131340**	**190892**	**121339**	**11066**	**7894**	**846**	**568**	**1990**	**1539**
北　京	4200	3360			4200	3360				
天　津										
河　北										
山　西										
内蒙古	107949	73177	107949	73177						
辽　宁										
吉　林										
黑龙江										
上　海										
江　苏	1481	656	54	52	1402	585			25	18
浙　江	2160	983			934	415	846	568	380	
安　徽	808	955	808	955						
福　建										
江　西										
山　东	2794	2344	2794	2344						
河　南	186	279	186	279						
湖　北	2954	2817	2954	2817						
湖　南	898	426	898	426						
广　东	3829	3106	3829	3106						
广　西										
海　南										
重　庆	72629	38929	71295	38067	1334	863				
四　川	2228	2066			643	545			1585	1521
贵　州										
云　南	2554	2126			2554	2126				
西　藏										
陕　西										
甘　肃	127	116	127	116						
青　海										
宁　夏										
新　疆										

3—54 各地区限额以上连锁餐饮业非自有配送中心配送商品购进额

（按业态分）

单位:万元

地区	2005年	2004年	正餐		快餐		咖啡店		其他餐饮	
			2005年	2004年	2005年	2004年	2005年	2004年	2005年	2004年
全国	**274352**	**245999**	**168779**	**154038**	**103484**	**90016**	**1845**	**1731**	**244**	**215**
北京	45713	40786	6793	7115	37075	31941	1845	1731		
天津	317	15	317	15						
河北										
山西										
内蒙古	68932	49254	68932	49254						
辽宁	200	150			200	150				
吉林										
黑龙江										
上海										
江苏	25969	18935	100	60	25819	18824			50	51
浙江	3262	3541	3262	3541						
安徽	1397	2788	1397	2788						
福建	13110	12711	245	183	12865	12528				
江西										
山东										
河南										
湖北										
湖南										
广东	20499	19953	592	484	19713	19305			194	164
广西										
海南										
重庆	86583	89863	86583	89863						
四川	7812	7269			7812	7269				
贵州										
云南										
西藏										
陕西	557	735	557	735						
甘肃										
青海										
宁夏										
新疆										

3—55　各地区限额以上直营连锁餐饮业非自有配送中心配送商品购进额

（按业态分）

单位:万元

地　区	2005年	2004年	正　餐		快　餐		咖啡店		其他餐饮	
			2005年	2004年	2005年	2004年	2005年	2004年	2005年	2004年
全　国	**127787**	**116726**	**25507**	**26939**	**100298**	**87882**	**1769**	**1728**	**213**	**178**
北　京	45637	40783	6793	7115	37075	31941	1769	1728		
天　津	317	15	317	15						
河　北										
山　西										
内蒙古	10806	9851	10806	9851						
辽　宁	200	150			200	150				
吉　林										
黑龙江										
上　海										
江　苏	24452	18259	100	60	24333	18185			19	14
浙　江	3135	3448	3135	3448						
安　徽	92	1523	92	1523						
福　建	13110	12711	245	183	12865	12528				
江　西										
山　东										
河　南										
湖　北										
湖　南										
广　东	20499	19953	592	484	19713	19305			194	164
广　西										
海　南										
重　庆	2870	3526	2870	3526						
四　川	6112	5774			6112	5774				
贵　州										
云　南										
西　藏										
陕　西	557	735	557	735						
甘　肃										
青　海										
宁　夏										
新　疆										

3—56 各地区限额以上加盟连锁餐饮业非自有配送中心配送商品购进额

（按业态分）

单位:万元

地区	2005年	2004年	正餐		快餐		咖啡店		其他餐饮	
			2005年	2004年	2005年	2004年	2005年	2004年	2005年	2004年
全国	**146565**	**129273**	**143272**	**127099**	**3186**	**2134**	**76**	**3**	**31**	**37**
北京	76	3					76	3		
天津										
河北										
山西										
内蒙古	58126	39403	58126	39403						
辽宁										
吉林										
黑龙江										
上海										
江苏	1517	676			1486	639			31	37
浙江	127	93	127	93						
安徽	1305	1265	1305	1265						
福建										
江西										
山东										
河南										
湖北										
湖南										
广东										
广西										
海南										
重庆	83713	86337	83713	86337						
四川	1700	1495			1700	1495				
贵州										
云南										
西藏										
陕西										
甘肃										
青海										
宁夏										
新疆										

3—57 各地区限额以上连锁餐饮业营业收入

（按业态分）

单位：万元

地区	2005年	2004年	正餐		快餐		茶馆		咖啡店		其他餐饮	
			2005年	2004年	2005年	2004年	2005年	2004年	2005年	2004年	2005年	2004年
全　国	**3888664**	**3482336**	**1903736**	**1672127**	**1862650**	**1710555**	**3399**	**3293**	**68730**	**51327**	**50149**	**45035**
北　京	545758	497942	255578	223879	272906	260292	695	742	16580	13029		
天　津	156835	143710	12160	9973	112096	104122					32580	29616
河　北	1257	972	1257	972								
山　西	36006	34068	14906	18537	21100	15531						
内蒙古	528288	435511	528288	435511								
辽　宁	139211	136937	96	322	139115	136616						
吉　林												
黑龙江	10218	8106	4530	4020	5688	4086						
上　海	362644	337365	102141	88576	235119	229390			25383	19398		
江　苏	251757	227232	3372	3160	248222	223911					163	162
浙　江	261512	242660	36454	42001	187568	171656	1852	1788	24240	17760	11397	9457
安　徽	36846	40748	28164	32900	8682	7848						
福　建	96106	85949	31523	26171	64583	59778						
江　西	21945	20849	5046	5025	16899	15825						
山　东	88577	83729	16843	17210	71735	66519						
河　南	31843	23131	31843	23131								
湖　北	157060	157620	100149	94574	56911	63046						
湖　南	42323	41545	2242	1473	40081	40072						
广　东	536941	444542	255325	218369	276489	222705	853	763	2527	1140	1748	1565
广　西												
海　南	2756	2444	2756	2444								
重　庆	442405	394437	427558	380711	14847	13726						
四　川	62290	51982	2457	2081	55910	46035					3923	3866
贵　州	13565	11896	13565	11896								
云　南	29141	25701	3367	4609	25775	21091						
西　藏												
陕　西	12322	13704	12322	13704								
甘　肃	8811	7893	8811	7893								
青　海	2135	2165	1798	1796							337	369
宁　夏												
新　疆	10115	9499	1189	1189	8926	8309						

3—58　各地区限额以上直营连锁餐饮业营业收入

（按业态分）

单位:万元

地区	2005年	2004年	正餐		快餐		茶馆		咖啡店		其他餐饮	
			2005年	2004年	2005年	2004年	2005年	2004年	2005年	2004年	2005年	2004年
全国	**2867562**	**2615446**	**986715**	**880770**	**1797658**	**1666259**	**3399**	**3293**	**42636**	**32330**	**37153**	**32796**
北京	490824	447174	211969	181688	263435	252952	695	742	14726	11792		
天津	143484	130414	11180	8873	111396	103322					20909	18220
河北	1257	972	1257	972								
山西	33074	31883	11974	16352	21100	15531						
内蒙古	98288	89111	98288	89111								
辽宁	139211	136937	96	322	139115	136616						
吉林												
黑龙江	8519	6355	2831	2269	5688	4086						
上海	346191	322513	102141	88576	218666	214538			25383	19398		
江苏	244685	224055	2880	2720	241745	221277					60	59
浙江	229361	218973	32247	37555	184244	170174	1852	1788			11017	9457
安徽	27400	36194	18718	28346	8682	7848						
福建	95276	85389	31523	26171	63753	59218						
江西	21945	20849	5046	5025	16899	15825						
山东	84953	80536	13219	14017	71735	66519						
河南	21576	10972	21576	10972								
湖北	141848	143386	84937	80340	56911	63046						
湖南	41623	41095	1542	1023	40081	40072						
广东	510124	420863	228508	194690	276489	222705	853	763	2527	1140	1748	1565
广西												
海南	2756	2444	2756	2444								
重庆	74985	61628	64283	50789	10702	10839						
四川	45488	43660	2240	1883	40167	38651					3081	3126
贵州	13565	11896	13565	11896								
云南	18827	15871	901	1137	17926	14733						
西藏												
陕西	12322	13704	12322	13704								
甘肃	7731	6910	7731	6910								
青海	2135	2165	1798	1796							337	369
宁夏												
新疆	10115	9499	1189	1189	8926	8309						

3—59 各地区限额以上加盟连锁餐饮业营业收入

（按业态分）

单位：万元

地 区	2005年	2004年	正 餐		快 餐		咖啡店		其他餐饮	
			2005年	2004年	2005年	2004年	2005年	2004年	2005年	2004年
全 国	**1021103**	**866890**	**917021**	**791357**	**64992**	**44296**	**26094**	**18997**	**12996**	**12239**
北 京	54934	50768	43609	42191	9471	7340	1854	1237		
天 津	13351	13296	980	1100	700	800			11671	11396
河 北										
山 西	2932	2185	2932	2185						
内 蒙 古	430000	346400	430000	346400						
辽 宁										
吉 林										
黑 龙 江	1699	1751	1699	1751						
上 海	16453	14852			16453	14852				
江 苏	7072	3177	492	440	6477	2634			103	103
浙 江	32151	23687	4207	4446	3324	1482	24240	17760	380	
安 徽	9446	4554	9446	4554						
福 建	830	560			830	560				
江 西										
山 东	3624	3193	3624	3193						
河 南	10267	12159	10267	12159						
湖 北	15212	14234	15212	14234						
湖 南	700	450	700	450						
广 东	26817	23679	26817	23679						
广 西										
海 南										
重 庆	367420	332809	363275	329922	4145	2887				
四 川	16802	8322	217	198	15743	7384			842	740
贵 州										
云 南	10314	9830	2466	3472	7849	6358				
西 藏										
陕 西										
甘 肃	1080	983	1080	983						
青 海										
宁 夏										
新 疆										

3—60 各地区限额以上连锁餐饮业餐费收入

（按业态分）

单位:万元

地区	2005年	2004年	正餐		快餐		茶馆		咖啡店		其他餐饮	
			2005年	2004年	2005年	2004年	2005年	2004年	2005年	2004年	2005年	2004年
全国	**3852779**	**3453394**	**1870422**	**1645639**	**1860978**	**1708925**	**3259**	**3117**	**68730**	**51327**	**49390**	**44385**
北京	545679	497898	255521	223836	272884	260292	695	742	16580	13029		
天津	156835	143710	12160	9973	112096	104122					32580	29616
河北	1257	972	1257	972								
山西	35968	34013	14868	18482	21100	15531						
内蒙古	528288	435511	528288	435511								
辽宁	139211	136937	96	322	139115	136616						
吉林												
黑龙江	10069	7956	4381	3871	5688	4086						
上海	362485	337023	102141	88576	234960	229049			25383	19398		
江苏	250824	226371	3368	3160	247293	223050					163	162
浙江	261126	242442	36311	42001	187466	171613	1712	1612	24240	17760	11397	9457
安徽	32850	37549	24168	29701	8682	7848						
福建	96106	85949	31523	26171	64583	59778						
江西	21112	20001	4414	4331	16699	15671						
山东	85045	79751	13310	13232	71735	66519						
河南	31507	22668	31507	22668								
湖北	154053	155910	97142	92864	56911	63046						
湖南	42323	41545	2242	1473	40081	40072						
广东	534199	442993	252792	216905	276489	222705	853	763	2527	1140	1539	1481
广西												
海南	2756	2444	2756	2444								
重庆	426455	382512	411608	368786	14847	13726						
四川	61475	51181	2451	2076	55650	45804					3374	3301
贵州	13424	11734	13424	11734								
云南	29141	25701	3367	4609	25775	21091						
西藏												
陕西	9947	11478	9947	11478								
甘肃	8811	7893	8811	7893								
青海	1722	1752	1385	1383							337	369
宁夏												
新疆	10115	9499	1189	1189	8926	8309						

3—61 各地区限额以上直营连锁餐饮业餐费收入

（按业态分）

单位：万元

地　区	2005年	2004年	正　餐		快　餐		茶　馆		咖啡店		其他餐饮	
			2005年	2004年	2005年	2004年	2005年	2004年	2005年	2004年	2005年	2004年
全　国	**2840836**	**2592885**	**962360**	**860477**	**1796068**	**1664719**	**3259**	**3117**	**42636**	**32330**	**36512**	**32243**
北　京	490745	447130	211912	181645	263413	252952	695	742	14726	11792		
天　津	143484	130414	11180	8873	111396	103322					20909	18220
河　北	1257	972	1257	972								
山　西	33036	31828	11936	16297	21100	15531						
内 蒙 古	98288	89111	98288	89111								
辽　宁	139211	136937	96	322	139115	136616						
吉　林												
黑 龙 江	8452	6249	2764	2164	5688	4086						
上　海	346032	322171	102141	88576	218507	214197			25383	19398		
江　苏	243752	223194	2876	2720	240816	220416					60	59
浙　江	228975	218755	32104	37555	184142	170131	1712	1612			11017	9457
安　徽	25706	33746	17024	25898	8682	7848						
福　建	95276	85389	31523	26171	63753	59218						
江　西	21112	20001	4414	4331	16699	15671						
山　东	81421	76558	9686	10039	71735	66519						
河　南	21240	10509	21240	10509								
湖　北	138841	141676	81930	78630	56911	63046						
湖　南	41623	41095	1542	1023	40081	40072						
广　东	507382	419314	225975	193226	276489	222705	853	763	2527	1140	1539	1481
广　西												
海　南	2756	2444	2756	2444								
重　庆	65610	55103	54908	44264	10702	10839						
四　川	44873	43045	2234	1878	39989	38510					2650	2657
贵　州	13424	11734	13424	11734								
云　南	18827	15871	901	1137	17926	14733						
西　藏												
陕　西	9947	11478	9947	11478								
甘　肃	7731	6910	7731	6910								
青　海	1722	1752	1385	1383							337	369
宁　夏												
新　疆	10115	9499	1189	1189	8926	8309						

3—62 各地区限额以上加盟连锁餐饮业餐费收入

（按业态分）

单位：万元

地　区	2005 年	2004 年	正　餐		快　餐		咖啡店		其他餐饮	
			2005 年	2004 年	2005 年	2004 年	2005 年	2004 年	2005 年	2004 年
全　国	**1011944**	**860508**	**908062**	**785162**	**64910**	**44206**	**26094**	**18997**	**12878**	**12143**
北　京	54934	50768	43609	42191	9471	7340	1854	1237		
天　津	13351	13296	980	1100	700	800			11671	11396
河　北										
山　西	2932	2185	2932	2185						
内蒙古	430000	346400	430000	346400						
辽　宁										
吉　林										
黑龙江	1617	1707	1617	1707						
上　海	16453	14852			16453	14852				
江　苏	7072	3177	492	440	6477	2634			103	103
浙　江	32151	23687	4207	4446	3324	1482	24240	17760	380	
安　徽	7144	3803	7144	3803						
福　建	830	560			830	560				
江　西										
山　东	3624	3193	3624	3193						
河　南	10267	12159	10267	12159						
湖　北	15212	14234	15212	14234						
湖　南	700	450	700	450						
广　东	26817	23679	26817	23679						
广　西										
海　南										
重　庆	360845	327409	356700	324522	4145	2887				
四　川	16602	8136	217	198	15661	7294			724	644
贵　州										
云　南	10314	9830	2466	3472	7849	6358				
西　藏										
陕　西										
甘　肃	1080	983	1080	983						
青　海										
宁　夏										
新　疆										

3—63 各地区限额以上连锁餐饮业商品销售额

（按业态分）

单位：万元

地区	2005年	2004年	正餐		快餐		茶馆		其他餐饮	
			2005年	2004年	2005年	2004年	2005年	2004年	2005年	2004年
全国	**27844**	**23211**	**25660**	**21032**	**1285**	**1354**	**140**	**176**	**758**	**649**
北京										
天津										
河北										
山西										
内蒙古										
辽宁										
吉林										
黑龙江	149	150	149	150						
上海	159	342			159	342				
江苏	926	859			926	859				
浙江	140	176					140	176		
安徽	3485	2720	3485	2720						
福建										
江西	833	848	632	694	200	154				
山东	2172	2447	2172	2447						
河南	336	462	336	462						
湖北	1113	1187	1113	1187						
湖南										
广东	1927	911	1718	827					209	84
广西										
海南										
重庆	13398	10017	13398	10017						
四川	549	565							549	565
贵州	141	163	141	163						
云南										
西藏										
陕西	2103	1953	2103	1953						
甘肃										
青海	414	413	414	413						
宁夏										
新疆										

3—64 各地区限额以上直营连锁餐饮业商品销售额

（按业态分）

单位:万元

地区	2005年	2004年	正餐		快餐		茶馆		其他餐饮	
			2005年	2004年	2005年	2004年	2005年	2004年	2005年	2004年
全国	**20330**	**18263**	**18265**	**16180**	**1285**	**1354**	**140**	**176**	**640**	**553**
北京										
天津										
河北										
山西										
内蒙古										
辽宁										
吉林										
黑龙江	67	106	67	106						
上海	159	342			159	342				
江苏	926	859			926	859				
浙江	140	176					140	176		
安徽	1695	2448	1695	2448						
福建										
江西	833	848	632	694	200	154				
山东	2172	2447	2172	2447						
河南	336	462	336	462						
湖北	1113	1187	1113	1187						
湖南										
广东	1927	911	1718	827					209	84
广西										
海南										
重庆	7875	5481	7875	5481						
四川	431	469							431	469
贵州	141	163	141	163						
云南										
西藏										
陕西	2103	1953	2103	1953						
甘肃										
青海	414	413	414	413						
宁夏										
新疆										

3—65 各地区限额以上加盟连锁餐饮业商品销售额

（按业态分）

单位:万元

地区	2005年	2004年	正餐		其他餐饮	
			2005年	2004年	2005年	2004年
全国	7513	4948	7395	4852	118	96
北京						
天津						
河北						
山西						
内蒙古						
辽宁						
吉林						
黑龙江	82	44	82	44		
上海						
江苏						
浙江						
安徽	1790	272	1790	272		
福建						
江西						
山东						
河南						
湖北						
湖南						
广东						
广西						
海南						
重庆	5523	4536	5523	4536		
四川	118	96			118	96
贵州						
云南						
西藏						
陕西						
甘肃						
青海						
宁夏						
新疆						

3—66　各地区限额以上连锁餐饮业商品零售额

（按业态分）

单位:万元

地　　区	2005年	2004年	正　餐		快　餐		其他餐饮	
			2005年	2004年	2005年	2004年	2005年	2004年
全　　国	**21720**	**18650**	**20045**	**17072**	**1126**	**1013**	**549**	**565**
北　　京								
天　　津								
河　　北								
山　　西								
内 蒙 古								
辽　　宁								
吉　　林								
黑 龙 江	149	150	149	150				
上　　海								
江　　苏	926	859			926	859		
浙　　江								
安　　徽								
福　　建								
江　　西	833	848	632	694	200	154		
山　　东	2172	2447	2172	2447				
河　　南	336	462	336	462				
湖　　北	1113	1187	1113	1187				
湖　　南								
广　　东								
广　　西								
海　　南								
重　　庆	13398	10017	13398	10017				
四　　川	549	565					549	565
贵　　州	141	163	141	163				
云　　南								
西　　藏								
陕　　西	2103	1953	2103	1953				
甘　　肃								
青　　海								
宁　　夏								
新　　疆								

3—67 各地区限额以上直营连锁餐饮业商品零售额

（按业态分）

单位:万元

地 区	2005 年	2004 年	正 餐		快 餐		其他餐饮	
			2005 年	2004 年	2005 年	2004 年	2005 年	2004 年
全 国	**15997**	**13974**	**14439**	**12492**	**1126**	**1013**	**431**	**469**
北 京								
天 津								
河 北								
山 西								
内 蒙 古								
辽 宁								
吉 林								
黑 龙 江	67	106	67	106				
上 海								
江 苏	926	859			926	859		
浙 江								
安 徽								
福 建								
江 西	833	848	632	694	200	154		
山 东	2172	2447	2172	2447				
河 南	336	462	336	462				
湖 北	1113	1187	1113	1187				
湖 南								
广 东								
广 西								
海 南								
重 庆	7875	5481	7875	5481				
四 川	431	469					431	469
贵 州	141	163	141	163				
云 南								
西 藏								
陕 西	2103	1953	2103	1953				
甘 肃								
青 海								
宁 夏								
新 疆								

3—68 各地区限额以上加盟连锁餐饮业商品零售额

（按业态分）

单位：万元

地区	2005年	2004年	正餐		其他餐饮	
			2005年	2004年	2005年	2004年
全国	**5723**	**4676**	**5605**	**4580**	**118**	**96**
北京						
天津						
河北						
山西						
内蒙古						
辽宁						
吉林						
黑龙江	82	44	82	44		
上海						
江苏						
浙江						
安徽						
福建						
江西						
山东						
河南						
湖北						
湖南						
广东						
广西						
海南						
重庆	5523	4536	5523	4536		
四川	118	96			118	96
贵州						
云南						
西藏						
陕西						
甘肃						
青海						
宁夏						
新疆						

3—69　东中西部地区限额以上连锁餐饮业门店数

（按业态分）

单位：个

地　区	2005年	2004年	正　餐		快　餐		茶　馆		咖啡店		其他餐饮	
			2005年	2004年	2005年	2004年	2005年	2004年	2005年	2004年	2005年	2004年
全　国	**8514**	**7578**	**3208**	**2906**	**4178**	**3719**	**200**	**192**	**293**	**222**	**635**	**539**
东　部	5589	4955	886	775	3602	3253	200	192	293	222	608	513
中　部	1211	1147	965	941	246	206						
西　部	1714	1476	1357	1190	330	260					27	26

3—70　东中西部地区限额以上直营连锁餐饮业门店数

（按业态分）

单位：个

地　区	2005年	2004年	正　餐		快　餐		茶　馆		咖啡店		其他餐饮	
			2005年	2004年	2005年	2004年	2005年	2004年	2005年	2004年	2005年	2004年
全　国	**5518**	**4952**	**1193**	**1069**	**3904**	**3511**	**200**	**192**	**146**	**115**	**75**	**65**
东　部	4614	4156	743	651	3463	3147	200	192	146	115	62	51
中　部	517	468	271	262	246	206						
西　部	387	328	179	156	195	158					13	14

3—71　东中西部地区限额以上加盟连锁餐饮业门店数

（按业态分）

单位：个

地　区	2005年	2004年	正　餐		快　餐		茶　馆		咖啡店		其他餐饮	
			2005年	2004年	2005年	2004年	2005年	2004年	2005年	2004年	2005年	2004年
全　国	**2996**	**2626**	**2015**	**1837**	**274**	**208**			**147**	**107**	**560**	**474**
东　部	975	799	143	124	139	106			147	107	546	462
中　部	694	679	694	679								
西　部	1327	1148	1178	1034	135	102					14	12

3—72 东中西部地区限额以上连锁餐饮业营业面积

（按业态分）

单位:平方米

地区	2005年	2004年	正餐		快餐		茶馆		咖啡店		其他餐饮	
			2005年	2004年	2005年	2004年	2005年	2004年	2005年	2004年	2005年	2004年
全国	**3907689**	**3526227**	**2572139**	**2382652**	**1188229**	**1032457**	**11061**	**11036**	**97728**	**73754**	**38532**	**26328**
东部	1993860	1761846	885968	806316	974749	855656	11061	11036	97728	73754	24354	15084
中部	706384	671139	608170	586968	98214	84171						
西部	1207445	1093242	1078001	989368	115266	92630					14178	11244

3—73 东中西部地区限额以上直营连锁餐饮业营业面积

（按业态分）

单位:平方米

地区	2005年	2004年	正餐		快餐		茶馆		咖啡店		其他餐饮	
			2005年	2004年	2005年	2004年	2005年	2004年	2005年	2004年	2005年	2004年
全国	**2475224**	**2260799**	**1316289**	**1247266**	**1103000**	**968606**	**11061**	**11036**	**23558**	**18679**	**21316**	**15212**
东部	1683428	1520486	706627	660592	925444	819611	11061	11036	23558	18679	16738	10568
中部	450727	442560	352513	358389	98214	84171						
西部	341069	297753	257149	228285	79342	64824					4578	4644

3—74 东中西部地区限额以上加盟连锁餐饮业营业面积

（按业态分）

单位:平方米

地区	2005年	2004年	正餐		快餐		茶馆		咖啡店		其他餐饮	
			2005年	2004年	2005年	2004年	2005年	2004年	2005年	2004年	2005年	2004年
全国	**1432465**	**1265428**	**1255850**	**1135386**	**85229**	**63851**			**74170**	**55075**	**17216**	**11116**
东部	310432	241360	179341	145724	49305	36045			74170	55075	7616	4516
中部	255657	228579	255657	228579								
西部	866376	795489	820852	761083	35924	27806					9600	6600

3—75 东中西部地区限额以上连锁餐饮业经营餐饮业务餐位数

（按业态分）

单位:个

地区	2005年	2004年	正餐		快餐		茶馆		咖啡店		其他餐饮	
			2005年	2004年	2005年	2004年	2005年	2004年	2005年	2004年	2005年	2004年
全　国	**2004869**	**1800985**	**1519331**	**1388519**	**449122**	**384655**	**3760**	**3298**	**31837**	**23762**	**819**	**751**
东　部	607652	524948	198864	177160	372822	320457	3760	3298	31837	23762	369	271
中　部	1115111	1012519	1081259	982966	33852	29553						
西　部	282106	263518	239208	228393	42448	34645					450	480

3—76 东中西部地区限额以上直营连锁餐饮业经营餐饮业务餐位数

（按业态分）

单位:个

地区	2005年	2004年	正餐		快餐		茶馆		咖啡店		其他餐饮	
			2005年	2004年	2005年	2004年	2005年	2004年	2005年	2004年	2005年	2004年
全　国	**882972**	**796804**	**456547**	**427339**	**413949**	**359179**	**3760**	**3298**	**7987**	**6321**	**729**	**667**
东　部	527409	462586	161961	145451	353422	307329	3760	3298	7987	6321	279	187
中　部	250170	240895	216318	211342	33852	29553						
西　部	105393	93323	78268	70546	26675	22297					450	480

3—77 东中西部地区限额以上加盟连锁餐饮业经营餐饮业务餐位数

（按业态分）

单位:个

地区	2005年	2004年	正餐		快餐		茶馆		咖啡店		其他餐饮	
			2005年	2004年	2005年	2004年	2005年	2004年	2005年	2004年	2005年	2004年
全　国	**1121897**	**1004181**	**1062784**	**961180**	**35173**	**25476**			**23850**	**17441**	**90**	**84**
东　部	80243	62362	36903	31709	19400	13128			23850	17441	90	84
中　部	864941	771624	864941	771624								
西　部	176713	170195	160940	157847	15773	12348						

3—78　东中西部地区限额以上连锁餐饮业从业人员

（按业态分）

单位：人

地　　区	2005年	2004年	正　餐		快　餐		茶　馆		咖啡店		其他餐饮	
			2005年	2004年	2005年	2004年	2005年	2004年	2005年	2004年	2005年	2004年
全　　国	**426029**	**379460**	**224101**	**198800**	**190358**	**171370**	**675**	**574**	**7151**	**5262**	**3744**	**3454**
东　　部	243560	219644	68676	61128	166020	151812	675	574	7151	5262	1038	868
中　　部	92163	82512	77138	70449	15025	12063						
西　　部	90306	77304	78287	67223	9313	7495					2706	2586

3—79　东中西部地区限额以上直营连锁餐饮业从业人员

（按业态分）

单位：人

地　　区	2005年	2004年	正　餐		快　餐		茶　馆		咖啡店		其他餐饮	
			2005年	2004年	2005年	2004年	2005年	2004年	2005年	2004年	2005年	2004年
全　　国	**291467**	**265036**	**104152**	**95880**	**183032**	**165552**	**675**	**574**	**2265**	**1678**	**1343**	**1352**
东　　部	224910	204741	59958	53788	161580	148270	675	574	2265	1678	432	431
中　　部	41645	38174	26620	26111	15025	12063						
西　　部	24912	22121	17574	15981	6427	5219					911	921

3—80　东中西部地区限额以上加盟连锁餐饮业从业人员

（按业态分）

单位：人

地　　区	2005年	2004年	正　餐		快　餐		茶　馆		咖啡店		其他餐饮	
			2005年	2004年	2005年	2004年	2005年	2004年	2005年	2004年	2005年	2004年
全　　国	**134562**	**114424**	**119949**	**102920**	**7326**	**5818**			**4886**	**3584**	**2401**	**2102**
东　　部	18650	14903	8718	7340	4440	3542			4886	3584	606	437
中　　部	50518	44338	50518	44338								
西　　部	65394	55183	60713	51242	2886	2276					1795	1665

3—81 东中西部地区限额以上连锁餐饮业商品购进总额

（按业态分）

单位：万元

地区	2005年	2004年	正餐		快餐		茶馆		咖啡店		其他餐饮	
			2005年	2004年	2005年	2004年	2005年	2004年	2005年	2004年	2005年	2004年
全国	**1433268**	**1246344**	**866658**	**679195**	**540849**	**546066**	**829**	**886**	**10797**	**8019**	**14136**	**12179**
东部	766208	748192	265708	240548	477173	489014	829	886	10797	8019	11701	9726
中部	360383	268782	331867	244112	28517	24670						
西部	306677	229370	269084	194535	35159	32382					2434	2453

3—82 东中西部地区限额以上直营连锁餐饮业商品购进总额

（按业态分）

单位：万元

地区	2005年	2004年	正餐		快餐		茶馆		咖啡店		其他餐饮	
			2005年	2004年	2005年	2004年	2005年	2004年	2005年	2004年	2005年	2004年
全国	**874204**	**849321**	**333486**	**300263**	**524346**	**534899**	**829**	**886**	**3449**	**2688**	**12094**	**10585**
东部	702134	693791	218582	197019	468029	483546	829	886	3449	2688	11245	9653
中部	93160	86873	64644	62203	28517	24670						
西部	78910	68656	50261	41041	27800	26683					849	932

3—83 东中西部地区限额以上加盟连锁餐饮业商品购进总额

（按业态分）

单位：万元

地区	2005年	2004年	正餐		快餐		茶馆		咖啡店		其他餐饮	
			2005年	2004年	2005年	2004年	2005年	2004年	2005年	2004年	2005年	2004年
全国	**559064**	**397024**	**533173**	**378932**	**16502**	**11167**			**7348**	**5331**	**2041**	**1594**
东部	64074	54401	47126	43529	9144	5468			7348	5331	456	73
中部	267223	181909	267223	181909								
西部	227767	160714	218823	153494	7359	5699					1585	1521

3—84　东中西部地区限额以上连锁餐饮业统一配送商品购进额

（按业态分）

单位：万元

地　区	2005年	2004年	正　餐		快　餐		茶　馆		咖啡店		其他餐饮	
			2005年	2004年	2005年	2004年	2005年	2004年	2005年	2004年	2005年	2004年
全　国	**987093**	**893021**	**464917**	**364019**	**503558**	**513443**	**141**	**148**	**4371**	**3259**	**14106**	**12152**
东　部	559885	556747	85749	71572	457953	472069	141	148	4371	3259	11671	9699
中　部	223030	165248	208989	153717	14041	11531						
西　部	204178	171026	170179	138730	31564	29844					2434	2453

3—85　东中西部地区限额以上直营连锁餐饮业统一配送商品购进额

（按业态分）

单位：万元

地　区	2005年	2004年	正　餐		快　餐		茶　馆		咖啡店		其他餐饮	
			2005年	2004年	2005年	2004年	2005年	2004年	2005年	2004年	2005年	2004年
全　国	**635733**	**632408**	**130753**	**115580**	**489306**	**503416**	**141**	**148**	**3449**	**2688**	**12084**	**10576**
东　部	543701	545526	78945	65976	449931	467070	141	148	3449	2688	11235	9644
中　部	50805	46925	36764	35394	14041	11531						
西　部	41227	39957	15044	14210	25334	24815					849	932

3—86　东中西部地区限额以上加盟连锁餐饮业统一配送商品购进额

（按业态分）

单位：万元

地　区	2005年	2004年	正　餐		快　餐		茶　馆		咖啡店		其他餐饮	
			2005年	2004年	2005年	2004年	2005年	2004年	2005年	2004年	2005年	2004年
全　国	**351360**	**260613**	**334164**	**248439**	**14252**	**10028**			**922**	**571**	**2021**	**1576**
东　部	16184	11221	6804	5596	8022	4999			922	571	436	55
中　部	172225	118323	172225	118323								
西　部	162951	131069	155135	124520	6230	5029					1585	1521

3—87 东中西部地区限额以上连锁餐饮业自有配送中心配送商品购进额

（按业态分）

单位：万元

地区	2005年	2004年	正餐		快餐		茶馆		咖啡店		其他餐饮	
			2005年	2004年	2005年	2004年	2005年	2004年	2005年	2004年	2005年	2004年
全国	**712741**	**647022**	**296138**	**209981**	**400074**	**423428**	**141**	**148**	**2526**	**1528**	**13862**	**11937**
东部	450815	460657	74440	60175	362281	389322	141	148	2526	1528	11427	9484
中部	152702	113206	138660	101675	14041	11531						
西部	109225	73160	83039	48131	23752	22575					2434	2453

3—88 东中西部地区限额以上直营连锁餐饮业自有配送中心配送商品购进额

（按业态分）

单位：万元

地区	2005年	2004年	正餐		快餐		茶馆		咖啡店		其他餐饮	
			2005年	2004年	2005年	2004年	2005年	2004年	2005年	2004年	2005年	2004年
全国	**507946**	**515682**	**105246**	**88642**	**389008**	**415534**	**141**	**148**	**1680**	**960**	**11871**	**10398**
东部	436351	450208	67763	54672	355745	384962	141	148	1680	960	11022	9466
中部	39908	35552	25866	24021	14041	11531						
西部	31687	29923	11617	9949	19222	19041					849	932

3—89 东中西部地区限额以上加盟连锁餐饮业自有配送中心配送商品购进额

（按业态分）

单位：万元

地区	2005年	2004年	正餐		快餐		茶馆		咖啡店		其他餐饮	
			2005年	2004年	2005年	2004年	2005年	2004年	2005年	2004年	2005年	2004年
全国	**204795**	**131340**	**190892**	**121339**	**11066**	**7894**			**846**	**568**	**1990**	**1539**
东部	14464	10449	6677	5503	6536	4360			846	568	405	18
中部	112794	77654	112794	77654								
西部	77538	43237	71422	38182	4530	3534					1585	1521

3—90 东中西部地区限额以上连锁餐饮业非自有配送中心配送商品购进额

（按业态分）

单位:万元

地 区	2005年	2004年	正 餐		快 餐		咖啡店		其他餐饮	
			2005年	2004年	2005年	2004年	2005年	2004年	2005年	2004年
全 国	**274352**	**245999**	**168779**	**154038**	**103484**	**90016**	**1845**	**1731**	**244**	**215**
东 部	109071	96091	11309	11398	95672	82747	1845	1731	244	215
中 部	70329	52041	70329	52041						
西 部	94952	97867	87140	90598	7812	7269				

3—91 东中西部地区限额以上直营连锁餐饮业非自有配送中心配送商品购进额

（按业态分）

单位:万元

地 区	2005年	2004年	正 餐		快 餐		咖啡店		其他餐饮	
			2005年	2004年	2005年	2004年	2005年	2004年	2005年	2004年
全 国	**127787**	**116726**	**25507**	**26939**	**100298**	**87882**	**1769**	**1728**	**213**	**178**
东 部	107350	95318	11182	11305	94186	82108	1769	1728	213	178
中 部	10898	11373	10898	11373						
西 部	9539	10035	3427	4261	6112	5774				

3—92 东中西部地区限额以上加盟连锁餐饮业非自有配送中心配送商品购进额

（按业态分）

单位:万元

地 区	2005年	2004年	正 餐		快 餐		咖啡店		其他餐饮	
			2005年	2004年	2005年	2004年	2005年	2004年	2005年	2004年
全 国	**146565**	**129273**	**143272**	**127099**	**3186**	**2134**	**76**	**3**	**31**	**37**
东 部	1721	773	127	93	1486	639	76	3	31	37
中 部	59431	40668	59431	40668						
西 部	85413	87832	83713	86337	1700	1495				

3—93 东中西部地区限额以上连锁餐饮业营业收入

（按业态分）

单位：万元

地　　区	2005年	2004年	正　餐		快　餐		茶　馆		咖啡店		其他餐饮	
			2005年	2004年	2005年	2004年	2005年	2004年	2005年	2004年	2005年	2004年
全　　国	**3888664**	**3482336**	**1903736**	**1672127**	**1862650**	**1710555**	**3399**	**3293**	**68730**	**51327**	**50149**	**45035**
东　　部	2443352	2203481	717503	633075	1607831	1474987	3399	3293	68730	51327	45888	40800
中　　部	864527	761578	715166	615171	149361	146407						
西　　部	580784	517277	471067	423881	105458	89161					4261	4235

3—94 东中西部地区限额以上直营连锁餐饮业营业收入

（按业态分）

单位：万元

地　　区	2005年	2004年	正　餐		快　餐		茶　馆		咖啡店		其他餐饮	
			2005年	2004年	2005年	2004年	2005年	2004年	2005年	2004年	2005年	2004年
全　　国	**2867562**	**2615446**	**986715**	**880770**	**1797658**	**1666259**	**3399**	**3293**	**42636**	**32330**	**37153**	**32796**
东　　部	2288121	2070269	637775	558026	1570576	1447320	3399	3293	42636	32330	33734	29301
中　　部	394272	379844	244911	233437	149361	146407						
西　　部	185168	165333	104029	89306	77721	72532					3419	3495

3—95 东中西部地区限额以上加盟连锁餐饮业营业收入

（按业态分）

单位：万元

地　　区	2005年	2004年	正　餐		快　餐		茶　馆		咖啡店		其他餐饮	
			2005年	2004年	2005年	2004年	2005年	2004年	2005年	2004年	2005年	2004年
全　　国	**1021103**	**866890**	**917021**	**791357**	**64992**	**44296**			**26094**	**18997**	**12996**	**12239**
东　　部	155231	133212	79728	75049	37255	27667			26094	18997	12154	11499
中　　部	470255	381734	470255	381734								
西　　部	395616	351944	367038	334575	27737	16629					842	740

3—96　东中西部地区限额以上连锁餐饮业餐费收入

（按业态分）

单位：万元

地　　区	2005年	2004年	正　餐		快　餐		茶　馆		咖啡店		其他餐饮	
			2005年	2004年	2005年	2004年	2005年	2004年	2005年	2004年	2005年	2004年
全　　国	**3852779**	**3453394**	**1870422**	**1645639**	**1860978**	**1708925**	**3259**	**3117**	**68730**	**51327**	**49390**	**44385**
东　　部	2435521	2196491	711233	627589	1606619	1473742	3259	3117	68730	51327	45679	40716
中　　部	856169	755154	707008	608901	149161	146253						
西　　部	561089	501749	452181	409149	105197	88930					3711	3670

3—97　东中西部地区限额以上直营连锁餐饮业餐费收入

（按业态分）

单位：万元

地　　区	2005年	2004年	正　餐		快　餐		茶　馆		咖啡店		其他餐饮	
			2005年	2004年	2005年	2004年	2005年	2004年	2005年	2004年	2005年	2004年
全　　国	**2840836**	**2592885**	**962360**	**860477**	**1796068**	**1664719**	**3259**	**3117**	**42636**	**32330**	**36512**	**32243**
东　　部	2280290	2063279	631505	552540	1569364	1446075	3259	3117	42636	32330	33525	29217
中　　部	388298	374216	239137	227963	149161	146253						
西　　部	172248	155391	91718	79974	77543	72391					2987	3026

3—98　东中西部地区限额以上加盟连锁餐饮业餐费收入

（按业态分）

单位：万元

地　　区	2005年	2004年	正　餐		快　餐		茶　馆		咖啡店		其他餐饮	
			2005年	2004年	2005年	2004年	2005年	2004年	2005年	2004年	2005年	2004年
全　　国	**1011944**	**860508**	**908062**	**785162**	**64910**	**44206**			**26094**	**18997**	**12878**	**12143**
东　　部	155231	133212	79728	75049	37255	27667			26094	18997	12154	11499
中　　部	467871	380938	467871	380938								
西　　部	388841	346358	360463	329175	27654	16539					724	644

3—99 东中西部地区限额以上连锁餐饮业商品销售额

（按业态分）

单位：万元

地区	2005年	2004年	正餐		快餐		茶馆		其他餐饮	
			2005年	2004年	2005年	2004年	2005年	2004年	2005年	2004年
全国	**27844**	**23211**	**25660**	**21032**	**1285**	**1354**	**140**	**176**	**758**	**649**
东部	5323	4734	3890	3274	1085	1200	140	176	209	84
中部	5915	5366	5714	5212	200	154				
西部	16605	13111	16056	12546					549	565

3—100 东中西部地区限额以上直营连锁餐饮业商品销售额

（按业态分）

单位：万元

地区	2005年	2004年	正餐		快餐		茶馆		其他餐饮	
			2005年	2004年	2005年	2004年	2005年	2004年	2005年	2004年
全国	**20330**	**18263**	**18265**	**16180**	**1285**	**1354**	**140**	**176**	**640**	**553**
东部	5323	4734	3890	3274	1085	1200	140	176	209	84
中部	4043	5050	3842	4896	200	154				
西部	10964	8479	10533	8010					431	469

3—101 东中西部地区限额以上加盟连锁餐饮业商品销售额

（按业态分）

单位：万元

地区	2005年	2004年	正餐		快餐		其他餐饮	
			2005年	2004年	2005年	2004年	2005年	2004年
全国	**7513**	**4948**	**7395**	**4852**			**118**	**96**
东部								
中部	1872	316	1872	316				
西部	5641	4632	5523	4536			118	96

3—102　东中西部地区限额以上连锁餐饮业商品零售额

（按业态分）

单位：万元

地　区	2005年	2004年	正　餐		快　餐		其他餐饮	
			2005年	2004年	2005年	2004年	2005年	2004年
全　国	**21720**	**18650**	**20045**	**17072**	**1126**	**1013**	**549**	**565**
东　部	3098	3306	2172	2447	926	859		
中　部	2430	2646	2230	2492	200	154		
西　部	16192	12698	15642	12133			549	565

3—103　东中西部地区限额以上直营连锁餐饮业商品零售额

（按业态分）

单位：万元

地　区	2005年	2004年	正　餐		快　餐		其他餐饮	
			2005年	2004年	2005年	2004年	2005年	2004年
全　国	**15997**	**13974**	**14439**	**12492**	**1126**	**1013**	**431**	**469**
东　部	3098	3306	2172	2447	926	859		
中　部	2348	2602	2148	2448	200	154		
西　部	10551	8066	10119	7597			431	469

3—104　东中西部地区限额以上加盟连锁餐饮业商品零售额

（按业态分）

单位：万元

地　区	2005年	2004年	正　餐		快　餐		其他餐饮	
			2005年	2004年	2005年	2004年	2005年	2004年
全　国	**5723**	**4676**	**5605**	**4580**			**118**	**96**
东　部								
中　部	82	44	82	44				
西　部	5641	4632	5523	4536			118	96

3—105　六经济区限额以上连锁餐饮业门店数

（按业态分）

单位：个

地　区	2005年	2004年	正　餐		快　餐		茶　馆		咖啡店		其他餐饮	
			2005年	2004年	2005年	2004年	2005年	2004年	2005年	2004年	2005年	2004年
全　国	**8514**	**7578**	**3208**	**2906**	**4178**	**3719**	**200**	**192**	**293**	**222**	**635**	**539**
华　北	2644	2430	1088	1030	894	824	6	7	107	88	549	481
东　北	231	191	15	16	216	175						
华　东	2690	2402	266	244	2188	1994	6	6	176	129	54	29
中　南	1235	1079	482	426	550	466	188	179	10	5	5	3
西　南	1605	1381	1304	1141	281	222					20	18
西　北	109	95	53	49	49	38					7	8

3—106　六经济区限额以上直营连锁餐饮业门店数

（按业态分）

单位：个

地　区	2005年	2004年	正　餐		快　餐		茶　馆		咖啡店		其他餐饮	
			2005年	2004年	2005年	2004年	2005年	2004年	2005年	2004年	2005年	2004年
全　国	**5518**	**4952**	**1193**	**1069**	**3904**	**3511**	**200**	**192**	**146**	**115**	**75**	**65**
华　北	1333	1225	387	348	850	789	6	7	61	55	29	26
东　北	223	182	7	7	216	175						
华　东	2430	2215	228	209	2093	1923	6	6	75	55	28	22
中　南	1145	1002	392	349	550	466	188	179	10	5	5	3
西　南	290	243	138	117	146	120					6	6
西　北	97	85	41	39	49	38					7	8

3—107　六经济区限额以上加盟连锁餐饮业门店数

（按业态分）

单位：个

地　区	2005年	2004年	正　餐		快　餐		茶　馆		咖啡店		其他餐饮	
			2005年	2004年	2005年	2004年	2005年	2004年	2005年	2004年	2005年	2004年
全　国	**2996**	**2626**	**2015**	**1837**	**274**	**208**			**147**	**107**	**560**	**474**
华　北	1311	1205	701	682	44	35			46	33	520	455
东　北	8	9	8	9								
华　东	260	187	38	35	95	71			101	74	26	7
中　南	90	77	90	77								
西　南	1315	1138	1166	1024	135	102					14	12
西　北	12	10	12	10								

3—108　六经济区限额以上连锁餐饮业营业面积

（按业态分）

单位：平方米

地　区	2005年	2004年	正　餐		快　餐		茶　馆		咖啡店		其他餐饮	
			2005年	2004年	2005年	2004年	2005年	2004年	2005年	2004年	2005年	2004年
全　国	**3907689**	**3526227**	**2572139**	**2382652**	**1188229**	**1032457**	**11061**	**11036**	**97728**	**73754**	**38532**	**26328**
华　北	897830	789901	598196	515512	261090	245663	1330	1530	24595	19913	12619	7283
东　北	86001	77202	4902	5194	81099	72008						
华　东	958739	873114	360832	372182	512848	438005	2581	2581	71665	53046	10813	7300
中　南	757674	692768	530208	500396	217926	184151	7150	6925	1468	795	922	501
西　南	1130360	1020257	1019589	930200	96971	79257					13800	10800
西　北	77085	72985	58412	59168	18295	13373					378	444

3—109　六经济区限额以上直营连锁餐饮业营业面积

（按业态分）

单位：平方米

地　区	2005年	2004年	正　餐		快　餐		茶　馆		咖啡店		其他餐饮	
			2005年	2004年	2005年	2004年	2005年	2004年	2005年	2004年	2005年	2004年
全　国	**2475224**	**2260799**	**1316289**	**1247266**	**1103000**	**968606**	**11061**	**11036**	**23558**	**18679**	**21316**	**15212**
华　北	559161	507783	297284	262074	242669	231864	1330	1530	11025	9348	6853	2967
东　北	84436	75395	3337	3387	81099	72008						
华　东	820265	767918	315692	333942	481964	415759	2581	2581	11065	8536	8963	7100
中　南	670293	611950	442827	419578	217926	184151	7150	6925	1468	795	922	501
西　南	266044	226628	200797	170977	61047	51451					4200	4200
西　北	75025	71125	56352	57308	18295	13373					378	444

3—110　六经济区限额以上加盟连锁餐饮业营业面积

（按业态分）

单位：平方米

地　区	2005年	2004年	正　餐		快　餐		茶　馆		咖啡店		其他餐饮	
			2005年	2004年	2005年	2004年	2005年	2004年	2005年	2004年	2005年	2004年
全　国	**1432465**	**1265428**	**1255850**	**1135386**	**85229**	**63851**			**74170**	**55075**	**17216**	**11116**
华　北	338669	282118	300912	253438	18421	13799			13570	10565	5766	4316
东　北	1565	1807	1565	1807								
华　东	138474	105196	45140	38240	30884	22246			60600	44510	1850	200
中　南	87381	80818	87381	80818								
西　南	864316	793629	818792	759223	35924	27806					9600	6600
西　北	2060	1860	2060	1860								

3—111 六经济区限额以上连锁餐饮业经营餐饮业务餐位数

（按业态分）

单位：个

地区	2005年	2004年	正餐		快餐		茶馆		咖啡店		其他餐饮	
			2005年	2004年	2005年	2004年	2005年	2004年	2005年	2004年	2005年	2004年
全国	**2004869**	**1800985**	**1519331**	**1388519**	**449122**	**384655**	**3760**	**3298**	**31837**	**23762**	**819**	**751**
华北	1186091	1073460	1083896	981429	94408	85669	300	350	7487	6012		
东北	28831	25282	2067	2351	26764	22931						
华东	295568	254239	69734	65658	200738	169895	1016	1016	23950	17550	130	120
中南	212273	184486	124426	110688	84764	71515	2444	1932	400	200	239	151
西南	262553	243740	223601	212315	38952	31425						
西北	19553	19778	15607	16078	3496	3220					450	480

3—112 六经济区限额以上直营连锁餐饮业经营餐饮业务餐位数

（按业态分）

单位：个

地区	2005年	2004年	正餐		快餐		茶馆		咖啡店		其他餐饮	
			2005年	2004年	2005年	2004年	2005年	2004年	2005年	2004年	2005年	2004年
全国	**882972**	**796804**	**456547**	**427339**	**413949**	**359179**	**3760**	**3298**	**7987**	**6321**	**729**	**667**
华北	307803	291964	215685	207609	87981	80634	300	350	3837	3371		
东北	28090	24257	1326	1326	26764	22931						
华东	250865	221419	58294	55815	187765	161802	1016	1016	3750	2750	40	36
中南	190821	165841	102974	92043	84764	71515	2444	1932	400	200	239	151
西南	86800	74425	63621	55348	23179	19077						
西北	18593	18898	14647	15198	3496	3220					450	480

3—113 六经济区限额以上加盟连锁餐饮业经营餐饮业务餐位数

（按业态分）

单位：个

地区	2005年	2004年	正餐		快餐		茶馆		咖啡店		其他餐饮	
			2005年	2004年	2005年	2004年	2005年	2004年	2005年	2004年	2005年	2004年
全国	**1121897**	**1004181**	**1062784**	**961180**	**35173**	**25476**			**23850**	**17441**	**90**	**84**
华北	878288	781496	868211	773820	6427	5035			3650	2641		
东北	741	1025	741	1025								
华东	44703	32820	11440	9843	12973	8093			20200	14800	90	84
中南	21452	18645	21452	18645								
西南	175753	169315	159980	156967	15773	12348						
西北	960	880	960	880								

3—114　六经济区限额以上连锁餐饮业从业人员

（按业态分）

单位：人

地区	2005年	2004年	正餐		快餐		茶馆		咖啡店		其他餐饮	
			2005年	2004年	2005年	2004年	2005年	2004年	2005年	2004年	2005年	2004年
全国	**426029**	**379460**	**224101**	**198800**	**190358**	**171370**	**675**	**574**	**7151**	**5262**	**3744**	**3454**
华北	112525	99841	78428	67840	31963	30237	37	66	1673	1262	424	436
东北	14500	12561	584	636	13916	11925						
华东	102738	91725	23156	21210	73554	66032	146	136	5317	3930	565	417
中南	105960	98029	43646	41891	61612	55681	492	372	161	70	49	15
西南	85640	72667	74678	63522	8327	6649					2635	2496
西北	4666	4637	3609	3701	986	846					71	90

3—115　六经济区限额以上直营连锁餐饮业从业人员

（按业态分）

单位：人

地区	2005年	2004年	正餐		快餐		茶馆		咖啡店		其他餐饮	
			2005年	2004年	2005年	2004年	2005年	2004年	2005年	2004年	2005年	2004年
全国	**291467**	**265036**	**104152**	**95880**	**183032**	**165552**	**675**	**574**	**2265**	**1678**	**1343**	**1352**
华北	59330	54423	28015	24608	30394	29046	37	66	861	679	23	24
东北	14287	12320	371	395	13916	11925						
华东	93015	84273	20583	19135	70683	63681	146	136	1243	929	360	392
中南	99923	91899	37609	35761	61612	55681	492	372	161	70	49	15
西南	20506	17849	14225	12645	5441	4373					840	831
西北	4406	4272	3349	3336	986	846					71	90

3—116　六经济区限额以上加盟连锁餐饮业从业人员

（按业态分）

单位：人

地区	2005年	2004年	正餐		快餐		茶馆		咖啡店		其他餐饮	
			2005年	2004年	2005年	2004年	2005年	2004年	2005年	2004年	2005年	2004年
全国	**134562**	**114424**	**119949**	**102920**	**7326**	**5818**			**4886**	**3584**	**2401**	**2102**
华北	53195	45418	50413	43232	1569	1191			812	583	401	412
东北	213	241	213	241								
华东	9723	7452	2573	2075	2871	2351			4074	3001	205	25
中南	6037	6130	6037	6130								
西南	65134	54818	60453	50877	2886	2276					1795	1665
西北	260	365	260	365								

3—117 六经济区限额以上连锁餐饮业商品购进总额

（按业态分）

单位：万元

地区	2005年	2004年	正餐		快餐		茶馆		咖啡店		其他餐饮	
			2005年	2004年	2005年	2004年	2005年	2004年	2005年	2004年	2005年	2004年
全国	**1433268**	**1246344**	**866658**	**679195**	**540849**	**546066**	**829**	**886**	**10797**	**8019**	**14136**	**12179**
华北	527121	420317	412260	316252	112326	101597	688	738	1845	1731		
东北	13256	14018	95	81	13161	13937						
华东	322299	352218	46264	48578	257117	288601	141	148	7272	5328	11507	9562
中南	263915	230422	138955	119749	123086	109548			1680	960	194	164
西南	296737	219180	260724	186125	33738	30775					2275	2281
西北	9941	10190	8361	8412	1421	1606					159	172

3—118 六经济区限额以上直营连锁餐饮业商品购进总额

（按业态分）

单位：万元

地区	2005年	2004年	正餐		快餐		茶馆		咖啡店		其他餐饮	
			2005年	2004年	2005年	2004年	2005年	2004年	2005年	2004年	2005年	2004年
全国	**874204**	**849321**	**333486**	**300263**	**524346**	**534899**	**829**	**886**	**3449**	**2688**	**12094**	**10585**
华北	245045	222569	134569	121888	108018	98216	688	738	1769	1728		
东北	13256	14018	95	81	13161	13937						
华东	298390	336178	34918	40026	252281	286514	141	148			11051	9489
中南	238603	207900	113643	97227	123086	109548			1680	960	194	164
西南	69477	58928	42408	33092	26379	25076					690	760
西北	9433	9728	7853	7950	1421	1606					159	172

3—119 六经济区限额以上加盟连锁餐饮业商品购进总额

（按业态分）

单位：万元

地区	2005年	2004年	正餐		快餐		茶馆		咖啡店		其他餐饮	
			2005年	2004年	2005年	2004年	2005年	2004年	2005年	2004年	2005年	2004年
全国	**559064**	**397024**	**533173**	**378932**	**16502**	**11167**			**7348**	**5331**	**2041**	**1594**
华北	282076	197748	277691	194364	4308	3381			76	3		
东北												
华东	23909	16040	11346	8552	4836	2087			7272	5328	456	73
中南	25312	22522	25312	22522								
西南	227260	160252	218316	153033	7359	5699					1585	1521
西北	508	462	508	462								

3—120 六经济区限额以上连锁餐饮业统一配送商品购进额

（按业态分）

单位：万元

地区	2005年	2004年	正餐		快餐		茶馆		咖啡店		其他餐饮	
			2005年	2004年	2005年	2004年	2005年	2004年	2005年	2004年	2005年	2004年
全国	**987093**	**893021**	**464917**	**364019**	**503558**	**513443**	**141**	**148**	**4371**	**3259**	**14106**	**12152**
华北	325921	258693	218550	161220	105526	95743			1845	1731		
东北	13256	14018	95	81	13161	13937						
华东	276400	307876	18795	19384	245142	278241	141	148	846	568	11477	9535
中南	167338	141407	57298	44605	108166	95678			1680	960	194	164
西南	197973	164050	164876	132929	30821	28839					2275	2281
西北	6205	6978	5303	5801	743	1005					159	172

3—121 六经济区限额以上直营连锁餐饮业统一配送商品购进额

（按业态分）

单位：万元

地区	2005年	2004年	正餐		快餐		茶馆		咖啡店		其他餐饮	
			2005年	2004年	2005年	2004年	2005年	2004年	2005年	2004年	2005年	2004年
全国	**635733**	**632408**	**130753**	**115580**	**489306**	**503416**	**141**	**148**	**3449**	**2688**	**12084**	**10576**
华北	155570	142750	52475	48640	101326	92383			1769	1728		
东北	13256	14018	95	81	13161	13937						
华东	266208	300904	13707	14673	241320	276602	141	148			11041	9480
中南	159472	134779	49432	37977	108166	95678			1680	960	194	164
西南	35149	33096	9868	8525	24591	23810					690	760
西北	6078	6862	5176	5685	743	1005					159	172

3—122 六经济区限额以上加盟连锁餐饮业统一配送商品购进额

（按业态分）

单位：万元

地区	2005年	2004年	正餐		快餐		茶馆		咖啡店		其他餐饮	
			2005年	2004年	2005年	2004年	2005年	2004年	2005年	2004年	2005年	2004年
全国	**351360**	**260613**	**334164**	**248439**	**14252**	**10028**			**922**	**571**	**2021**	**1576**
华北	170351	115943	166075	112580	4200	3360			76	3		
东北												
华东	10192	6972	5088	4711	3822	1639			846	568	436	55
中南	7866	6628	7866	6628								
西南	162824	130954	155008	124404	6230	5029					1585	1521
西北	127	116	127	116								

3—123 六经济区限额以上连锁餐饮业自有配送中心配送商品购进额

（按业态分）

单位：万元

地区	2005年	2004年	正餐		快餐		茶馆		咖啡店		其他餐饮	
			2005年	2004年	2005年	2004年	2005年	2004年	2005年	2004年	2005年	2004年
全国	**712741**	**647022**	**296138**	**209981**	**400074**	**423428**	**141**	**148**	**2526**	**1528**	**13862**	**11937**
华北	210959	168639	142508	104837	68451	63802						
东北	13056	13868	95	81	12961	13787						
华东	232662	269901	13790	12811	206458	246890	141	148	846	568	11427	9484
中南	146839	121454	56706	44121	88453	76373			1680	960		
西南	103578	66918	78293	43066	23009	21570					2275	2281
西北	5648	6243	4746	5066	743	1005					159	172

3—124 六经济区限额以上直营连锁餐饮业自有配送中心配送商品购进额

（按业态分）

单位：万元

地区	2005年	2004年	正餐		快餐		茶馆		咖啡店		其他餐饮	
			2005年	2004年	2005年	2004年	2005年	2004年	2005年	2004年	2005年	2004年
全国	**507946**	**515682**	**105246**	**88642**	**389008**	**415534**	**141**	**148**	**1680**	**960**	**11871**	**10398**
华北	98810	92102	34559	31660	64251	60442						
东北	13056	13868	95	81	12961	13787						
华东	225420	264963	10135	9459	204122	245890	141	148			11022	9466
中南	138973	114826	48840	37493	88453	76373			1680	960		
西南	26167	23796	6998	4999	18479	18036					690	760
西北	5521	6127	4619	4950	743	1005					159	172

3—125 六经济区限额以上加盟连锁餐饮业自有配送中心配送商品购进额

（按业态分）

单位：万元

地区	2005年	2004年	正餐		快餐		茶馆		咖啡店		其他餐饮	
			2005年	2004年	2005年	2004年	2005年	2004年	2005年	2004年	2005年	2004年
全国	**204795**	**131340**	**190892**	**121339**	**11066**	**7894**			**846**	**568**	**1990**	**1539**
华北	112149	76537	107949	73177	4200	3360						
东北												
华东	7242	4938	3655	3352	2336	1000			846	568	405	18
中南	7866	6628	7866	6628								
西南	77411	43122	71295	38067	4530	3534					1585	1521
西北	127	116	127	116								

3—126　六经济区限额以上连锁餐饮业非自有配送中心配送商品购进额

（按业态分）　　单位:万元

地　区	2005 年	2004 年	正　餐		快　餐		咖啡店		其他餐饮	
			2005 年	2004 年	2005 年	2004 年	2005 年	2004 年	2005 年	2004 年
全　国	**274352**	**245999**	**168779**	**154038**	**103484**	**90016**	**1845**	**1731**	**244**	**215**
华　北	114962	90055	76042	56384	37075	31941	1845	1731		
东　北	200	150			200	150				
华　东	43739	37975	5004	6572	38684	31352			50	51
中　南	20499	19953	592	484	19713	19305			194	164
西　南	94395	97132	86583	89863	7812	7269				
西　北	557	735	557	735						

3—127　六经济区限额以上直营连锁餐饮业非自有配送中心配送商品购进额

（按业态分）　　单位:万元

地　区	2005 年	2004 年	正　餐		快　餐		咖啡店		其他餐饮	
			2005 年	2004 年	2005 年	2004 年	2005 年	2004 年	2005 年	2004 年
全　国	**127787**	**116726**	**25507**	**26939**	**100298**	**87882**	**1769**	**1728**	**213**	**178**
华　北	56760	50649	17916	16981	37075	31941	1769	1728		
东　北	200	150			200	150				
华　东	40789	35940	3572	5213	37198	30713			19	14
中　南	20499	19953	592	484	19713	19305			194	164
西　南	8982	9300	2870	3526	6112	5774				
西　北	557	735	557	735						

3—128　六经济区限额以上加盟连锁餐饮业非自有配送中心配送商品购进额

（按业态分）　　单位:万元

地　区	2005 年	2004 年	正　餐		快　餐		咖啡店		其他餐饮	
			2005 年	2004 年	2005 年	2004 年	2005 年	2004 年	2005 年	2004 年
全　国	**146565**	**129273**	**143272**	**127099**	**3186**	**2134**	**76**	**3**	**31**	**37**
华　北	58202	39406	58126	39403			76	3		
东　北										
华　东	2950	2035	1432	1359	1486	639			31	37
中　南										
西　南	85413	87832	83713	86337	1700	1495				
西　北										

3—129　六经济区限额以上连锁餐饮业营业收入

（按业态分）

单位：万元

地　　区	2005 年	2004 年	正　餐		快　餐		茶　馆		咖啡店		其他餐饮	
			2005 年	2004 年	2005 年	2004 年	2005 年	2004 年	2005 年	2004 年	2005 年	2004 年
全　　国	**3888664**	**3482336**	**1903736**	**1672127**	**1862650**	**1710555**	**3399**	**3293**	**68730**	**51327**	**50149**	**45035**
华　　北	1268143	1112202	812188	688871	406101	379945	695	742	16580	13029	32580	29616
东　　北	149429	145043	4626	4342	144803	140701						
华　　东	1119385	1038533	223542	215043	832807	774925	1852	1788	49623	37158	11560	9619
中　　南	770922	669282	392314	339991	373481	325823	853	763	2527	1140	1748	1565
西　　南	547401	484016	446946	399298	96532	80852					3923	3866
西　　北	33383	33261	24120	24583	8926	8309					337	369

3—130　六经济区限额以上直营连锁餐饮业营业收入

（按业态分）

单位：万元

地　　区	2005 年	2004 年	正　餐		快　餐		茶　馆		咖啡店		其他餐饮	
			2005 年	2004 年	2005 年	2004 年	2005 年	2004 年	2005 年	2004 年	2005 年	2004 年
全　　国	**2867562**	**2615446**	**986715**	**880770**	**1797658**	**1666259**	**3399**	**3293**	**42636**	**32330**	**37153**	**32796**
华　　北	766926	699553	334667	296995	395930	371805	695	742	14726	11792	20909	18220
东　　北	147730	143292	2927	2591	144803	140701						
华　　东	1049810	988510	205774	202410	805723	755398	1852	1788	25383	19398	11077	9516
中　　南	717927	618759	339319	289468	373481	325823	853	763	2527	1140	1748	1565
西　　南	152865	133055	80988	65706	68795	64223					3081	3126
西　　北	32303	32278	23040	23600	8926	8309					337	369

3—131　六经济区限额以上加盟连锁餐饮业营业收入

（按业态分）

单位：万元

地　　区	2005 年	2004 年	正　餐		快　餐		茶　馆		咖啡店		其他餐饮	
			2005 年	2004 年	2005 年	2004 年	2005 年	2004 年	2005 年	2004 年	2005 年	2004 年
全　　国	**1021103**	**866890**	**917021**	**791357**	**64992**	**44296**			**26094**	**18997**	**12996**	**12239**
华　　北	501217	412649	477521	391876	10171	8140			1854	1237	11671	11396
东　　北	1699	1751	1699	1751								
华　　东	69575	50023	17768	12633	27084	19527			24240	17760	483	103
中　　南	52995	50523	52995	50523								
西　　南	394536	350961	365958	333592	27737	16629					842	740
西　　北	1080	983	1080	983								

3—132 六经济区限额以上连锁餐饮业餐费收入

（按业态分）

单位：万元

地区	2005年	2004年	正餐		快餐		茶馆		咖啡店		其他餐饮	
			2005年	2004年	2005年	2004年	2005年	2004年	2005年	2004年	2005年	2004年
全国	**3852779**	**3453394**	**1870422**	**1645639**	**1860978**	**1708925**	**3259**	**3117**	**68730**	**51327**	**49390**	**44385**
华北	1268027	1112104	812093	688773	406079	379945	695	742	16580	13029	32580	29616
东北	149279	144893	4476	4192	144803	140701						
华东	1109546	1029085	215233	207171	831417	773526	1712	1612	49623	37158	11560	9619
中南	764838	665561	386439	336354	373481	325823	853	763	2527	1140	1539	1481
西南	530494	471127	430849	387205	96271	80621					3374	3301
西北	30595	30622	21331	21944	8926	8309					337	369

3—133 六经济区限额以上直营连锁餐饮业餐费收入

（按业态分）

单位：万元

地区	2005年	2004年	正餐		快餐		茶馆		咖啡店		其他餐饮	
			2005年	2004年	2005年	2004年	2005年	2004年	2005年	2004年	2005年	2004年
全国	**2840836**	**2592885**	**962360**	**860477**	**1796068**	**1664719**	**3259**	**3117**	**42636**	**32330**	**36512**	**32243**
华北	766810	699455	334572	296897	395908	371805	695	742	14726	11792	20909	18220
东北	147662	143186	2859	2485	144803	140701						
华东	1042273	979814	199767	195290	804333	753999	1712	1612	25383	19398	11077	9516
中南	711843	615038	333444	285831	373481	325823	853	763	2527	1140	1539	1481
西南	142733	125752	71466	59013	68617	64082					2650	2657
西北	29515	29639	20251	20961	8926	8309					337	369

3—134 六经济区限额以上加盟连锁餐饮业餐费收入

（按业态分）

单位：万元

地区	2005年	2004年	正餐		快餐		茶馆		咖啡店		其他餐饮	
			2005年	2004年	2005年	2004年	2005年	2004年	2005年	2004年	2005年	2004年
全国	**1011944**	**860508**	**908062**	**785162**	**64910**	**44206**			**26094**	**18997**	**12878**	**12143**
华北	501217	412649	477521	391876	10171	8140			1854	1237	11671	11396
东北	1617	1707	1617	1707								
华东	67273	49271	15466	11881	27084	19527			24240	17760	483	103
中南	52995	50523	52995	50523								
西南	387761	345375	359383	328192	27654	16539					724	644
西北	1080	983	1080	983								

3—135 六经济区限额以上连锁餐饮业商品销售额

（按业态分）

单位:万元

地区	2005年	2004年	正餐		快餐		茶馆		咖啡店		其他餐饮	
			2005年	2004年	2005年	2004年	2005年	2004年	2005年	2004年	2005年	2004年
全国	**27844**	**23211**	**25660**	**21032**	**1285**	**1354**	**140**	**176**			**758**	**649**
华北												
东北	149	150	149	150								
华东	7713	7391	6289	5861	1285	1354	140	176				
中南	3375	2560	3166	2476							209	84
西南	14089	10745	13539	10180							549	565
西北	2517	2366	2517	2366								

3—136 六经济区限额以上直营连锁餐饮业商品销售额

（按业态分）

单位:万元

地区	2005年	2004年	正餐		快餐		茶馆		咖啡店		其他餐饮	
			2005年	2004年	2005年	2004年	2005年	2004年	2005年	2004年	2005年	2004年
全国	**20330**	**18263**	**18265**	**16180**	**1285**	**1354**	**140**	**176**			**640**	**553**
华北												
东北	67	106	67	106								
华东	5923	7119	4499	5589	1285	1354	140	176				
中南	3375	2560	3166	2476							209	84
西南	8448	6113	8016	5644							431	469
西北	2517	2366	2517	2366								

3—137 六经济区限额以上加盟连锁餐饮业商品销售额

（按业态分）

单位:万元

地区	2005年	2004年	正餐		快餐		茶馆		咖啡店		其他餐饮	
			2005年	2004年	2005年	2004年	2005年	2004年	2005年	2004年	2005年	2004年
全国	**7513**	**4948**	**7395**	**4852**							**118**	**96**
华北												
东北	82	44	82	44								
华东	1790	272	1790	272								
中南												
西南	5641	4632	5523	4536							118	96
西北												

3—138　六经济区限额以上连锁餐饮业商品零售额

（按业态分）

单位:万元

地　区	2005年	2004年	正　餐		快　餐		茶　馆		咖啡店		其他餐饮	
			2005年	2004年	2005年	2004年	2005年	2004年	2005年	2004年	2005年	2004年
全　国	**21720**	**18650**	**20045**	**17072**	**1126**	**1013**					**549**	**565**
华　北												
东　北	149	150	149	150								
华　东	3930	4154	2804	3141	1126	1013						
中　南	1448	1649	1448	1649								
西　南	14089	10745	13539	10180							549	565
西　北	2103	1953	2103	1953								

3—139　六经济区限额以上直营连锁餐饮业商品零售额

（按业态分）

单位:万元

地　区	2005年	2004年	正　餐		快　餐		茶　馆		咖啡店		其他餐饮	
			2005年	2004年	2005年	2004年	2005年	2004年	2005年	2004年	2005年	2004年
全　国	**15997**	**13974**	**14439**	**12492**	**1126**	**1013**					**431**	**469**
华　北												
东　北	67	106	67	106								
华　东	3930	4154	2804	3141	1126	1013						
中　南	1448	1649	1448	1649								
西　南	8448	6113	8016	5644							431	469
西　北	2103	1953	2103	1953								

3—140　六经济区限额以上加盟连锁餐饮业商品零售额

（按业态分）

单位:万元

地　区	2005年	2004年	正　餐		快　餐		茶　馆		咖啡店		其他餐饮	
			2005年	2004年	2005年	2004年	2005年	2004年	2005年	2004年	2005年	2004年
全　国	**5723**	**4676**	**5605**	**4580**							**118**	**96**
华　北												
东　北	82	44	82	44								
华　东												
中　南												
西　南	5641	4632	5523	4536							118	96
西　北												

3—141 大中小城市限额以上连锁餐饮业门店数

（按业态分）

单位：个

地区	2005年	2004年	正餐		快餐		茶馆		咖啡店		其他餐饮	
			2005年	2004年	2005年	2004年	2005年	2004年	2005年	2004年	2005年	2004年
全国	**8514**	**7578**	**3208**	**2906**	**4178**	**3719**	**200**	**192**	**293**	**222**	**635**	**539**
大城市	6372	5483	2329	2037	3177	2719	12	13	293	222	561	492
中城市	2142	2095	879	869	1001	1000	188	179			74	47
小城市												

3—142 大中小城市限额以上直营连锁餐饮业门店数

（按业态分）

单位：个

地区	2005年	2004年	正餐		快餐		茶馆		咖啡店		其他餐饮	
			2005年	2004年	2005年	2004年	2005年	2004年	2005年	2004年	2005年	2004年
全国	**5518**	**4952**	**1193**	**1069**	**3904**	**3511**	**200**	**192**	**146**	**115**	**75**	**65**
大城市	4136	3571	991	867	2946	2539	12	13	146	115	41	37
中城市	1382	1381	202	202	958	972	188	179			34	28
小城市												

3—143 大中小城市限额以上加盟连锁餐饮业门店数

（按业态分）

单位：个

地区	2005年	2004年	正餐		快餐		茶馆		咖啡店		其他餐饮	
			2005年	2004年	2005年	2004年	2005年	2004年	2005年	2004年	2005年	2004年
全国	**2996**	**2626**	**2015**	**1837**	**274**	**208**			**147**	**107**	**560**	**474**
大城市	2236	1912	1338	1170	231	180			147	107	520	455
中城市	760	714	677	667	43	28					40	19
小城市												

3—144　大中小城市限额以上连锁餐饮业营业面积

（按业态分）　　　　单位:平方米

地　区	2005年	2004年	正　餐		快　餐		茶　馆		咖啡店		其他餐饮	
			2005年	2004年	2005年	2004年	2005年	2004年	2005年	2004年	2005年	2004年
全　国	**3907689**	**3526227**	**2572139**	**2382652**	**1188229**	**1032457**	**11061**	**11036**	**97728**	**73754**	**38532**	**26328**
大城市	3332508	2970374	2135115	1938756	1081835	945525	3911	4111	97728	73754	13919	8228
中城市	575181	555853	437024	443896	106394	86932	7150	6925			24613	18100
小城市												

3—145　大中小城市限额以上直营连锁餐饮业营业面积

（按业态分）　　　　单位:平方米

地　区	2005年	2004年	正　餐		快　餐		茶　馆		咖啡店		其他餐饮	
			2005年	2004年	2005年	2004年	2005年	2004年	2005年	2004年	2005年	2004年
全　国	**2475224**	**2260799**	**1316289**	**1247266**	**1103000**	**968606**	**11061**	**11036**	**23558**	**18679**	**21316**	**15212**
大城市	2141427	1924650	1103294	1012224	1002511	885724	3911	4111	23558	18679	8153	3912
中城市	333797	336149	212995	235042	100489	82882	7150	6925			13163	11300
小城市												

3—146　大中小城市限额以上加盟连锁餐饮业营业面积

（按业态分）　　　　单位:平方米

地　区	2005年	2004年	正　餐		快　餐		茶　馆		咖啡店		其他餐饮	
			2005年	2004年	2005年	2004年	2005年	2004年	2005年	2004年	2005年	2004年
全　国	**1432465**	**1265428**	**1255850**	**1135386**	**85229**	**63851**			**74170**	**55075**	**17216**	**11116**
大城市	1191081	1045724	1031821	926532	79324	59801			74170	55075	5766	4316
中城市	241384	219704	224029	208854	5905	4050					11450	6800
小城市												

3—147　大中小城市限额以上连锁餐饮业经营餐饮业务餐位数

（按业态分）

单位：个

地　区	2005年	2004年	正　餐		快　餐		茶　馆		咖啡店		其他餐饮	
			2005年	2004年	2005年	2004年	2005年	2004年	2005年	2004年	2005年	2004年
全　国	**2004869**	**1800985**	**1519331**	**1388519**	**449122**	**384655**	**3760**	**3298**	**31837**	**23762**	**819**	**751**
大城市	924291	822255	481160	444548	409289	351948	1316	1366	31837	23762	689	631
中城市	1080578	978730	1038171	943971	39833	32707	2444	1932			130	120
小城市												

3—148　大中小城市限额以上直营连锁餐饮业经营餐饮业务餐位数

（按业态分）

单位：个

地　区	2005年	2004年	正　餐		快　餐		茶　馆		咖啡店		其他餐饮	
			2005年	2004年	2005年	2004年	2005年	2004年	2005年	2004年	2005年	2004年
全　国	**882972**	**796804**	**456547**	**427339**	**413949**	**359179**	**3760**	**3298**	**7987**	**6321**	**729**	**667**
大城市	659608	583172	272711	246583	376905	328271	1316	1366	7987	6321	689	631
中城市	223364	213632	183836	180756	37044	30908	2444	1932			40	36
小城市												

3—149　大中小城市限额以上加盟连锁餐饮业经营餐饮业务餐位数

（按业态分）

单位：个

地　区	2005年	2004年	正　餐		快　餐		茶　馆		咖啡店		其他餐饮	
			2005年	2004年	2005年	2004年	2005年	2004年	2005年	2004年	2005年	2004年
全　国	**1121897**	**1004181**	**1062784**	**961180**	**35173**	**25476**			**23850**	**17441**	**90**	**84**
大城市	264683	239083	208449	197965	32384	23677			23850	17441		
中城市	857214	765098	854335	763215	2789	1799					90	84
小城市												

3—150 大中小城市限额以上连锁餐饮业从业人员

（按业态分） 单位：人

地区	2005年	2004年	正餐		快餐		茶馆		咖啡店		其他餐饮	
			2005年	2004年	2005年	2004年	2005年	2004年	2005年	2004年	2005年	2004年
全国	**426029**	**379460**	**224101**	**198800**	**190358**	**171370**	**675**	**574**	**7151**	**5262**	**3744**	**3454**
大城市	343088	305315	160652	141308	174558	158002	183	202	7151	5262	544	541
中城市	82941	74145	63449	57492	15800	13368	492	372			3200	2913
小城市												

3—151 大中小城市限额以上直营连锁餐饮业从业人员

（按业态分） 单位：人

地区	2005年	2004年	正餐		快餐		茶馆		咖啡店		其他餐饮	
			2005年	2004年	2005年	2004年	2005年	2004年	2005年	2004年	2005年	2004年
全国	**291467**	**265036**	**104152**	**95880**	**183032**	**165552**	**675**	**574**	**2265**	**1678**	**1343**	**1352**
大城市	258768	234981	88383	80388	167794	152584	183	202	2265	1678	143	129
中城市	32699	30055	15769	15492	15238	12968	492	372			1200	1223
小城市												

3—152 大中小城市限额以上加盟连锁餐饮业从业人员

（按业态分） 单位：人

地区	2005年	2004年	正餐		快餐		茶馆		咖啡店		其他餐饮	
			2005年	2004年	2005年	2004年	2005年	2004年	2005年	2004年	2005年	2004年
全国	**134562**	**114424**	**119949**	**102920**	**7326**	**5818**			**4886**	**3584**	**2401**	**2102**
大城市	84320	70334	72269	60920	6764	5418			4886	3584	401	412
中城市	50242	44090	47680	42000	562	400					2000	1690
小城市												

3—153 大中小城市限额以上连锁餐饮业商品购进总额

（按业态分）

单位：万元

地区	2005年	2004年	正餐		快餐		茶馆		咖啡店		其他餐饮	
			2005年	2004年	2005年	2004年	2005年	2004年	2005年	2004年	2005年	2004年
全国	1433268	1246344	866658	679195	540849	546066	829	886	10797	8019	14136	12179
大城市	1006313	923695	544447	446081	449886	468374	829	886	10797	8019	353	336
中城市	426957	322649	322211	233114	90963	77692					13782	11844
小城市												

3—154 大中小城市限额以上直营连锁餐饮业商品购进总额

（按业态分）

单位：万元

地区	2005年	2004年	正餐		快餐		茶馆		咖啡店		其他餐饮	
			2005年	2004年	2005年	2004年	2005年	2004年	2005年	2004年	2005年	2004年
全国	874204	849321	333486	300263	524346	534899	829	886	3449	2688	12094	10585
大城市	714606	708507	272942	245964	437032	458634	829	886	3449	2688	353	336
中城市	159599	140813	60544	54299	87314	76265					11741	10250
小城市												

3—155 大中小城市限额以上加盟连锁餐饮业商品购进总额

（按业态分）

单位：万元

地区	2005年	2004年	正餐		快餐		茶馆		咖啡店		其他餐饮	
			2005年	2004年	2005年	2004年	2005年	2004年	2005年	2004年	2005年	2004年
全国	559064	397024	533173	378932	16502	11167			7348	5331	2041	1594
大城市	291707	215188	271505	200117	12854	9740			7348	5331		
中城市	267358	181836	261667	178815	3649	1427					2041	1594
小城市												

3—156　大中小城市限额以上连锁餐饮业统一配送商品购进额

（按业态分）

单位:万元

地　　区	2005年	2004年	正　餐		快　餐		茶　馆		咖啡店		其他餐饮	
			2005年	2004年	2005年	2004年	2005年	2004年	2005年	2004年	2005年	2004年
全　　国	**987093**	**893021**	**464917**	**364019**	**503558**	**513443**	**141**	**148**	**4371**	**3259**	**14106**	**12152**
大 城 市	681823	658256	254708	210500	422250	444013	141	148	4371	3259	353	336
中 城 市	305270	234766	210209	153519	81309	69431					13752	11816
小 城 市												

3—157　大中小城市限额以上直营连锁餐饮业统一配送商品购进额

（按业态分）

单位:万元

地　　区	2005年	2004年	正　餐		快　餐		茶　馆		咖啡店		其他餐饮	
			2005年	2004年	2005年	2004年	2005年	2004年	2005年	2004年	2005年	2004年
全　　国	**635733**	**632408**	**130753**	**115580**	**489306**	**503416**	**141**	**148**	**3449**	**2688**	**12084**	**10576**
大 城 市	506683	517742	91979	79484	410762	435087	141	148	3449	2688	353	336
中 城 市	129050	114666	38774	36096	78544	68329					11731	10241
小 城 市												

3—158　大中小城市限额以上加盟连锁餐饮业统一配送商品购进额

（按业态分）

单位:万元

地　　区	2005年	2004年	正　餐		快　餐		茶　馆		咖啡店		其他餐饮	
			2005年	2004年	2005年	2004年	2005年	2004年	2005年	2004年	2005年	2004年
全　　国	**351360**	**260613**	**334164**	**248439**	**14252**	**10028**			**922**	**571**	**2021**	**1576**
大 城 市	175139	140513	162729	131016	11488	8926			922	571		
中 城 市	176220	120100	171435	117423	2764	1102					2021	1576
小 城 市												

3—159 大中小城市限额以上连锁餐饮业自有配送中心配送商品购进额

（按业态分）

单位：万元

地区	2005年	2004年	正餐		快餐		茶馆		咖啡店		其他餐饮	
			2005年	2004年	2005年	2004年	2005年	2004年	2005年	2004年	2005年	2004年
全国	**712741**	**647022**	**296138**	**209981**	**400074**	**423428**	**141**	**148**	**2526**	**1528**	**13862**	**11937**
大城市	490695	469200	154862	105716	333007	361636	141	148	2526	1528	159	172
中城市	222046	177822	141276	104265	67068	61792					13702	11765
小城市												

3—160 大中小城市限额以上直营连锁餐饮业自有配送中心配送商品购进额

（按业态分）

单位：万元

地区	2005年	2004年	正餐		快餐		茶馆		咖啡店		其他餐饮	
			2005年	2004年	2005年	2004年	2005年	2004年	2005年	2004年	2005年	2004年
全国	**507946**	**515682**	**105246**	**88642**	**389008**	**415534**	**141**	**148**	**1680**	**960**	**11871**	**10398**
大城市	402477	417881	77278	62396	323219	354204	141	148	1680	960	159	172
中城市	105469	97801	27968	26246	65789	61329					11712	10227
小城市												

3—161 大中小城市限额以上加盟连锁餐饮业自有配送中心配送商品购进额

（按业态分）

单位：万元

地区	2005年	2004年	正餐		快餐		茶馆		咖啡店		其他餐饮	
			2005年	2004年	2005年	2004年	2005年	2004年	2005年	2004年	2005年	2004年
全国	**204795**	**131340**	**190892**	**121339**	**11066**	**7894**			**846**	**568**	**1990**	**1539**
大城市	88218	51319	77584	43320	9788	7431			846	568		
中城市	116577	80021	113308	78020	1278	463					1990	1539
小城市												

3—162 大中小城市限额以上连锁餐饮业非自有配送中心配送商品购进额

（按业态分）

单位：万元

地区	2005年	2004年	正餐		快餐		咖啡店		其他餐饮业	
			2005年	2004年	2005年	2004年	2005年	2004年	2005年	2004年
全国	**274352**	**245999**	**168779**	**154038**	**103484**	**90016**	**1845**	**1731**	**244**	**215**
大城市	191128	189056	99846	104784	89243	82377	1845	1731	194	164
中城市	83224	56943	68933	49254	14241	7639			50	51
小城市										

3—163 大中小城市限额以上直营连锁餐饮业非自有配送中心配送商品购进额

（按业态分）

单位：万元

地区	2005年	2004年	正餐		快餐		咖啡店		其他餐饮业	
			2005年	2004年	2005年	2004年	2005年	2004年	2005年	2004年
全国	**127787**	**116726**	**25507**	**26939**	**100298**	**87882**	**1769**	**1728**	**213**	**178**
大城市	104207	99862	14701	17088	87543	80882	1769	1728	194	164
中城市	23580	16865	10806	9851	12755	7000			19	14
小城市										

3—164 大中小城市限额以上加盟连锁餐饮业非自有配送中心配送商品购进额

（按业态分）

单位：万元

地区	2005年	2004年	正餐		快餐		咖啡店		其他餐饮业	
			2005年	2004年	2005年	2004年	2005年	2004年	2005年	2004年
全国	**146565**	**129273**	**143272**	**127099**	**3186**	**2134**	**76**	**3**	**31**	**37**
大城市	86921	89194	85145	87696	1700	1495	76	3		
中城市	59643	40079	58126	39403	1486	639			31	37
小城市										

3—165 大中小城市限额以上连锁餐饮业营业收入

（按业态分）

单位：万元

地区	2005年	2004年	正餐		快餐		茶馆		咖啡店		其他餐饮	
			2005年	2004年	2005年	2004年	2005年	2004年	2005年	2004年	2005年	2004年
全国	**3888664**	**3482336**	**1903736**	**1672127**	**1862650**	**1710555**	**3399**	**3293**	**68730**	**51327**	**50149**	**45035**
大城市	3085528	2806416	1291365	1158674	1688222	1562336	2547	2530	68730	51327	34665	31550
中城市	803136	675920	612371	513453	174429	148220	853	763			15483	13485
小城市												

3—166 大中小城市限额以上直营连锁餐饮业营业收入

（按业态分）

单位：万元

地区	2005年	2004年	正餐		快餐		茶馆		咖啡店		其他餐饮	
			2005年	2004年	2005年	2004年	2005年	2004年	2005年	2004年	2005年	2004年
全国	**2867562**	**2615446**	**986715**	**880770**	**1797658**	**1666259**	**3399**	**3293**	**42636**	**32330**	**37153**	**32796**
大城市	2523011	2311186	825588	735990	1629246	1520183	2547	2530	42636	32330	22994	20154
中城市	344550	304260	161127	144780	168413	146076	853	763			14158	12642
小城市												

3—167 大中小城市限额以上加盟连锁餐饮业营业收入

（按业态分）

单位：万元

地区	2005年	2004年	正餐		快餐		茶馆		咖啡店		其他餐饮	
			2005年	2004年	2005年	2004年	2005年	2004年	2005年	2004年	2005年	2004年
全国	**1021103**	**866890**	**917021**	**791357**	**64992**	**44296**			**26094**	**18997**	**12996**	**12239**
大城市	562517	495230	465777	422684	58976	42153			26094	18997	11671	11396
中城市	458586	371660	451244	368673	6016	2144					1325	843
小城市												

3—168　大中小城市限额以上连锁餐饮业餐费收入

（按业态分）

单位:万元

地　　区	2005年	2004年	正　餐		快　餐		茶　馆		咖啡店		其他餐饮	
			2005年	2004年	2005年	2004年	2005年	2004年	2005年	2004年	2005年	2004年
全　　国	**3852779**	**3453394**	**1870422**	**1645639**	**1860978**	**1708925**	**3259**	**3117**	**68730**	**51327**	**49390**	**44385**
大 城 市	3055049	2783309	1261979	1136595	1687478	1561566	2407	2354	68730	51327	34456	31466
中 城 市	797730	670085	608443	509043	173500	147358	853	763			14934	12920
小 城 市												

3—169　大中小城市限额以上直营连锁餐饮业餐费收入

（按业态分）

单位:万元

地　　区	2005年	2004年	正　餐		快　餐		茶　馆		咖啡店		其他餐饮	
			2005年	2004年	2005年	2004年	2005年	2004年	2005年	2004年	2005年	2004年
全　　国	**2840836**	**2592885**	**962360**	**860477**	**1796068**	**1664719**	**3259**	**3117**	**42636**	**32330**	**36512**	**32243**
大 城 市	2501491	2294321	805079	720063	1628584	1519504	2407	2354	42636	32330	22785	20070
中 城 市	339345	298565	157281	140414	167484	145214	853	763			13727	12173
小 城 市												

3—170　大中小城市限额以上加盟连锁餐饮业餐费收入

（按业态分）

单位:万元

地　　区	2005年	2004年	正　餐		快　餐		茶　馆		咖啡店		其他餐饮	
			2005年	2004年	2005年	2004年	2005年	2004年	2005年	2004年	2005年	2004年
全　　国	**1011944**	**860508**	**908062**	**785162**	**64910**	**44206**			**26094**	**18997**	**12878**	**12143**
大 城 市	553558	488988	456900	416532	58894	42062			26094	18997	11671	11396
中 城 市	458385	371520	451162	368629	6016	2144					1207	747
小 城 市												

3—171 大中小城市限额以上连锁餐饮业商品销售额

（按业态分）

单位：万元

地区	2005年	2004年	正餐		快餐		茶馆		其他餐饮业	
			2005年	2004年	2005年	2004年	2005年	2004年	2005年	2004年
全国	**27844**	**23211**	**25660**	**21032**	**1285**	**1354**	**140**	**176**	**758**	**649**
大城市	23953	19173	23245	18418	359	496	140	176	209	84
中城市	3891	4038	2416	2615	926	859			549	565
小城市										

3—172 大中小城市限额以上直营连锁餐饮业商品销售额

（按业态分）

单位：万元

地区	2005年	2004年	正餐		快餐		茶馆		其他餐饮业	
			2005年	2004年	2005年	2004年	2005年	2004年	2005年	2004年
全国	**20330**	**18263**	**18265**	**16180**	**1285**	**1354**	**140**	**176**	**640**	**553**
大城市	16640	14365	15932	13610	359	496	140	176	209	84
中城市	3691	3898	2334	2571	926	859			431	469
小城市										

3—173 大中小城市限额以上加盟连锁餐饮业商品销售额

（按业态分）

单位：万元

地区	2005年	2004年	正餐		快餐		茶馆		其他餐饮业	
			2005年	2004年	2005年	2004年	2005年	2004年	2005年	2004年
全国	**7513**	**4948**	**7395**	**4852**					**118**	**96**
大城市	7313	4808	7313	4808						
中城市	200	140	82	44					118	96
小城市										

3—174　大中小城市限额以上连锁餐饮业商品零售额

（按业态分）

单位：万元

地　区	2005年	2004年	正　餐		快　餐		其他餐饮	
			2005年	2004年	2005年	2004年	2005年	2004年
全　国	**21720**	**18650**	**20045**	**17072**	**1126**	**1013**	**549**	**565**
大城市	17829	14612	17629	14458	200	154		
中城市	3891	4038	2416	2615	926	859	549	565
小城市								

3—175　大中小城市限额以上直营连锁餐饮业商品零售额

（按业态分）

单位：万元

地　区	2005年	2004年	正　餐		快　餐		其他餐饮	
			2005年	2004年	2005年	2004年	2005年	2004年
全　国	**15997**	**13974**	**14439**	**12492**	**1126**	**1013**	**431**	**469**
大城市	12306	10076	12106	9922	200	154		
中城市	3691	3898	2334	2571	926	859	431	469
小城市								

3—176　大中小城市限额以上加盟连锁餐饮业商品零售额

（按业态分）

单位：万元

地　区	2005年	2004年	正　餐		快　餐		其他餐饮	
			2005年	2004年	2005年	2004年	2005年	2004年
全　国	**5723**	**4676**	**5605**	**4580**			**118**	**96**
大城市	5523	4536	5523	4536				
中城市	200	140	82	44			118	96
小城市								

3—177 35城市限额以上连锁餐饮业门店数

（按业态分）

单位：个

地区	2005年	2004年	正餐		快餐		茶馆		咖啡店		其他餐饮	
			2005年	2004年	2005年	2004年	2005年	2004年	2005年	2004年	2005年	2004年
总计	**6372**	**5483**	**2329**	**2037**	**3177**	**2719**	**12**	**13**	**293**	**222**	**561**	**492**
北京	1098	990	310	267	675	628	6	7	107	88		
天津	764	679	20	20	195	178					549	481
石家庄												
太原	42	35	18	17	24	18						
呼和浩特	5	3	5	3								
沈阳	160	128	1	1	159	127						
大连	49	40			49	40						
长春												
哈尔滨	16	17	8	9	8	8						
上海	603	526	106	84	422	387			75	55		
南京	165	140	12	12	153	128						
杭州	407	299	19	19	281	200	6	6	101	74		
宁波	13	15	11	13	2	2						
合肥	39	34	26	24	13	10						
福州	40	31			40	31						
厦门	201	165	23	21	178	144						
南昌	32	29	5	4	27	25						
济南	10	9			10	9						
青岛	120	102	27	25	93	77						
郑州												
武汉	183	156	71	61	112	95						
长沙	62	50			62	50						
广州	441	373	306	260	120	105			10	5	5	3
深圳	241	216	17	19	224	197						
南宁												
海口	3	2	3	2								
重庆	1296	1117	1243	1075	53	42						
成都	126	100			126	100						
贵阳	17	16	17	16								
昆明	130	116	28	36	102	80						
西安	21	20	21	20								
兰州	26	24	26	24								
西宁	11	11	4	3							7	8
银川												
乌鲁木齐	51	40	2	2	49	38						

3—178　35城市限额以上直营连锁餐饮业门店数

（按业态分）

单位:个

地　　区	2005年	2004年	正　餐		快　餐		茶　馆		咖啡店		其他餐饮	
			2005年	2004年	2005年	2004年	2005年	2004年	2005年	2004年	2005年	2004年
总　　计	**4136**	**3571**	**991**	**867**	**2946**	**2539**	**12**	**13**	**146**	**115**	**41**	**37**
北　　京	948	869	249	213	632	594	6	7	61	55		
天　　津	239	218	16	15	194	177					29	26
石家庄												
太　　原	35	29	11	11	24	18						
呼和浩特	5	3	5	3								
沈　　阳	160	128	1	1	159	127						
大　　连	49	40			49	40						
长　　春												
哈尔滨	13	13	5	5	8	8						
上　　海	573	493	106	84	392	354			75	55		
南　　京	159	134	9	9	150	125						
杭　　州	288	218	18	18	264	194	6	6				
宁　　波	11	13	9	11	2	2						
合　　肥	26	23	13	13	13	10						
福　　州	40	31			40	31						
厦　　门	199	164	23	21	176	143						
南　　昌	32	29	5	4	27	25						
济　　南	10	9			10	9						
青　　岛	113	96	20	19	93	77						
郑　　州												
武　　汉	175	151	63	56	112	95						
长　　沙	62	50			62	50						
广　　州	399	343	264	230	120	105			10	5	5	3
深　　圳	231	206	7	9	224	197						
南　　宁												
海　　口	3	2	3	2								
重　　庆	131	107	104	86	27	21						
成　　都	64	54			64	54						
贵　　阳	17	16	17	16								
昆　　明	57	47	2	2	55	45						
西　　安	21	20	21	20								
兰　　州	14	14	14	14								
西　　宁	11	11	4	3							7	8
银　　川												
乌鲁木齐	51	40	2	2	49	38						

3—179 35城市限额以上加盟连锁餐饮业门店数

（按业态分）

单位：个

地区	2005年	2004年	正餐		快餐		咖啡店		其他餐饮	
			2005年	2004年	2005年	2004年	2005年	2004年	2005年	2004年
总计	**2236**	**1912**	**1338**	**1170**	**231**	**180**	**147**	**107**	**520**	**455**
北京	150	121	61	54	43	34	46	33		
天津	525	461	4	5	1	1			520	455
石家庄										
太原	7	6	7	6						
呼和浩特										
沈阳										
大连										
长春										
哈尔滨	3	4	3	4						
上海	30	33			30	33				
南京	6	6	3	3	3	3				
杭州	119	81	1	1	17	6	101	74		
宁波	2	2	2	2						
合肥	13	11	13	11						
福州										
厦门	2	1			2	1				
南昌										
济南										
青岛	7	6	7	6						
郑州										
武汉	8	5	8	5						
长沙										
广州	42	30	42	30						
深圳	10	10	10	10						
南宁										
海口										
重庆	1165	1010	1139	989	26	21				
成都	62	46			62	46				
贵阳										
昆明	73	69	26	34	47	35				
西安										
兰州	12	10	12	10						
西宁										
银川										
乌鲁木齐										

3—180　35城市限额以上连锁餐饮业营业面积

（按业态分）

单位：平方米

地区	2005年	2004年	正餐		快餐		茶馆		咖啡店		其他餐饮	
			2005年	2004年	2005年	2004年	2005年	2004年	2005年	2004年	2005年	2004年
总计	**3332508**	**2970374**	**2135115**	**1938756**	**1081835**	**945525**	**3911**	**4111**	**97728**	**73754**	**13919**	**8228**
北京	517781	450599	312748	256012	179108	173144	1330	1530	24595	19913		
天津	117549	100022	30068	25720	74862	67019					12619	7283
石家庄												
太原	39020	33700	31900	28200	7120	5500						
呼和浩特	1500	1000	1500	1000								
沈阳	60790	55370	900	900	59890	54470						
大连	19109	15438			19109	15438						
长春												
哈尔滨	4310	4602	2210	2502	2100	2100						
上海	247390	221555	81700	75100	154625	137919			11065	8536		
南京	64167	52869	7420	4480	56747	48389						
杭州	187732	147571	15520	14470	109031	86010	2581	2581	60600	44510		
宁波	46775	56975	45820	56020	955	955						
合肥	64683	56591	58920	52120	5763	4471						
福州	11800	8760			11800	8760						
厦门	63860	55718	38742	32742	25118	22976						
南昌	18674	15799	7560	5800	11114	9999						
济南	4521	4121			4521	4121						
青岛	60530	53458	21700	19700	38830	33758						
郑州												
武汉	191488	169353	143549	126980	47939	42373						
长沙	24178	19728			24178	19728						
广州	312635	293472	260710	250324	49535	41852			1468	795	922	501
深圳	92024	82221	7800	8308	84224	73913						
南宁												
海口	2600	2000	2600	2000								
重庆	984363	896340	967666	882801	16697	13539						
成都	45819	40388			45819	40388						
贵阳	22170	14409	22170	14409								
昆明	49955	45330	15500	20000	34455	25330						
西安	36337	38445	36337	38445								
兰州	11775	11423	11775	11423								
西宁	6878	5944	6500	5500							378	444
银川												
乌鲁木齐	22095	17173	3800	3800	18295	13373						

3—181　35城市限额以上直营连锁餐饮业营业面积

（按业态分）

单位:平方米

地区	2005年	2004年	正餐		快餐		茶馆		咖啡店		其他餐饮	
			2005年	2004年	2005年	2004年	2005年	2004年	2005年	2004年	2005年	2004年
总计	**2141427**	**1924650**	**1103294**	**1012224**	**1002511**	**885724**	**3911**	**4111**	**23558**	**18679**	**8153**	**3912**
北京	364733	331732	191296	161114	161082	159740	1330	1530	11025	9348		
天津	107388	90311	26068	20720	74467	66624					6853	2967
石家庄												
太原	32320	30700	25200	25200	7120	5500						
呼和浩特	1500	1000	1500	1000								
沈阳	60790	55370	900	900	59890	54470						
大连	19109	15438			19109	15438						
长春												
哈尔滨	2837	2887	737	787	2100	2100						
上海	227841	205659	81700	75100	135076	122023			11065	8536		
南京	63067	51789	7020	4100	56047	47689						
杭州	122802	101411	15070	14020	105151	84810	2581	2581				
宁波	42495	52695	41540	51740	955	955						
合肥	40483	38591	34720	34120	5763	4471						
福州	11800	8760			11800	8760						
厦门	63010	55318	38742	32742	24268	22576						
南昌	18674	15799	7560	5800	11114	9999						
济南	4521	4121			4521	4121						
青岛	56050	49658	17220	15900	38830	33758						
郑州												
武汉	178311	158421	130372	116048	47939	42373						
长沙	24178	19728			24178	19728						
广州	283936	272136	232011	228988	49535	41852			1468	795	922	501
深圳	90024	80221	5800	6308	84224	73913						
南宁												
海口	2600	2000	2600	2000								
重庆	172473	149819	161716	140920	10757	8899						
成都	29167	25122			29167	25122						
贵阳	22170	14409	22170	14409								
昆明	24123	20430	3000	3000	21123	17430						
西安	36337	38445	36337	38445								
兰州	9715	9563	9715	9563								
西宁	6878	5944	6500	5500							378	444
银川												
乌鲁木齐	22095	17173	3800	3800	18295	13373						

3—182　35城市限额以上加盟连锁餐饮业营业面积

（按业态分）

单位:平方米

地　区	2005年	2004年	正　餐		快　餐		咖啡店		其他餐饮	
			2005年	2004年	2005年	2004年	2005年	2004年	2005年	2004年
总　计	**1191081**	**1045724**	**1031821**	**926532**	**79324**	**59801**	**74170**	**55075**	**5766**	**4316**
北　京	153048	118867	121452	94898	18026	13404	13570	10565		
天　津	10161	9711	4000	5000	395	395			5766	4316
石家庄										
太　原	6700	3000	6700	3000						
呼和浩特										
沈　阳										
大　连										
长　春										
哈尔滨	1473	1715	1473	1715						
上　海	19549	15896			19549	15896				
南　京	1100	1080	400	380	700	700				
杭　州	64930	46160	450	450	3880	1200	60600	44510		
宁　波	4280	4280	4280	4280						
合　肥	24200	18000	24200	18000						
福　州										
厦　门	850	400			850	400				
南　昌										
济　南										
青　岛	4480	3800	4480	3800						
郑　州										
武　汉	13177	10932	13177	10932						
长　沙										
广　州	28699	21336	28699	21336						
深　圳	2000	2000	2000	2000						
南　宁										
海　口										
重　庆	811890	746521	805950	741881	5940	4640				
成　都	16652	15266			16652	15266				
贵　阳										
昆　明	25832	24900	12500	17000	13332	7900				
西　安										
兰　州	2060	1860	2060	1860						
西　宁										
银　川										
乌鲁木齐										

3—183　35城市限额以上连锁餐饮业经营餐饮业务餐位数

（按业态分）

单位：个

地　区	2005年	2004年	正　餐		快　餐		茶　馆		咖啡店		其他餐饮	
			2005年	2004年	2005年	2004年	2005年	2004年	2005年	2004年	2005年	2004年
总　计	**924291**	**822255**	**481160**	**444548**	**409289**	**351948**	**1316**	**1366**	**31837**	**23762**	**689**	**631**
北　京	153204	137362	73176	64039	72241	66961	300	350	7487	6012		
天　津	25832	22863	6365	5855	19467	17008						
石家庄												
太　原	14455	12655	11755	10955	2700	1700						
呼和浩特	750	650	750	650								
沈　阳	17135	14410	10	10	17125	14400						
大　连	7839	6731			7839	6731						
长　春												
哈尔滨	3777	4061	1977	2261	1800	1800						
上　海	76493	65909	15730	13750	57013	49409			3750	2750		
南　京	23573	20701	1980	1390	21593	19311						
杭　州	69323	53615	4384	4534	43723	33265	1016	1016	20200	14800		
宁　波	6440	6940	5980	6480	460	460						
合　肥	9990	9080	7532	7130	2458	1950						
福　州	9150	7200			9150	7200						
厦　门	14464	13228	2040	1940	12424	11288						
南　昌	6734	5699	2720	1920	4014	3779						
济　南	1635	1465			1635	1465						
青　岛	32605	28981	18810	16810	13795	12171						
郑　州												
武　汉	44552	40751	31142	28427	13410	12324						
长　沙	9470	8000			9470	8000						
广　州	84200	73248	61162	53165	22399	19732			400	200	239	151
深　圳	35360	29744	1235	1395	34125	28349						
南　宁												
海　口	1154	894	1154	894								
重　庆	210510	197445	202804	191118	7706	6327						
成　都	22546	18769			22546	18769						
贵　阳	5567	4667	5567	4667								
昆　明	17980	17409	9280	11080	8700	6329						
西　安	11380	11980	11380	11980								
兰　州	3531	3410	3531	3410								
西　宁	546	568	96	88							450	480
银　川												
乌鲁木齐	4096	3820	600	600	3496	3220						

3—184　35城市限额以上直营连锁餐饮业经营餐饮业务餐位数

（按业态分）

单位：个

地　　区	2005年	2004年	正　餐		快　餐		茶　馆		咖啡店		其他餐饮	
			2005年	2004年	2005年	2004年	2005年	2004年	2005年	2004年	2005年	2004年
总　　计	**659608**	**583172**	**272711**	**246583**	**376905**	**328271**	**1316**	**1366**	**7987**	**6321**	**689**	**631**
北　　京	123536	112886	53585	47239	65814	61926	300	350	3837	3371		
天　　津	24632	21363	5165	4355	19467	17008						
石 家 庄												
太　　原	10835	9835	8135	8135	2700	1700						
呼和浩特	750	650	750	650								
沈　　阳	17135	14410	10	10	17125	14400						
大　　连	7839	6731			7839	6731						
长　　春												
哈 尔 滨	3036	3036	1236	1236	1800	1800						
上　　海	71169	61525	15730	13750	51689	45025			3750	2750		
南　　京	23281	20412	1898	1311	21383	19101						
杭　　州	44553	36995	4064	4214	39473	31765	1016	1016				
宁　　波	5340	5840	4880	5380	460	460						
合　　肥	5982	6026	3524	4076	2458	1950						
福　　州	9150	7200			9150	7200						
厦　　门	14064	13028	2040	1940	12024	11088						
南　　昌	6734	5699	2720	1920	4014	3779						
济　　南	1635	1465			1635	1465						
青　　岛	27165	24181	13370	12010	13795	12171						
郑　　州												
武　　汉	40925	37851	27515	25527	13410	12324						
长　　沙	9470	8000			9470	8000						
广　　州	76820	67928	53782	47845	22399	19732			400	200	239	151
深　　圳	34760	29144	635	795	34125	28349						
南　　宁												
海　　口	1154	894	1154	894								
重　　庆	55311	47735	51024	44151	4287	3584						
成　　都	12468	10395			12468	10395						
贵　　阳	5567	4667	5567	4667								
昆　　明	7704	6378	1280	1280	6424	5098						
西　　安	11380	11980	11380	11980								
兰　　州	2571	2530	2571	2530								
西　　宁	546	568	96	88							450	480
银　　川												
乌鲁木齐	4096	3820	600	600	3496	3220						

3—185 35城市限额以上加盟连锁餐饮业经营餐饮业务餐位数

（按业态分）

单位：个

地区	2005年	2004年	正餐		快餐		咖啡店	
			2005年	2004年	2005年	2004年	2005年	2004年
总计	**264683**	**239083**	**208449**	**197965**	**32384**	**23677**	**23850**	**17441**
北京	29668	24476	19591	16800	6427	5035	3650	2641
天津	1200	1500	1200	1500				
石家庄								
太原	3620	2820	3620	2820				
呼和浩特								
沈阳								
大连								
长春								
哈尔滨	741	1025	741	1025				
上海	5324	4384			5324	4384		
南京	292	289	82	79	210	210		
杭州	24770	16620	320	320	4250	1500	20200	14800
宁波	1100	1100	1100	1100				
合肥	4008	3054	4008	3054				
福州								
厦门	400	200			400	200		
南昌								
济南								
青岛	5440	4800	5440	4800				
郑州								
武汉	3627	2900	3627	2900				
长沙								
广州	7380	5320	7380	5320				
深圳	600	600	600	600				
南宁								
海口								
重庆	155199	149710	151780	146967	3419	2743		
成都	10078	8374			10078	8374		
贵阳								
昆明	10276	11031	8000	9800	2276	1231		
西安								
兰州	960	880	960	880				
西宁								
银川								
乌鲁木齐								

3—186　35城市限额以上连锁餐饮业从业人员

（按业态分）

单位：人

地　　区	2005年	2004年	正　餐		快　餐		茶　馆		咖啡店		其他餐饮	
			2005年	2004年	2005年	2004年	2005年	2004年	2005年	2004年	2005年	2004年
总　　计	**343088**	**305315**	**160652**	**141308**	**174558**	**158002**	**183**	**202**	**7151**	**5262**	**544**	**541**
北　　京	49013	43293	22714	18508	24589	23457	37	66	1673	1262		
天　　津	8812	8355	1170	1263	7218	6656					424	436
石 家 庄												
太　　原	2784	2625	2628	2501	156	124						
呼和浩特	260	240	260	240								
沈　　阳	10720	9135	20	20	10700	9115						
大　　连	2606	2200			2606	2200						
长　　春												
哈 尔 滨	1115	1163	505	553	610	610						
上　　海	31489	28582	9100	6200	21146	21453			1243	929		
南　　京	9872	9115	369	283	9503	8832						
杭　　州	19931	15725	765	739	14946	11849	146	136	4074	3001		
宁　　波	2476	3068	2421	3006	55	62						
合　　肥	3325	2800	2310	2070	1015	730						
福　　州	2140	1690			2140	1690						
厦　　门	5900	5204	3382	2976	2518	2228						
南　　昌	2301	2020	720	600	1581	1420						
济　　南	611	716			611	716						
青　　岛	6374	5340	685	603	5689	4737						
郑　　州												
武　　汉	17879	15741	10245	9868	7634	5873						
长　　沙	4029	3306			4029	3306						
广　　州	32014	30604	24956	24400	6848	6119			161	70	49	15
深　　圳	42266	40046	615	716	41651	39330						
南　　宁												
海　　口	160	138	160	138								
重　　庆	72523	61087	71172	60055	1351	1032						
成　　都	4482	3582			4482	3582						
贵　　阳	1857	1537	1857	1537								
昆　　明	3483	3366	989	1331	2494	2035						
西　　安	1990	2107	1990	2107								
兰　　州	1317	1292	1317	1292								
西　　宁	291	310	220	220							71	90
银　　川												
乌鲁木齐	1068	928	82	82	986	846						

3—187 35城市限额以上直营连锁餐饮业从业人员

（按业态分）

单位：人

地区	2005年	2004年	正餐		快餐		茶馆		咖啡店		其他餐饮	
			2005年	2004年	2005年	2004年	2005年	2004年	2005年	2004年	2005年	2004年
总计	**258768**	**234981**	**88383**	**80388**	**167794**	**152584**	**183**	**202**	**2265**	**1678**	**143**	**129**
北京	40855	37614	16887	14553	23070	22316	37	66	861	679		
天津	8211	7765	1020	1135	7168	6606					23	24
石家庄												
太原	2155	2047	1999	1923	156	124						
呼和浩特	260	240	260	240								
沈阳	10720	9135	20	20	10700	9115						
大连	2606	2200			2606	2200						
长春												
哈尔滨	916	936	306	326	610	610						
上海	29705	26881	9100	6200	19362	19752			1243	929		
南京	9707	8971	299	229	9408	8742						
杭州	15482	12571	730	706	14606	11729	146	136				
宁波	2189	2771	2134	2709	55	62						
合肥	2075	1993	1060	1263	1015	730						
福州	2140	1690			2140	1690						
厦门	5810	5164	3382	2976	2428	2188						
南昌	2301	2020	720	600	1581	1420						
济南	611	716			611	716						
青岛	6240	5238	551	501	5689	4737						
郑州												
武汉	16228	14139	8594	8266	7634	5873						
长沙	4029	3306			4029	3306						
广州	30947	28986	23889	22782	6848	6119			161	70	49	15
深圳	41986	39746	335	416	41651	39330						
南宁												
海口	160	138	160	138								
重庆	12744	11288	11692	10493	1052	795						
成都	2864	2359			2864	2359						
贵阳	1857	1537	1857	1537								
昆明	1564	1258	39	39	1525	1219						
西安	1990	2107	1990	2107								
兰州	1057	927	1057	927								
西宁	291	310	220	220							71	90
银川												
乌鲁木齐	1068	928	82	82	986	846						

3—188　35城市限额以上加盟连锁餐饮业从业人员

（按业态分）

单位:人

地　区	2005年	2004年	正　餐		快　餐		咖啡店		其他餐饮	
			2005年	2004年	2005年	2004年	2005年	2004年	2005年	2004年
总　计	**84320**	**70334**	**72269**	**60920**	**6764**	**5418**	**4886**	**3584**	**401**	**412**
北　京	8158	5679	5827	3955	1519	1141	812	583		
天　津	601	590	150	128	50	50			401	412
石家庄										
太　原	629	578	629	578						
呼和浩特										
沈　阳										
大　连										
长　春										
哈尔滨	199	227	199	227						
上　海	1784	1701			1784	1701				
南　京	165	144	70	54	95	90				
杭　州	4449	3154	35	33	340	120	4074	3001		
宁　波	287	297	287	297						
合　肥	1250	807	1250	807						
福　州										
厦　门	90	40			90	40				
南　昌										
济　南										
青　岛	134	102	134	102						
郑　州										
武　汉	1651	1602	1651	1602						
长　沙										
广　州	1067	1618	1067	1618						
深　圳	280	300	280	300						
南　宁										
海　口										
重　庆	59779	49799	59480	49562	299	237				
成　都	1618	1223			1618	1223				
贵　阳										
昆　明	1919	2108	950	1292	969	816				
西　安										
兰　州	260	365	260	365						
西　宁										
银　川										
乌鲁木齐										

3—189 35城市限额以上连锁餐饮业商品购进总额

（按业态分）

单位:万元

地区	2005年	2004年	正餐		快餐		茶馆		咖啡店		其他餐饮	
			2005年	2004年	2005年	2004年	2005年	2004年	2005年	2004年	2005年	2004年
总计	**1006313**	**923695**	**544447**	**446081**	**449886**	**468374**	**829**	**886**	**10797**	**8019**	**353**	**336**
北京	211252	192652	103596	94161	105123	96022	688	738	1845	1731		
天津	687	645	687	645								
石家庄												
太原	10642	9223	3439	3648	7203	5575						
呼和浩特	400	300	400	300								
沈阳	11761	12704			11761	12704						
大连	1400	1234			1400	1234						
长春												
哈尔滨	95	81	95	81								
上海	5838	61496			5838	61496						
南京	36102	35436	1885	1988	34218	33449						
杭州	81609	72887	4261	4786	69934	62624	141	148	7272	5328		
宁波	17785	19685	17480	19071	304	614						
合肥	12797	13184	8943	9579	3854	3605						
福州	14087	12386			14087	12386						
厦门	8251	8086	645	516	7606	7570						
南昌	6083	5871	2772	3271	3311	2600						
济南	3177	4246			3177	4246						
青岛	29835	27379	5596	4628	24238	22751						
郑州												
武汉												
长沙	14148	12890			14148	12890						
广州	165607	149201	121386	104870	42347	43207			1680	960	194	164
深圳	68921	55810	2743	2789	66178	53021						
南宁												
海口	1884	1620	1884	1620								
重庆	258531	184509	251920	178430	6612	6079						
成都	18381	18041			18381	18041						
贵阳	8356	7290	8356	7290								
昆明	8745	6655			8745	6655						
西安	3075	3604	3075	3604								
兰州	4271	3644	4271	3644								
西宁	1174	1336	1015	1164							159	172
银川												
乌鲁木齐	1421	1606			1421	1606						

3—190 35城市限额以上直营连锁餐饮业商品购进总额

（按业态分）

单位：万元

地区	2005年	2004年	正餐		快餐		茶馆		咖啡店		其他餐饮	
			2005年	2004年	2005年	2004年	2005年	2004年	2005年	2004年	2005年	2004年
总计	**714606**	**708507**	**272942**	**245964**	**437032**	**458634**	**829**	**886**	**3449**	**2688**	**353**	**336**
北京	186240	169377	82968	74270	100815	92641	688	738	1769	1728		
天津	687	645	687	645								
石家庄												
太原	9079	7950	1876	2375	7203	5575						
呼和浩特	400	300	400	300								
沈阳	11761	12704			11761	12704						
大连	1400	1234			1400	1234						
长春												
哈尔滨	95	81	95	81								
上海	5838	61496			5838	61496						
南京	35308	34669	1349	1466	33959	33204						
杭州	73281	67051	4134	4693	69006	62209	141	148				
宁波	15217	17241	14912	16627	304	614						
合肥	7476	10036	3622	6431	3854	3605						
福州	14087	12386			14087	12386						
厦门	8251	8086	645	516	7606	7570						
南昌	6083	5871	2772	3271	3311	2600						
济南	3177	4246			3177	4246						
青岛	28363	26355	4124	3604	24238	22751						
郑州												
武汉												
长沙	14148	12890			14148	12890						
广州	146009	131687	101788	87356	42347	43207			1680	960	194	164
深圳	68046	55090	1868	2069	66178	53021						
南宁												
海口	1884	1620	1884	1620								
重庆	37962	29982	33610	25403	4352	4579						
成都	16038	16001			16038	16001						
贵阳	8356	7290	8356	7290								
昆明	5989	4496			5989	4496						
西安	3075	3604	3075	3604								
兰州	3763	3182	3763	3182								
西宁	1174	1336	1015	1164							159	172
银川												
乌鲁木齐	1421	1606			1421	1606						

3—191　35城市限额以上加盟连锁餐饮业商品购进总额

（按业态分）

单位:万元

地　区	2005年	2004年	正　餐		快　餐		咖啡店	
			2005年	2004年	2005年	2004年	2005年	2004年
总　计	**291707**	**215188**	**271505**	**200117**	**12854**	**9740**	**7348**	**5331**
北　京	25012	23275	20628	19891	4308	3381	76	3
天　津								
石家庄								
太　原	1563	1273	1563	1273				
呼和浩特								
沈　阳								
大　连								
长　春								
哈尔滨								
上　海								
南　京	794	767	536	522	259	245		
杭　州	8328	5836	127	93	928	415	7272	5328
宁　波	2568	2444	2568	2444				
合　肥	5321	3148	5321	3148				
福　州								
厦　门								
南　昌								
济　南								
青　岛	1472	1024	1472	1024				
郑　州								
武　汉								
长　沙								
广　州	19598	17514	19598	17514				
深　圳	875	720	875	720				
南　宁								
海　口								
重　庆	220569	154527	218310	153027	2260	1500		
成　都	2343	2040			2343	2040		
贵　阳								
昆　明	2756	2159			2756	2159		
西　安								
兰　州	508	462	508	462				
西　宁								
银　川								
乌鲁木齐								

3—192 35城市限额以上连锁餐饮业统一配送商品购进额

（按业态分）

单位：万元

地区	2005年	2004年	正餐		快餐		茶馆		咖啡店		其他餐饮	
			2005年	2004年	2005年	2004年	2005年	2004年	2005年	2004年	2005年	2004年
总计	**681823**	**658256**	**254708**	**210500**	**422250**	**444013**	**141**	**148**	**4371**	**3259**	**353**	**336**
北京	120806	111718	20638	19820	98323	90168			1845	1731		
天津	687	412	687	412								
石家庄												
太原	7203	5575			7203	5575						
呼和浩特												
沈阳	11761	12704			11761	12704						
大连	1400	1234			1400	1234						
长春												
哈尔滨	95	81	95	81								
上海	5838	61496			5838	61496						
南京	33014	32733	864	910	32150	31823						
杭州	75183	68127	4261	4786	69934	62624	141	148	846	568		
宁波												
合肥	7644	8862	3790	5257	3854	3605						
福州	14087	12386			14087	12386						
厦门	7826	7723	245	183	7581	7540						
南昌	2974	2341			2974	2341						
济南	3177	4246			3177	4246						
青岛	29192	26258	4953	3507	24238	22751						
郑州												
武汉												
长沙	10	10			10	10						
广州	91351	79249	47437	35397	42040	42728			1680	960	194	164
深圳	68098	54757	1982	1817	66116	52940						
南宁												
海口												
重庆	169345	137385	164453	132531	4892	4854						
成都	18381	18041			18381	18041						
贵阳												
昆明	7549	5944			7549	5944						
西安	3075	3604	3075	3604								
兰州	1213	1033	1213	1033								
西宁	1174	1336	1015	1164							159	172
银川												
乌鲁木齐	743	1005			743	1005						

3—193 35城市限额以上直营连锁餐饮业统一配送商品购进额

（按业态分）

单位：万元

地区	2005年	2004年	正餐		快餐		茶馆		咖啡店		其他餐饮	
			2005年	2004年	2005年	2004年	2005年	2004年	2005年	2004年	2005年	2004年
总计	**506683**	**517742**	**91979**	**79484**	**410762**	**435087**	**141**	**148**	**3449**	**2688**	**353**	**336**
北京	116530	108355	20638	19820	94123	86808			1769	1728		
天津	687	412	687	412								
石家庄												
太原	7203	5575			7203	5575						
呼和浩特												
沈阳	11761	12704			11761	12704						
大连	1400	1234			1400	1234						
长春												
哈尔滨	95	81	95	81								
上海	5838	61496			5838	61496						
南京	32831	32558	810	858	32021	31700						
杭州	73281	67051	4134	4693	69006	62209	141	148				
宁波												
合肥	5531	6641	1677	3036	3854	3605						
福州	14087	12386			14087	12386						
厦门	7826	7723	245	183	7581	7540						
南昌	2974	2341			2974	2341						
济南	3177	4246			3177	4246						
青岛	27720	25234	3481	2483	24238	22751						
郑州												
武汉												
长沙	10	10			10	10						
广州	88397	76863	44483	33011	42040	42728			1680	960	194	164
深圳	67223	54037	1107	1097	66116	52940						
南宁												
海口												
重庆	13003	12118	9445	8127	3558	3991						
成都	16038	16001			16038	16001						
贵阳												
昆明	4995	3818			4995	3818						
西安	3075	3604	3075	3604								
兰州	1086	917	1086	917								
西宁	1174	1336	1015	1164								159	172
银川												
乌鲁木齐	743	1005			743	1005						

3—194 35城市限额以上加盟连锁餐饮业统一配送商品购进额

（按业态分）

单位:万元

地 区	2005年	2004年	正 餐		快 餐		咖啡店	
			2005年	2004年	2005年	2004年	2005年	2004年
总 计	**175139**	**140513**	**162729**	**131016**	**11488**	**8926**	**922**	**571**
北 京	4276	3363			4200	3360	76	3
天 津								
石家庄								
太 原								
呼和浩特								
沈 阳								
大 连								
长 春								
哈尔滨								
上 海								
南 京	183	175	54	52	129	123		
杭 州	1902	1076	127	93	928	415	846	568
宁 波								
合 肥	2113	2221	2113	2221				
福 州								
厦 门								
南 昌								
济 南								
青 岛	1472	1024	1472	1024				
郑 州								
武 汉								
长 沙								
广 州	2954	2386	2954	2386				
深 圳	875	720	875	720				
南 宁								
海 口								
重 庆	156342	125267	155008	124404	1334	863		
成 都	2343	2040			2343	2040		
贵 阳								
昆 明	2554	2126			2554	2126		
西 安								
兰 州	127	116	127	116				
西 宁								
银 川								
乌鲁木齐								

3—195 35城市限额以上连锁餐饮业自有配送中心配送商品购进额

（按业态分）

单位:万元

地区	2005年	2004年	正餐		快餐		茶馆		咖啡店		其他餐饮	
			2005年	2004年	2005年	2004年	2005年	2004年	2005年	2004年	2005年	2004年
总计	**490695**	**469200**	**154862**	**105716**	**333007**	**361636**	**141**	**148**	**2526**	**1528**	**159**	**172**
北京	75093	70932	13845	12705	61248	58227						
天津	370	397	370	397								
石家庄												
太原	7203	5575			7203	5575						
呼和浩特												
沈阳	11761	12704			11761	12704						
大连	1200	1084			1200	1084						
长春												
哈尔滨	95	81	95	81								
上海	5838	61496			5838	61496						
南京	21336	21488	764	850	20572	20638						
杭州	71921	64586	999	1246	69934	62624	141	148	846	568		
宁波												
合肥	6247	6073	2393	2468	3854	3605						
福州	8400	7000			8400	7000						
厦门	403	399			403	399						
南昌	2974	2341			2974	2341						
济南	3177	4246			3177	4246						
青岛	29192	26258	4953	3507	24238	22751						
郑州												
武汉												
长沙	10	10			10	10						
广州	90565	78601	46845	34913	42040	42728			1680	960		
深圳	48385	35452	1982	1817	46403	33635						
南宁												
海口												
重庆	82761	47521	77870	42668	4892	4854						
成都	10569	10772			10569	10772						
贵阳												
昆明	7549	5944			7549	5944						
西安	2518	2869	2518	2869								
兰州	1213	1033	1213	1033								
西宁	1174	1336	1015	1164							159	172
银川												
乌鲁木齐	743	1005			743	1005						

3—196　35 城市限额以上直营连锁餐饮业自有配送中心配送商品购进额

（按业态分）

单位：万元

地　区	2005 年	2004 年	正　餐		快　餐		茶　馆		咖啡店		其他餐饮	
			2005 年	2004 年	2005 年	2004 年	2005 年	2004 年	2005 年	2004 年	2005 年	2004 年
总　计	**402477**	**417881**	**77278**	**62396**	**323219**	**354204**	**141**	**148**	**1680**	**960**	**159**	**172**
北　京	70893	67572	13845	12705	57048	54867						
天　津	370	397	370	397								
石家庄												
太　原	7203	5575			7203	5575						
呼和浩特												
沈　阳	11761	12704			11761	12704						
大　连	1200	1084			1200	1084						
长　春												
哈尔滨	95	81	95	81								
上　海	5838	61496			5838	61496						
南　京	21153	21313	710	798	20443	20515						
杭　州	70146	63603	999	1246	69006	62209	141	148				
宁　波												
合　肥	5439	5118	1585	1513	3854	3605						
福　州	8400	7000			8400	7000						
厦　门	403	399			403	399						
南　昌	2974	2341			2974	2341						
济　南	3177	4246			3177	4246						
青　岛	27720	25234	3481	2483	24238	22751						
郑　州												
武　汉												
长　沙	10	10			10	10						
广　州	87611	76215	43891	32527	42040	42728			1680	960		
深　圳	47510	34732	1107	1097	46403	33635						
南　宁												
海　口												
重　庆	10132	8592	6575	4601	3558	3991						
成　都	9926	10227			9926	10227						
贵　阳												
昆　明	4995	3818			4995	3818						
西　安	2518	2869	2518	2869								
兰　州	1086	917	1086	917								
西　宁	1174	1336	1015	1164							159	172
银　川												
乌鲁木齐	743	1005			743	1005						

3—197 35城市限额以上加盟连锁餐饮业自有配送中心配送商品购进额

（按业态分）

单位：个

地 区	2005年	2004年	正 餐		快 餐		咖啡店	
			2005年	2004年	2005年	2004年	2005年	2004年
总 计	**88218**	**51319**	**77584**	**43320**	**9788**	**7431**	**846**	**568**
北 京	4200	3360			4200	3360		
天 津								
石 家 庄								
太 原								
呼和浩特								
沈 阳								
大 连								
长 春								
哈 尔 滨								
上 海								
南 京	183	175	54	52	129	123		
杭 州	1775	983			928	415	846	568
宁 波								
合 肥	808	955	808	955				
福 州								
厦 门								
南 昌								
济 南								
青 岛	1472	1024	1472	1024				
郑 州								
武 汉								
长 沙								
广 州	2954	2386	2954	2386				
深 圳	875	720	875	720				
南 宁								
海 口								
重 庆	72629	38929	71295	38067	1334	863		
成 都	643	545			643	545		
贵 阳								
昆 明	2554	2126			2554	2126		
西 安								
兰 州	127	116	127	116				
西 宁								
银 川								
乌鲁木齐								

3—198 35城市限额以上连锁餐饮业非自有配送中心配送商品购进额

（按业态分）

单位:万元

地区	2005年	2004年	正餐		快餐		咖啡店		其他餐饮	
			2005年	2004年	2005年	2004年	2005年	2004年	2005年	2004年
总计	**191128**	**189056**	**99846**	**104784**	**89243**	**82377**	**1845**	**1731**	**194**	**164**
北京	45713	40786	6793	7115	37075	31941	1845	1731		
天津	317	15	317	15						
石家庄										
太原										
呼和浩特										
沈阳										
大连	200	150			200	150				
长春										
哈尔滨										
上海										
南京	11678	11245	100	60	11578	11185				
杭州	3262	3541	3262	3541						
宁波										
合肥	1397	2788	1397	2788						
福州	5687	5386			5687	5386				
厦门	7424	7325	245	183	7178	7142				
南昌										
济南										
青岛										
郑州										
武汉										
长沙										
广州	786	648	592	484					194	164
深圳	19713	19305			19713	19305				
南宁										
海口										
重庆	86583	89863	86583	89863						
成都	7812	7269			7812	7269				
贵阳										
昆明										
西安	557	735	557	735						
兰州										
西宁										
银川										
乌鲁木齐										

3—199 35城市限额以上直营连锁餐饮业非自有配送中心配送商品购进额

（按业态分）

单位：万元

地区	2005年	2004年	正餐		快餐		咖啡店		其他餐饮	
			2005年	2004年	2005年	2004年	2005年	2004年	2005年	2004年
总计	**104207**	**99862**	**14701**	**17088**	**87543**	**80882**	**1769**	**1728**	**194**	**164**
北京	45637	40783	6793	7115	37075	31941	1769	1728		
天津	317	15	317	15						
石家庄										
太原										
呼和浩特										
沈阳										
大连	200	150			200	150				
长春										
哈尔滨										
上海										
南京	11678	11245	100	60	11578	11185				
杭州	3135	3448	3135	3448						
宁波										
合肥	92	1523	92	1523						
福州	5687	5386			5687	5386				
厦门	7424	7325	245	183	7178	7142				
南昌										
济南										
青岛										
郑州										
武汉										
长沙										
广州	786	648	592	484					194	164
深圳	19713	19305			19713	19305				
南宁										
海口										
重庆	2870	3526	2870	3526						
成都	6112	5774			6112	5774				
贵阳										
昆明										
西安	557	735	557	735						
兰州										
西宁										
银川										
乌鲁木齐										

3—200　35 城市限额以上加盟连锁餐饮业非自有配送中心配送商品购进额

（按业态分）

单位:万元

地　区	2005 年	2004 年	正　餐		快　餐		咖啡店	
			2005 年	2004 年	2005 年	2004 年	2005 年	2004 年
总　计	**86921**	**89194**	**85145**	**87696**	**1700**	**1495**	**76**	**3**
北　京	76	3					76	3
天　津								
石家庄								
太　原								
呼和浩特								
沈　阳								
大　连								
长　春								
哈尔滨								
上　海								
南　京								
杭　州	127	93	127	93				
宁　波								
合　肥	1305	1265	1305	1265				
福　州								
厦　门								
南　昌								
济　南								
青　岛								
郑　州								
武　汉								
长　沙								
广　州								
深　圳								
南　宁								
海　口								
重　庆	83713	86337	83713	86337				
成　都	1700	1495			1700	1495		
贵　阳								
昆　明								
西　安								
兰　州								
西　宁								
银　川								
乌鲁木齐								

3—201 35城市限额以上连锁餐饮业营业收入

（按业态分）

单位：万元

地区	2005年	2004年	正餐		快餐		茶馆		咖啡店		其他餐饮	
			2005年	2004年	2005年	2004年	2005年	2004年	2005年	2004年	2005年	2004年
总计	**3085528**	**2806416**	**1291365**	**1158674**	**1688222**	**1562336**	**2547**	**2530**	**68730**	**51327**	**34665**	**31550**
北京	545758	497942	255578	223879	272906	260292	695	742	16580	13029		
天津	156835	143710	12160	9973	112096	104122					32580	29616
石家庄												
太原	33998	31801	12898	16270	21100	15531						
呼和浩特	500	350	500	350								
沈阳	105898	106470	96	322	105802	106149						
大连	33313	30467			33313	30467						
长春												
哈尔滨	9956	7851	4268	3766	5688	4086						
上海	362644	337365	102141	88576	235119	229390			25383	19398		
南京	97140	93927	2869	2658	94271	91269						
杭州	220901	198902	8487	9058	186322	170297	1852	1788	24240	17760		
宁波	28613	33710	27966	32943	647	767						
合肥	27258	24370	18576	16523	8682	7848						
福州	29461	26194			29461	26194						
厦门	66644	59756	31523	26171	35121	33584						
南昌	20379	20013	3480	4188	16899	15825						
济南	8457	8936			8457	8936						
青岛	66699	61982	4355	5272	62344	56710						
郑州												
武汉	144743	146725	87832	83679	56911	63046						
长沙	40081	40072			40081	40072						
广州	342236	299211	241533	205081	96428	91425			2527	1140	1748	1565
深圳	166855	122889	5739	5723	161116	117166						
南宁												
海口	2756	2444	2756	2444								
重庆	442405	394437	427558	380711	14847	13726						
成都	55910	46035			55910	46035						
贵阳	13565	11896	13565	11896								
昆明	29141	25701	3367	4609	25775	21091						
西安	12322	13704	12322	13704								
兰州	8811	7893	8811	7893								
西宁	2135	2165	1798	1796							337	369
银川												
乌鲁木齐	10115	9499	1189	1189	8926	8309						

3—202　35城市限额以上直营连锁餐饮业营业收入

（按业态分）

单位:万元

地　　区	2005年	2004年	正　餐		快　餐		茶　馆		咖啡店		其他餐饮	
			2005年	2004年	2005年	2004年	2005年	2004年	2005年	2004年	2005年	2004年
总　　计	**2523011**	**2311186**	**825588**	**735990**	**1629246**	**1520183**	**2547**	**2530**	**42636**	**32330**	**22994**	**20154**
北　　京	490824	447174	211969	181688	263435	252952	695	742	14726	11792		
天　　津	143484	130414	11180	8873	111396	103322					20909	18220
石家庄												
太　　原	31066	29616	9966	14085	21100	15531						
呼和浩特	500	350	500	350								
沈　　阳	105898	106470	96	322	105802	106149						
大　　连	33313	30467			33313	30467						
长　　春												
哈尔滨	8339	6144	2651	2059	5688	4086						
上　　海	346191	322513	102141	88576	218666	214538			25383	19398		
南　　京	96178	92997	2377	2218	93801	90779						
杭　　州	192597	178946	7738	8343	183007	168815	1852	1788				
宁　　波	25156	29979	24509	29212	647	767						
合　　肥	17812	19816	9130	11969	8682	7848						
福　　州	29461	26194			29461	26194						
厦　　门	65814	59196	31523	26171	34291	33024						
南　　昌	20379	20013	3480	4188	16899	15825						
济　　南	8457	8936			8457	8936						
青　　岛	66039	61382	3695	4672	62344	56710						
郑　　州												
武　　汉	134805	137521	77894	74475	56911	63046						
长　　沙	40081	40072			40081	40072						
广　　州	319659	279131	218956	185001	96428	91425			2527	1140	1748	1565
深　　圳	164355	121089	3239	3923	161116	117166						
南　　宁												
海　　口	2756	2444	2756	2444								
重　　庆	74985	61628	64283	50789	10702	10839						
成　　都	40167	38651			40167	38651						
贵　　阳	13565	11896	13565	11896								
昆　　明	18827	15871	901	1137	17926	14733						
西　　安	12322	13704	12322	13704								
兰　　州	7731	6910	7731	6910								
西　　宁	2135	2165	1798	1796							337	369
银　　川												
乌鲁木齐	10115	9499	1189	1189	8926	8309						

3—203 35城市限额以上加盟连锁餐饮业营业收入

（按业态分）

单位：万元

地 区	2005年	2004年	正 餐		快 餐		咖啡店		其他餐饮	
			2005年	2004年	2005年	2004年	2005年	2004年	2005年	2004年
总 计	**562517**	**495230**	**465777**	**422684**	**58976**	**42153**	**26094**	**18997**	**11671**	**11396**
北 京	54934	50768	43609	42191	9471	7340	1854	1237		
天 津	13351	13296	980	1100	700	800			11671	11396
石家庄										
太 原	2932	2185	2932	2185						
呼和浩特										
沈 阳										
大 连										
长 春										
哈尔滨	1617	1707	1617	1707						
上 海	16453	14852			16453	14852				
南 京	962	930	492	440	470	490				
杭 州	28304	19956	749	715	3315	1482	24240	17760		
宁 波	3457	3731	3457	3731						
合 肥	9446	4554	9446	4554						
福 州										
厦 门	830	560			830	560				
南 昌										
济 南										
青 岛	660	600	660	600						
郑 州										
武 汉	9938	9204	9938	9204						
长 沙										
广 州	22577	20080	22577	20080						
深 圳	2500	1800	2500	1800						
南 宁										
海 口										
重 庆	367420	332809	363275	329922	4145	2887				
成 都	15743	7384			15743	7384				
贵 阳										
昆 明	10314	9830	2466	3472	7849	6358				
西 安										
兰 州	1080	983	1080	983						
西 宁										
银 川										
乌鲁木齐										

3—204 35城市限额以上连锁餐饮业餐费收入

（按业态分）

单位:万元

地 区	2005年	2004年	正 餐		快 餐		茶 馆		咖啡店		其他餐饮	
			2005年	2004年	2005年	2004年	2005年	2004年	2005年	2004年	2005年	2004年
总 计	**3055049**	**2783309**	**1261979**	**1136595**	**1687478**	**1561566**	**2407**	**2354**	**68730**	**51327**	**34456**	**31466**
北 京	545679	497898	255521	223836	272884	260292	695	742	16580	13029		
天 津	156835	143710	12160	9973	112096	104122					32580	29616
石家庄												
太 原	33960	31747	12860	16216	21100	15531						
呼和浩特	500	350	500	350								
沈 阳	105898	106470	96	322	105802	106149						
大 连	33313	30467			33313	30467						
长 春												
哈尔滨	9956	7851	4268	3766	5688	4086						
上 海	362485	337023	102141	88576	234960	229049			25383	19398		
南 京	97136	93927	2865	2658	94271	91269						
杭 州	220659	198684	8487	9058	186220	170255	1712	1612	24240	17760		
宁 波	28470	33710	27823	32943	647	767						
合 肥	23262	21171	14579	13324	8682	7848						
福 州	29461	26194			29461	26194						
厦 门	66644	59756	31523	26171	35121	33584						
南 昌	19546	19165	2848	3494	16699	15671						
济 南	8457	8936			8457	8936						
青 岛	66259	61324	3916	4615	62344	56710						
郑 州												
武 汉	141935	145228	85024	82182	56911	63046						
长 沙	40081	40072			40081	40072						
广 州	339639	297922	239145	203876	96428	91425			2527	1140	1539	1481
深 圳	166855	122889	5739	5723	161116	117166						
南 宁												
海 口	2756	2444	2756	2444								
重 庆	426455	382512	411608	368786	14847	13726						
成 都	55650	45804			55650	45804						
贵 阳	13424	11734	13424	11734								
昆 明	29141	25701	3367	4609	25775	21091						
西 安	9947	11478	9947	11478								
兰 州	8811	7893	8811	7893								
西 宁	1722	1752	1385	1383							337	369
银 川												
乌鲁木齐	10115	9499	1189	1189	8926	8309						

3—205　35城市限额以上直营连锁餐饮业餐费收入

（按业态分）

单位：万元

地　区	2005年	2004年	正　餐		快　餐		茶　馆		咖啡店		其他餐饮	
			2005年	2004年	2005年	2004年	2005年	2004年	2005年	2004年	2005年	2004年
总　计	**2501491**	**2294321**	**805079**	**720063**	**1628584**	**1519504**	**2407**	**2354**	**42636**	**32330**	**22785**	**20070**
北　京	490745	447130	211912	181645	263413	252952	695	742	14726	11792		
天　津	143484	130414	11180	8873	111396	103322					20909	18220
石家庄												
太　原	31028	29562	9928	14031	21100	15531						
呼和浩特	500	350	500	350								
沈　阳	105898	106470	96	322	105802	106149						
大　连	33313	30467			33313	30467						
长　春												
哈尔滨	8339	6144	2651	2059	5688	4086						
上　海	346032	322171	102141	88576	218507	214197			25383	19398		
南　京	96174	92997	2373	2218	93801	90779						
杭　州	192355	178728	7738	8343	182905	168773	1712	1612				
宁　波	25013	29979	24366	29212	647	767						
合　肥	16118	17368	7435	9521	8682	7848						
福　州	29461	26194			29461	26194						
厦　门	65814	59196	31523	26171	34291	33024						
南　昌	19546	19165	2848	3494	16699	15671						
济　南	8457	8936			8457	8936						
青　岛	65599	60724	3256	4015	62344	56710						
郑　州												
武　汉	131997	136024	75086	72978	56911	63046						
长　沙	40081	40072			40081	40072						
广　州	317062	277842	216568	183796	96428	91425			2527	1140	1539	1481
深　圳	164355	121089	3239	3923	161116	117166						
南　宁												
海　口	2756	2444	2756	2444								
重　庆	65610	55103	54908	44264	10702	10839						
成　都	39989	38510			39989	38510						
贵　阳	13424	11734	13424	11734								
昆　明	18827	15871	901	1137	17926	14733						
西　安	9947	11478	9947	11478								
兰　州	7731	6910	7731	6910								
西　宁	1722	1752	1385	1383							337	369
银　川												
乌鲁木齐	10115	9499	1189	1189	8926	8309						

3—206　35城市限额以上加盟连锁餐饮业餐费收入

（按业态分）

单位:万元

地　区	2005年	2004年	正　餐		快　餐		咖啡店		其他餐饮	
			2005年	2004年	2005年	2004年	2005年	2004年	2005年	2004年
总　计	**553558**	**488988**	**456900**	**416532**	**58894**	**42062**	**26094**	**18997**	**11671**	**11396**
北　京	54934	50768	43609	42191	9471	7340	1854	1237		
天　津	13351	13296	980	1100	700	800			11671	11396
石家庄										
太　原	2932	2185	2932	2185						
呼和浩特										
沈　阳										
大　连										
长　春										
哈尔滨	1617	1707	1617	1707						
上　海	16453	14852			16453	14852				
南　京	962	930	492	440	470	490				
杭　州	28304	19956	749	715	3315	1482	24240	17760		
宁　波	3457	3731	3457	3731						
合　肥	7144	3803	7144	3803						
福　州										
厦　门	830	560			830	560				
南　昌										
济　南										
青　岛	660	600	660	600						
郑　州										
武　汉	9938	9204	9938	9204						
长　沙										
广　州	22577	20080	22577	20080						
深　圳	2500	1800	2500	1800						
南　宁										
海　口										
重　庆	360845	327409	356700	324522	4145	2887				
成　都	15661	7294			15661	7294				
贵　阳										
昆　明	10314	9830	2466	3472	7849	6358				
西　安										
兰　州	1080	983	1080	983						
西　宁										
银　川										
乌鲁木齐										

3—207　35城市限额以上连锁餐饮业商品销售额

（按业态分）

单位：万元

地　区	2005年	2004年	正　餐		快　餐		茶　馆		其他餐饮	
			2005年	2004年	2005年	2004年	2005年	2004年	2005年	2004年
总　计	**23953**	**19173**	**23245**	**18418**	**359**	**496**	**140**	**176**	**209**	**84**
北　京										
天　津										
石家庄										
太　原										
呼和浩特										
沈　阳										
大　连										
长　春										
哈尔滨										
上　海	159	342			159	342				
南　京										
杭　州	140	176					140	176		
宁　波										
合　肥	3485	2720	3485	2720						
福　州										
厦　门										
南　昌	833	848	632	694	200	154				
济　南										
青　岛	440	657	440	657						
郑　州										
武　汉	914	974	914	974						
长　沙										
广　州	1927	911	1718	827					209	84
深　圳										
南　宁										
海　口										
重　庆	13398	10017	13398	10017						
成　都										
贵　阳	141	163	141	163						
昆　明										
西　安	2103	1953	2103	1953						
兰　州										
西　宁	414	413	414	413						
银　川										
乌鲁木齐										

3—208　35 城市限额以上直营连锁餐饮业商品销售额

（按业态分）

单位：万元

地　区	2005 年	2004 年	正　餐		快　餐		茶　馆		其他餐饮	
			2005 年	2004 年	2005 年	2004 年	2005 年	2004 年	2005 年	2004 年
总　计	**16640**	**14365**	**15932**	**13610**	**359**	**496**	**140**	**176**	**209**	**84**
北　京										
天　津										
石家庄										
太　原										
呼和浩特										
沈　阳										
大　连										
长　春										
哈尔滨										
上　海	159	342			159	342				
南　京										
杭　州	140	176					140	176		
宁　波										
合　肥	1695	2448	1695	2448						
福　州										
厦　门										
南　昌	833	848	632	694	200	154				
济　南										
青　岛	440	657	440	657						
郑　州										
武　汉	914	974	914	974						
长　沙										
广　州	1927	911	1718	827					209	84
深　圳										
南　宁										
海　口										
重　庆	7875	5481	7875	5481						
成　都										
贵　阳	141	163	141	163						
昆　明										
西　安	2103	1953	2103	1953						
兰　州										
西　宁	414	413	414	413						
银　川										
乌鲁木齐										

3—209　35城市限额以上加盟连锁餐饮业商品销售额

（按业态分）

单位:万元

地　区	2005年	2004年	正　餐	
			2005年	2004年
总　计	**7313**	**4808**	**7313**	**4808**
#合　肥	1790	272	1790	272
重　庆	5523	4536	5523	4536

3—210　35城市限额以上连锁餐饮业商品零售额

（按业态分）

单位:万元

地　区	2005年	2004年	正　餐		快　餐	
			2005年	2004年	2005年	2004年
总　计	**17829**	**14612**	**17629**	**14458**	**200**	**154**
#南　昌	833	848	632	694	200	154
青　岛	440	657	440	657		
武　汉	914	974	914	974		
重　庆	13398	10017	13398	10017		
贵　阳	141	163	141	163		
西　安	2103	1953	2103	1953		

3—211　35城市限额以上直营连锁餐饮业商品零售额

（按业态分）

单位:万元

地　区	2005年	2004年	正　餐		快　餐	
			2005年	2004年	2005年	2004年
总　计	**12306**	**10076**	**12106**	**9922**	**200**	**154**
#南　昌	833	848	632	694	200	154
青　岛	440	657	440	657		
武　汉	914	974	914	974		
重　庆	7875	5481	7875	5481		
贵　阳	141	163	141	163		
西　安	2103	1953	2103	1953		

3—212　35城市限额以上加盟连锁餐饮业商品零售额

（按业态分）

单位:万元

地　区	2005年	2004年	正　餐	
			2005年	2004年
总　计	**5523**	**4536**	**5523**	**4536**
#重　庆	5523	4536	5523	4536

3—213 三大地带限额以上连锁餐饮业门店数

（按业态分）

单位：个

地区	2005年	2004年	正餐		快餐		茶馆		咖啡店		其他餐饮	
			2005年	2004年	2005年	2004年	2005年	2004年	2005年	2004年	2005年	2004年
全国	**8514**	**7578**	**3208**	**2906**	**4178**	**3719**	**200**	**192**	**293**	**222**	**635**	**539**
三大地带	**5300**	**4711**	**835**	**726**	**3374**	**3068**	**200**	**192**	**293**	**222**	**598**	**503**
环渤海	**2201**	**1948**	**358**	**313**	**1181**	**1059**	**6**	**7**	**107**	**88**	**549**	**481**
北京	1098	990	310	267	675	628	6	7	107	88		
天津	764	679	20	20	195	178					549	481
唐山												
沈阳	160	128	1	1	159	127						
大连	49	40			49	40						
济南	10	9			10	9						
青岛	120	102	27	25	93	77						
长三角	**2193**	**1972**	**150**	**130**	**1817**	**1688**	**6**	**6**	**176**	**129**	**44**	**19**
上海	603	526	106	84	422	387			75	55		
南京	165	140	12	12	153	128						
苏州	477	451	2	2	475	449						
无锡	43	34			43	34						
常州	433	481			433	481						
镇江												
南通												
扬州												
泰州												
杭州	407	299	19	19	281	200	6	6	101	74		
宁波	13	15	11	13	2	2						
嘉兴	44	19									44	19
湖州	8	7			8	7						
绍兴												
舟山												
台州												
珠三角	**906**	**791**	**327**	**283**	**376**	**321**	**188**	**179**	**10**	**5**	**5**	**3**
广州	441	373	306	260	120	105			10	5	5	3
深圳	241	216	17	19	224	197						
珠海	4	4	4	4								
佛山												
江门												
东莞	218	196			30	17	188	179				
中山												
惠州												
肇庆	2	2			2	2						

3－214 三大地带限额以上直营连锁餐饮业门店数

（按业态分）

单位：个

地区	2005年	2004年	正餐		快餐		茶馆		咖啡店		其他餐饮	
			2005年	2004年	2005年	2004年	2005年	2004年	2005年	2004年	2005年	2004年
全国	**5518**	**4952**	**1193**	**1069**	**3904**	**3511**	**200**	**192**	**146**	**115**	**75**	**65**
三大地带	**4346**	**3932**	**704**	**614**	**3237**	**2963**	**200**	**192**	**146**	**115**	**59**	**48**
环渤海	**1519**	**1360**	**286**	**248**	**1137**	**1024**	**6**	**7**	**61**	**55**	**29**	**26**
北京	948	869	249	213	632	594	6	7	61	55		
天津	239	218	16	15	194	177					29	26
唐山												
沈阳	160	128	1	1	159	127						
大连	49	40			49	40						
济南	10	9			10	9						
青岛	113	96	20	19	93	77						
长三角	**1974**	**1822**	**144**	**124**	**1724**	**1618**	**6**	**6**	**75**	**55**	**25**	**19**
上海	573	493	106	84	392	354			75	55		
南京	159	134	9	9	150	125						
苏州	462	441	2	2	460	439						
无锡	42	34			42	34						
常州	407	463			407	463						
镇江												
南通												
扬州												
泰州												
杭州	288	218	18	18	264	194	6	6				
宁波	11	13	9	11	2	2						
嘉兴	25	19									25	19
湖州	7	7			7	7						
绍兴												
舟山												
台州												
珠三角	**853**	**750**	**274**	**242**	**376**	**321**	**188**	**179**	**10**	**5**	**5**	**3**
广州	399	343	264	230	120	105			10	5	5	3
深圳	231	206	7	9	224	197						
珠海	3	3	3	3								
佛山												
江门												
东莞	218	196			30	17	188	179				
中山												
惠州												
肇庆	2	2			2	2						

3—215　三大地带限额以上加盟连锁餐饮业门店数

（按业态分）

单位：个

地　区	2005年	2004年	正　餐		快　餐		咖啡店		其他餐饮	
			2005年	2004年	2005年	2004年	2005年	2004年	2005年	2004年
全　国	**2996**	**2626**	**2015**	**1837**	**274**	**208**	**147**	**107**	**560**	**474**
三大地带	**954**	**779**	**131**	**112**	**137**	**105**	**147**	**107**	**539**	**455**
环渤海	**682**	**588**	**72**	**65**	**44**	**35**	**46**	**33**	**520**	**455**
北　京	150	121	61	54	43	34	46	33		
天　津	525	461	4	5	1	1			520	455
唐　山										
沈　阳										
大　连										
济　南										
青　岛	7	6	7	6						
长三角	**219**	**150**	**6**	**6**	**93**	**70**	**101**	**74**	**19**	
上　海	30	33			30	33				
南　京	6	6	3	3	3	3				
苏　州	15	10			15	10				
无　锡	1				1					
常　州	26	18			26	18				
镇　江										
南　通										
扬　州										
泰　州										
杭　州	119	81	1	1	17	6	101	74		
宁　波	2	2	2	2						
嘉　兴	19								19	
湖　州	1				1					
绍　兴										
舟　山										
台　州										
珠三角	**53**	**41**	**53**	**41**						
广　州	42	30	42	30						
深　圳	10	10	10	10						
珠　海	1	1	1	1						
佛　山										
江　门										
东　莞										
中　山										
惠　州										
肇　庆										

3—216 三大地带限额以上连锁餐饮业营业面积

（按业态分）

单位:平方米

地区	2005年	2004年	正餐		快餐		茶馆		咖啡店		其他餐饮	
			2005年	2004年	2005年	2004年	2005年	2004年	2005年	2004年	2005年	2004年
全国	**3907689**	**3526227**	**2572139**	**2382652**	**1188229**	**1032457**	**11061**	**11036**	**97728**	**73754**	**38532**	**26328**
三大地带	**1864888**	**1644356**	**795996**	**722644**	**936049**	**822138**	**11061**	**11036**	**97728**	**73754**	**24054**	**14784**
环渤海	**780280**	**679008**	**365416**	**302332**	**376320**	**347950**	**1330**	**1530**	**24595**	**19913**	**12619**	**7283**
北京	517781	450599	312748	256012	179108	173144	1330	1530	24595	19913		
天津	117549	100022	30068	25720	74862	67019					12619	7283
唐山												
沈阳	60790	55370	900	900	59890	54470						
大连	19109	15438			19109	15438						
济南	4521	4121			4521	4121						
青岛	60530	53458	21700	19700	38830	33758						
长三角	**651139**	**566835**	**152460**	**152070**	**413920**	**352138**	**2581**	**2581**	**71665**	**53046**	**10513**	**7000**
上海	247390	221555	81700	75100	154625	137919			11065	8536		
南京	64167	52869	7420	4480	56747	48389						
苏州	30678	24072	2000	2000	28678	22072						
无锡	19090	14238			19090	14238						
常州	43494	41355			43494	41355						
镇江												
南通												
扬州												
泰州												
杭州	187732	147571	15520	14470	109031	86010	2581	2581	60600	44510		
宁波	46775	56975	45820	56020	955	955						
嘉兴	10513	7000									10513	7000
湖州	1300	1200			1300	1200						
绍兴												
舟山												
台州												
珠三角	**433469**	**398513**	**278120**	**268242**	**145809**	**122050**	**7150**	**6925**	**1468**	**795**	**922**	**501**
广州	312635	293472	260710	250324	49535	41852			1468	795	922	501
深圳	92024	82221	7800	8308	84224	73913						
珠海	9610	9610	9610	9610								
佛山												
江门												
东莞	18350	12360			11200	5435	7150	6925				
中山												
惠州												
肇庆	850	850			850	850						

3—217 三大地带限额以上直营连锁餐饮业营业面积

（按业态分）

单位:平方米

地区	2005年	2004年	正餐		快餐		茶馆		咖啡店		其他餐饮	
			2005年	2004年	2005年	2004年	2005年	2004年	2005年	2004年	2005年	2004年
全国	**2475224**	**2260799**	**1316289**	**1247266**	**1103000**	**968606**	**11061**	**11036**	**23558**	**18679**	**21316**	**15212**
三大地带	**1566836**	**1414926**	**627985**	**588250**	**887594**	**786493**	**11061**	**11036**	**23558**	**18679**	**16638**	**10468**
环渤海	**612591**	**546630**	**235484**	**198634**	**357899**	**334151**	**1330**	**1530**	**11025**	**9348**	**6853**	**2967**
北京	364733	331732	191296	161114	161082	159740	1330	1530	11025	9348		
天津	107388	90311	26068	20720	74467	66624					6853	2967
唐山												
沈阳	60790	55370	900	900	59890	54470						
大连	19109	15438			19109	15438						
济南	4521	4121			4521	4121						
青岛	56050	49658	17220	15900	38830	33758						
长三角	**553725**	**495369**	**147330**	**146960**	**383886**	**330292**	**2581**	**2581**	**11065**	**8536**	**8863**	**7000**
上海	227841	205659	81700	75100	135076	122023			11065	8536		
南京	63067	51789	7020	4100	56047	47689						
苏州	28884	23022	2000	2000	26884	21022						
无锡	18879	14238			18879	14238						
常州	39694	38355			39694	38355						
镇江												
南通												
扬州												
泰州												
杭州	122802	101411	15070	14020	105151	84810	2581	2581				
宁波	42495	52695	41540	51740	955	955						
嘉兴	8863	7000									8863	7000
湖州	1200	1200			1200	1200						
绍兴												
舟山												
台州												
珠三角	**400520**	**372927**	**245171**	**242656**	**145809**	**122050**	**7150**	**6925**	**1468**	**795**	**922**	**501**
广州	283936	272136	232011	228988	49535	41852			1468	795	922	501
深圳	90024	80221	5800	6308	84224	73913						
珠海	7360	7360	7360	7360								
佛山												
江门												
东莞	18350	12360			11200	5435	7150	6925				
中山												
惠州												
肇庆	850	850			850	850						

3—218 三大地带限额以上加盟连锁餐饮业营业面积

（按业态分）

单位:平方米

地区	2005年	2004年	正餐		快餐		咖啡店		其他餐饮	
			2005年	2004年	2005年	2004年	2005年	2004年	2005年	2004年
全国	**1432465**	**1265428**	**1255850**	**1135386**	**85229**	**63851**	**74170**	**55075**	**17216**	**11116**
三大地带	**298052**	**229430**	**168011**	**134394**	**48455**	**35645**	**74170**	**55075**	**7416**	**4316**
环渤海	**167689**	**132378**	**129932**	**103698**	**18421**	**13799**	**13570**	**10565**	**5766**	**4316**
北京	153048	118867	121452	94898	18026	13404	13570	10565		
天津	10161	9711	4000	5000	395	395			5766	4316
唐山										
沈阳										
大连										
济南										
青岛	4480	3800	4480	3800						
长三角	**97414**	**71466**	**5130**	**5110**	**30034**	**21846**	**60600**	**44510**	**1650**	
上海	19549	15896			19549	15896				
南京	1100	1080	400	380	700	700				
苏州	1794	1050			1794	1050				
无锡	211				211					
常州	3800	3000			3800	3000				
镇江										
南通										
扬州										
泰州										
杭州	64930	46160	450	450	3880	1200	60600	44510		
宁波	4280	4280	4280	4280						
嘉兴	1650								1650	
湖州	100				100					
绍兴										
舟山										
台州										
珠三角	**32949**	**25586**	**32949**	**25586**						
广州	28699	21336	28699	21336						
深圳	2000	2000	2000	2000						
珠海	2250	2250	2250	2250						
佛山										
江门										
东莞										
中山										
惠州										
肇庆										

3—219 三大地带限额以上连锁餐饮业经营餐饮业务餐位数

（按业态分）

单位：个

地区	2005年	2004年	正餐		快餐		茶馆		咖啡店		其他餐饮	
			2005年	2004年	2005年	2004年	2005年	2004年	2005年	2004年	2005年	2004年
全国	**2004869**	**1800985**	**1519331**	**1388519**	**449122**	**384655**	**3760**	**3298**	**31837**	**23762**	**819**	**751**
三大地带	**579784**	**500476**	**192700**	**171296**	**351248**	**301969**	**3760**	**3298**	**31837**	**23762**	**239**	**151**
环渤海	**238250**	**211812**	**98361**	**86714**	**132102**	**118736**	**300**	**350**	**7487**	**6012**		
北京	153204	137362	73176	64039	72241	66961	300	350	7487	6012		
天津	25832	22863	6365	5855	19467	17008						
唐山												
沈阳	17135	14410	10	10	17125	14400						
大连	7839	6731			7839	6731						
济南	1635	1465			1635	1465						
青岛	32605	28981	18810	16810	13795	12171						
长三角	**210870**	**177330**	**28642**	**26722**	**157262**	**132042**	**1016**	**1016**	**23950**	**17550**		
上海	76493	65909	15730	13750	57013	49409			3750	2750		
南京	23573	20701	1980	1390	21593	19311						
苏州	9894	7896	568	568	9326	7328						
无锡	6881	5546			6881	5546						
常州	17426	15903			17426	15903						
镇江												
南通												
扬州												
泰州												
杭州	69323	53615	4384	4534	43723	33265	1016	1016	20200	14800		
宁波	6440	6940	5980	6480	460	460						
嘉兴												
湖州	840	820			840	820						
绍兴												
舟山												
台州												
珠三角	**130664**	**111334**	**65697**	**57860**	**61884**	**51191**	**2444**	**1932**	**400**	**200**	**239**	**151**
广州	84200	73248	61162	53165	22399	19732			400	200	239	151
深圳	35360	29744	1235	1395	34125	28349						
珠海	3300	3300	3300	3300								
佛山												
江门												
东莞	7244	4482			4800	2550	2444	1932				
中山												
惠州												
肇庆	560	560			560	560						

3—220 三大地带限额以上直营连锁餐饮业经营餐饮业务餐位数

（按业态分）

单位：个

地　　区	2005 年	2004 年	正　餐		快　餐		茶　馆		咖啡店		其他餐饮	
			2005 年	2004 年	2005 年	2004 年	2005 年	2004 年	2005 年	2004 年	2005 年	2004 年
全　　国	**882972**	**796804**	**456547**	**427339**	**413949**	**359179**	**3760**	**3298**	**7987**	**6321**	**729**	**667**
三大地带	**500521**	**438888**	**156287**	**140077**	**332248**	**289041**	**3760**	**3298**	**7987**	**6321**	**239**	**151**
环 渤 海	**201942**	**181036**	**72130**	**63614**	**125675**	**113701**	**300**	**350**	**3837**	**3371**		
北　　京	123536	112886	53585	47239	65814	61926	300	350	3837	3371		
天　　津	24632	21363	5165	4355	19467	17008						
唐　　山												
沈　　阳	17135	14410	10	10	17125	14400						
大　　连	7839	6731			7839	6731						
济　　南	1635	1465			1635	1465						
青　　岛	27165	24181	13370	12010	13795	12171						
长 三 角	**176595**	**153138**	**27140**	**25223**	**144689**	**124149**	**1016**	**1016**	**3750**	**2750**		
上　　海	71169	61525	15730	13750	51689	45025			3750	2750		
南　　京	23281	20412	1898	1311	21383	19101						
苏　　州	9535	7657	568	568	8967	7089						
无　　锡	6771	5546			6771	5546						
常　　州	15146	14343			15146	14343						
镇　　江												
南　　通												
扬　　州												
泰　　州												
杭　　州	44553	36995	4064	4214	39473	31765	1016	1016				
宁　　波	5340	5840	4880	5380	460	460						
嘉　　兴												
湖　　州	800	820			800	820						
绍　　兴												
舟　　山												
台　　州												
珠 三 角	**121984**	**104714**	**57017**	**51240**	**61884**	**51191**	**2444**	**1932**	**400**	**200**	**239**	**151**
广　　州	76820	67928	53782	47845	22399	19732			400	200	239	151
深　　圳	34760	29144	635	795	34125	28349						
珠　　海	2600	2600	2600	2600								
佛　　山												
江　　门												
东　　莞	7244	4482			4800	2550	2444	1932				
中　　山												
惠　　州												
肇　　庆	560	560			560	560						

3—221　三大地带限额以上加盟连锁餐饮业经营餐饮业务餐位数

（按业态分）

单位：个

地区	2005年	2004年	正餐		快餐		咖啡店		其他餐饮	
			2005年	2004年	2005年	2004年	2005年	2004年	2005年	2004年
全国	**1121897**	**1004181**	**1062784**	**961180**	**35173**	**25476**	**23850**	**17441**	**90**	**84**
三大地带	**79263**	**61588**	**36413**	**31219**	**19000**	**12928**	**23850**	**17441**		
环渤海	**36308**	**30776**	**26231**	**23100**	**6427**	**5035**	**3650**	**2641**		
北京	29668	24476	19591	16800	6427	5035	3650	2641		
天津	1200	1500	1200	1500						
唐山										
沈阳										
大连										
济南										
青岛	5440	4800	5440	4800						
长三角	**34275**	**24192**	**1502**	**1499**	**12573**	**7893**	**20200**	**14800**		
上海	5324	4384			5324	4384				
南京	292	289	82	79	210	210				
苏州	359	239			359	239				
无锡	110				110					
常州	2280	1560			2280	1560				
镇江										
南通										
扬州										
泰州										
杭州	24770	16620	320	320	4250	1500	20200	14800		
宁波	1100	1100	1100	1100						
嘉兴										
湖州	40				40					
绍兴										
舟山										
台州										
珠三角	**8680**	**6620**	**8680**	**6620**						
广州	7380	5320	7380	5320						
深圳	600	600	600	600						
珠海	700	700	700	700						
佛山										
江门										
东莞										
中山										
惠州										
肇庆										

3－222 三大地带限额以上连锁餐饮业从业人员

（按业态分）

单位：人

地区	2005年	2004年	正餐		快餐		茶馆		咖啡店		其他餐饮	
			2005年	2004年	2005年	2004年	2005年	2004年	2005年	2004年	2005年	2004年
全国	**426029**	**379460**	**224101**	**198800**	**190358**	**171370**	**675**	**574**	**7151**	**5262**	**3744**	**3454**
三大地带	**233184**	**210441**	**63242**	**56128**	**161118**	**147649**	**675**	**574**	**7151**	**5262**	**998**	**828**
环渤海	**78136**	**69039**	**24589**	**20394**	**51413**	**46881**	**37**	**66**	**1673**	**1262**	**424**	**436**
北京	49013	43293	22714	18508	24589	23457	37	66	1673	1262		
天津	8812	8355	1170	1263	7218	6656					424	436
唐山												
沈阳	10720	9135	20	20	10700	9115						
大连	2606	2200			2606	2200						
济南	611	716			611	716						
青岛	6374	5340	685	603	5689	4737						
长三角	**78470**	**68997**	**12726**	**10288**	**59756**	**54266**	**146**	**136**	**5317**	**3930**	**525**	**377**
上海	31489	28582	9100	6200	21146	21453			1243	929		
南京	9872	9115	369	283	9503	8832						
苏州	5339	4387	71	60	5268	4327						
无锡	2898	2525			2898	2525						
常州	5703	4993			5703	4993						
镇江												
南通												
扬州												
泰州												
杭州	19931	15725	765	739	14946	11849	146	136	4074	3001		
宁波	2476	3068	2421	3006	55	62						
嘉兴	525	377									525	377
湖州	237	225			237	225						
绍兴												
舟山												
台州												
珠三角	**76578**	**72405**	**25927**	**25446**	**49949**	**46502**	**492**	**372**	**161**	**70**	**49**	**15**
广州	32014	30604	24956	24400	6848	6119			161	70	49	15
深圳	42266	40046	615	716	41651	39330						
珠海	356	330	356	330								
佛山												
江门												
东莞	1848	1330			1356	958	492	372				
中山												
惠州												
肇庆	94	95			94	95						

3—223　三大地带限额以上直营连锁餐饮业从业人员

（按业态分）

单位：人

地区	2005年	2004年	正餐		快餐		茶馆		咖啡店		其他餐饮	
			2005年	2004年	2005年	2004年	2005年	2004年	2005年	2004年	2005年	2004年
全　国	**291467**	**265036**	**104152**	**95880**	**183032**	**165552**	**675**	**574**	**2265**	**1678**	**1343**	**1352**
三大地带	**215446**	**196385**	**55321**	**49570**	**156768**	**144147**	**675**	**574**	**2265**	**1678**	**417**	**416**
环渤海	**69243**	**62668**	**18478**	**16209**	**49844**	**45690**	**37**	**66**	**861**	**679**	**23**	**24**
北　京	40855	37614	16887	14553	23070	22316	37	66	861	679		
天　津	8211	7765	1020	1135	7168	6606					23	24
唐　山												
沈　阳	10720	9135	20	20	10700	9115						
大　连	2606	2200			2606	2200						
济　南	611	716			611	716						
青　岛	6240	5238	551	501	5689	4737						
长三角	**71043**	**63301**	**12334**	**9904**	**56975**	**51955**	**146**	**136**	**1243**	**929**	**345**	**377**
上　海	29705	26881	9100	6200	19362	19752			1243	929		
南　京	9707	8971	299	229	9408	8742						
苏　州	5189	4287	71	60	5118	4227						
无　锡	2866	2525			2866	2525						
常　州	5335	4693			5335	4693						
镇　江												
南　通												
扬　州												
泰　州												
杭　州	15482	12571	730	706	14606	11729	146	136				
宁　波	2189	2771	2134	2709	55	62						
嘉　兴	345	377									345	377
湖　州	225	225			225	225						
绍　兴												
舟　山												
台　州												
珠三角	**75160**	**70416**	**24509**	**23457**	**49949**	**46502**	**492**	**372**	**161**	**70**	**49**	**15**
广　州	30947	28986	23889	22782	6848	6119			161	70	49	15
深　圳	41986	39746	335	416	41651	39330						
珠　海	285	259	285	259								
佛　山												
江　门												
东　莞	1848	1330			1356	958	492	372				
中　山												
惠　州												
肇　庆	94	95			94	95						

3—224 三大地带限额以上加盟连锁餐饮业从业人员

（按业态分）

单位:人

地区	2005年	2004年	正餐		快餐		茶馆		咖啡店		其他餐饮	
			2005年	2004年	2005年	2004年	2005年	2004年	2005年	2004年	2005年	2004年
全国	**134562**	**114424**	**119949**	**102920**	**7326**	**5818**			**4886**	**3584**	**2401**	**2102**
三大地带	**17738**	**14056**	**7921**	**6558**	**4350**	**3502**			**4886**	**3584**	**581**	**412**
环渤海	**8893**	**6371**	**6111**	**4185**	**1569**	**1191**			**812**	**583**	**401**	**412**
北京	8158	5679	5827	3955	1519	1141			812	583		
天津	601	590	150	128	50	50					401	412
唐山												
沈阳												
大连												
济南												
青岛	134	102	134	102								
长三角	**7427**	**5696**	**392**	**384**	**2781**	**2311**			**4074**	**3001**	**180**	
上海	1784	1701			1784	1701						
南京	165	144	70	54	95	90						
苏州	150	100			150	100						
无锡	32				32							
常州	368	300			368	300						
镇江												
南通												
扬州												
泰州												
杭州	4449	3154	35	33	340	120			4074	3001		
宁波	287	297	287	297								
嘉兴	180										180	
湖州	12				12							
绍兴												
舟山												
台州												
珠三角	**1418**	**1989**	**1418**	**1989**								
广州	1067	1618	1067	1618								
深圳	280	300	280	300								
珠海	71	71	71	71								
佛山												
江门												
东莞												
中山												
惠州												
肇庆												

3—225　三大地带限额以上连锁餐饮业商品购进总额

（按业态分）

单位:万元

地　区	2005年	2004年	正餐		快餐		茶馆		咖啡店		其他餐饮	
			2005年	2004年	2005年	2004年	2005年	2004年	2005年	2004年	2005年	2004年
全　国	**1433268**	**1246344**	**866659**	**679195**	**540849**	**546066**	**829**	**886**	**10797**	**8019**	**14136**	**12179**
三大地带	**736587**	**720589**	**258025**	**233340**	**455345**	**468724**	**829**	**886**	**10797**	**8019**	**11591**	**9621**
环渤海	**258111**	**238858**	**109879**	**99434**	**145699**	**136956**	**688**	**738**	**1845**	**1731**		
北　京	211252	192652	103596	94161	105123	96022	688	738	1845	1731		
天　津	687	645	687	645								
唐　山												
沈　阳	11761	12704			11761	12704						
大　连	1400	1234			1400	1234						
济　南	3177	4246			3177	4246						
青　岛	29835	27379	5596	4628	24238	22751						
长三角	**243534**	**276291**	**24017**	**26248**	**200708**	**235110**	**141**	**148**	**7272**	**5328**	**11397**	**9457**
上　海	5838	61496			5838	61496						
南　京	36102	35436	1885	1988	34218	33449						
苏　州	41233	36738	391	403	40843	36336						
无　锡	15437	11836			15437	11836						
常　州	33771	28398			33771	28398						
镇　江												
南　通												
扬　州												
泰　州												
杭　州	81609	72887	4261	4786	69934	62624	141	148	7272	5328		
宁　波	17785	19685	17480	19071	304	614						
嘉　兴	11397	9457									11397	9457
湖　州	365	358			365	358						
绍　兴												
舟　山												
台　州												
珠三角	**234941**	**205441**	**124129**	**107659**	**108938**	**96658**			**1680**	**960**	**194**	**164**
广　州	165607	149201	121386	104870	42347	43207			1680	960	194	164
深　圳	68921	55810	2743	2789	66178	53021						
珠　海												
佛　山												
江　门												
东　莞												
中　山												
惠　州												
肇　庆	413	430			413	430						

3—226 三大地带限额以上直营连锁餐饮业商品购进总额

（按业态分）

单位:万元

地区	2005年	2004年	正餐		快餐		茶馆		咖啡店		其他餐饮	
			2005年	2004年	2005年	2004年	2005年	2004年	2005年	2004年	2005年	2004年
全国	**874204**	**849321**	**333486**	**300263**	**524346**	**534899**	**829**	**886**	**3449**	**2688**	**12094**	**10585**
三大地带	**673911**	**667582**	**212221**	**191132**	**446201**	**463256**	**829**	**886**	**3449**	**2688**	**11211**	**9621**
环渤海	**231627**	**214559**	**87779**	**78519**	**141391**	**133575**	**688**	**738**	**1769**	**1728**		
北京	186240	169377	82968	74270	100815	92641	688	738	1769	1728		
天津	687	645	687	645								
唐山												
沈阳	11761	12704			11761	12704						
大连	1400	1234			1400	1234						
济南	3177	4246			3177	4246						
青岛	28363	26355	4124	3604	24238	22751						
长三角	**227816**	**265817**	**20786**	**23189**	**195872**	**233023**	**141**	**148**			**11017**	**9457**
上海	5838	61496			5838	61496						
南京	35308	34669	1349	1466	33959	33204						
苏州	40983	36542	391	403	40593	36140						
无锡	15329	11836			15329	11836						
常州	30485	27167			30485	27167						
镇江												
南通												
扬州												
泰州												
杭州	73281	67051	4134	4693	69006	62209	141	148				
宁波	15217	17241	14912	16627	304	614						
嘉兴	11017	9457									11017	9457
湖州	359	358			359	358						
绍兴												
舟山												
台州												
珠三角	**214468**	**187207**	**103656**	**89425**	**108938**	**96658**			**1680**	**960**	**194**	**164**
广州	146009	131687	101788	87356	42347	43207			1680	960	194	164
深圳	68046	55090	1868	2069	66178	53021						
珠海												
佛山												
江门												
东莞												
中山												
惠州												
肇庆	413	430			413	430						

3—227　三大地带限额以上加盟连锁餐饮业商品购进总额

（按业态分）

单位：万元

地　　区	2005 年	2004 年	正　餐		快　餐		咖啡店		其他餐饮	
			2005 年	2004 年	2005 年	2004 年	2005 年	2004 年	2005 年	2004 年
全　　国	**559064**	**397024**	**533173**	**378932**	**16502**	**11167**	**7348**	**5331**	**2041**	**1594**
三大地带	**62676**	**53007**	**45804**	**42208**	**9144**	**5468**	**7348**	**5331**	**380**	
环 渤 海	**26484**	**24299**	**22100**	**20915**	**4308**	**3381**	**76**	**3**		
北　　京	25012	23275	20628	19891	4308	3381	76	3		
天　　津										
唐　　山										
沈　　阳										
大　　连										
济　　南										
青　　岛	1472	1024	1472	1024						
长 三 角	**15718**	**10474**	**3231**	**3059**	**4836**	**2087**	**7272**	**5328**	**380**	
上　　海										
南　　京	794	767	536	522	259	245				
苏　　州	250	196			250	196				
无　　锡	108				108					
常　　州	3286	1231			3286	1231				
镇　　江										
南　　通										
扬　　州										
泰　　州										
杭　　州	8328	5836	127	93	928	415	7272	5328		
宁　　波	2568	2444	2568	2444						
嘉　　兴	380								380	
湖　　州	6				6					
绍　　兴										
舟　　山										
台　　州										
珠 三 角	**20473**	**18234**	**20473**	**18234**						
广　　州	19598	17514	19598	17514						
深　　圳	875	720	875	720						
珠　　海										
佛　　山										
江　　门										
东　　莞										
中　　山										
惠　　州										
肇　　庆										

3—228 三大地带限额以上连锁餐饮业统一配送商品购进额

（按业态分）

单位：万元

地区	2005年	2004年	正餐		快餐		茶馆		咖啡店		其他餐饮	
			2005年	2004年	2005年	2004年	2005年	2004年	2005年	2004年	2005年	2004年
全　　国	**987093**	**893021**	**464917**	**364019**	**503558**	**513443**	**141**	**148**	**4371**	**3259**	**14106**	**12152**
三大地带	**533466**	**531888**	**81213**	**67052**	**436149**	**451808**	**141**	**148**	**4371**	**3259**	**11591**	**9621**
环渤海	**167021**	**156570**	**26278**	**23738**	**138898**	**131102**			**1845**	**1731**		
北　　京	120806	111718	20638	19820	98323	90168			1845	1731		
天　　津	687	412	687	412								
唐　　山												
沈　　阳	11761	12704			11761	12704						
大　　连	1400	1234			1400	1234						
济　　南	3177	4246			3177	4246						
青　　岛	29192	26258	4953	3507	24238	22751						
长三角	**206995**	**241311**	**5516**	**6100**	**189095**	**225039**	**141**	**148**	**846**	**568**	**11397**	**9457**
上　　海	5838	61496			5838	61496						
南　　京	33014	32733	864	910	32150	31823						
苏　　州	41233	36738	391	403	40843	36336						
无　　锡	14932	11294			14932	11294						
常　　州	25034	21108			25034	21108						
镇　　江												
南　　通												
扬　　州												
泰　　州												
杭　　州	75183	68127	4261	4786	69934	62624	141	148	846	568		
宁　　波												
嘉　　兴	11397	9457									11397	9457
湖　　州	365	358			365	358						
绍　　兴												
舟　　山												
台　　州												
珠三角	**159449**	**134006**	**49419**	**37214**	**108156**	**95668**			**1680**	**960**	**194**	**164**
广　　州	91351	79249	47437	35397	42040	42728			1680	960	194	164
深　　圳	68098	54757	1982	1817	66116	52940						
珠　　海												
佛　　山												
江　　门												
东　　莞												
中　　山												
惠　　州												
肇　　庆												

3—229 三大地带限额以上直营连锁餐饮业统一配送商品购进额

（按业态分）

单位：万元

地区	2005年	2004年	正餐		快餐		茶馆		咖啡店		其他餐饮	
			2005年	2004年	2005年	2004年	2005年	2004年	2005年	2004年	2005年	2004年
全国	**635733**	**632408**	**130753**	**115580**	**489306**	**503416**	**141**	**148**	**3449**	**2688**	**12084**	**10576**
三大地带	**518660**	**522042**	**75731**	**62776**	**428127**	**446809**	**141**	**148**	**3449**	**2688**	**11211**	**9621**
环渤海	**161273**	**152183**	**24806**	**22714**	**134698**	**127742**			**1769**	**1728**		
北京	116530	108355	20638	19820	94123	86808			1769	1728		
天津	687	412	687	412								
唐山												
沈阳	11761	12704			11761	12704						
大连	1400	1234			1400	1234						
济南	3177	4246			3177	4246						
青岛	27720	25234	3481	2483	24238	22751						
长三角	**201766**	**238959**	**5335**	**5954**	**185273**	**223400**	**141**	**148**			**11017**	**9457**
上海	5838	61496			5838	61496						
南京	32831	32558	810	858	32021	31700						
苏州	40983	36542	391	403	40593	36140						
无锡	14824	11294			14824	11294						
常州	22633	20203			22633	20203						
镇江												
南通												
扬州												
泰州												
杭州	73281	67051	4134	4693	69006	62209	141	148				
宁波												
嘉兴	11017	9457									11017	9457
湖州	359	358			359	358						
绍兴												
舟山												
台州												
珠三角	**155620**	**130900**	**45590**	**34108**	**108156**	**95668**			**1680**	**960**	**194**	**164**
广州	88397	76863	44483	33011	42040	42728			1680	960	194	164
深圳	67223	54037	1107	1097	66116	52940						
珠海												
佛山												
江门												
东莞												
中山												
惠州												
肇庆												

3—230 三大地带限额以上加盟连锁餐饮业统一配送商品购进额

（按业态分）

单位:万元

地 区	2005 年	2004 年	正 餐		快 餐		咖啡店		其他餐饮	
			2005 年	2004 年	2005 年	2004 年	2005 年	2004 年	2005 年	2004 年
全 国	**351360**	**260613**	**334164**	**248439**	**14252**	**10028**	**922**	**571**	**2021**	**1576**
三大地带	**14806**	**9846**	**5482**	**4276**	**8022**	**4999**	**922**	**571**	**380**	
环 渤 海	**5748**	**4387**	**1472**	**1024**	**4200**	**3360**	**76**	**3**		
北 京	4276	3363			4200	3360	76	3		
天 津										
唐 山										
沈 阳										
大 连										
济 南										
青 岛	1472	1024	1472	1024						
长 三 角	**5229**	**2352**	**181**	**146**	**3822**	**1639**	**846**	**568**	**380**	
上 海										
南 京	183	175	54	52	129	123				
苏 州	250	196			250	196				
无 锡	108				108					
常 州	2401	905			2401	905				
镇 江										
南 通										
扬 州										
泰 州										
杭 州	1902	1076	127	93	928	415	846	568		
宁 波										
嘉 兴	380								380	
湖 州	6				6					
绍 兴										
舟 山										
台 州										
珠 三 角	**3829**	**3106**	**3829**	**3106**						
广 州	2954	2386	2954	2386						
深 圳	875	720	875	720						
珠 海										
佛 山										
江 门										
东 莞										
中 山										
惠 州										
肇 庆										

3—231　三大地带限额以上连锁餐饮业自有配送中心配送商品购进额

（按业态分）

单位：万元

地　　区	2005年	2004年	正　餐		快　餐		茶　馆		咖啡店		其他餐饮	
			2005年	2004年	2005年	2004年	2005年	2004年	2005年	2004年	2005年	2004年
全　　国	**712741**	**647022**	**296138**	**209981**	**400074**	**423428**	**141**	**148**	**2526**	**1528**	**13862**	**11937**
三大地带	**437556**	**448558**	**70149**	**55836**	**353342**	**381589**	**141**	**148**	**2526**	**1528**	**11397**	**9457**
环 渤 海	**120792**	**115619**	**19168**	**16609**	**101624**	**99011**						
北　　京	75093	70932	13845	12705	61248	58227						
天　　津	370	397	370	397								
唐　　山												
沈　　阳	11761	12704			11761	12704						
大　　连	1200	1084			1200	1084						
济　　南	3177	4246			3177	4246						
青　　岛	29192	26258	4953	3507	24238	22751						
长 三 角	**177814**	**218886**	**2154**	**2498**	**163276**	**206214**	**141**	**148**	**846**	**568**	**11397**	**9457**
上　　海	5838	61496			5838	61496						
南　　京	21336	21488	764	850	20572	20638						
苏　　州	40134	35653	391	403	39744	35251						
无　　锡	10165	11294			10165	11294						
常　　州	16660	14555			16660	14555						
镇　　江												
南　　通												
扬　　州												
泰　　州												
杭　　州	71921	64586	999	1246	69934	62624	141	148	846	568		
宁　　波												
嘉　　兴	11397	9457									11397	9457
湖　　州	365	358			365	358						
绍　　兴												
舟　　山												
台　　州												
珠 三 角	**138950**	**114053**	**48827**	**36730**	**88443**	**76363**			**1680**	**960**		
广　　州	90565	78601	46845	34913	42040	42728			1680	960		
深　　圳	48385	35452	1982	1817	46403	33635						
珠　　海												
佛　　山												
江　　门												
东　　莞												
中　　山												
惠　　州												
肇　　庆												

3—232 三大地带限额以上直营连锁餐饮业自有配送中心配送商品购进额

（按业态分）

单位:万元

地区	2005年	2004年	正餐		快餐		茶馆		咖啡店		其他餐饮	
			2005年	2004年	2005年	2004年	2005年	2004年	2005年	2004年	2005年	2004年
全国	**507946**	**515682**	**105246**	**88642**	**389008**	**415534**	**141**	**148**	**1680**	**960**	**11871**	**10398**
三大地带	**424439**	**439448**	**64794**	**51654**	**346806**	**377229**	**141**	**148**	**1680**	**960**	**11017**	**9457**
环渤海	**115120**	**111235**	**17696**	**15585**	**97424**	**95651**						
北京	70893	67572	13845	12705	57048	54867						
天津	370	397	370	397								
唐山												
沈阳	11761	12704			11761	12704						
大连	1200	1084			1200	1084						
济南	3177	4246			3177	4246						
青岛	27720	25234	3481	2483	24238	22751						
长三角	**174198**	**217266**	**2100**	**2446**	**160940**	**205214**	**141**	**148**			**11017**	**9457**
上海	5838	61496			5838	61496						
南京	21153	21313	710	798	20443	20515						
苏州	40134	35653	391	403	39744	35251						
无锡	10057	11294			10057	11294						
常州	15495	14092			15495	14092						
镇江												
南通												
扬州												
泰州												
杭州	70146	63603	999	1246	69006	62209	141	148				
宁波												
嘉兴	11017	9457									11017	9457
湖州	359	358			359	358						
绍兴												
舟山												
台州												
珠三角	**135121**	**110947**	**44998**	**33624**	**88443**	**76363**			**1680**	**960**		
广州	87611	76215	43891	32527	42040	42728			1680	960		
深圳	47510	34732	1107	1097	46403	33635						
珠海												
佛山												
江门												
东莞												
中山												
惠州												
肇庆												

3－233 三大地带限额以上加盟连锁餐饮业自有配送中心配送商品购进额

（按业态分）

单位：万元

地 区	2005年	2004年	正 餐		快 餐		咖啡店		其他餐饮	
			2005年	2004年	2005年	2004年	2005年	2004年	2005年	2004年
全 国	**204795**	**131340**	**190892**	**121339**	**11066**	**7894**	**846**	**568**	**1990**	**1539**
三大地带	**13117**	**9110**	**5355**	**4182**	**6536**	**4360**	**846**	**568**	**380**	
环渤海	**5672**	**4384**	**1472**	**1024**	**4200**	**3360**				
北 京	4200	3360			4200	3360				
天 津										
唐 山										
沈 阳										
大 连										
济 南										
青 岛	1472	1024	1472	1024						
长三角	**3616**	**1620**	**54**	**52**	**2336**	**1000**	**846**	**568**	**380**	
上 海										
南 京	183	175	54	52	129	123				
苏 州										
无 锡	108				108					
常 州	1165	463			1165	463				
镇 江										
南 通										
扬 州										
泰 州										
杭 州	1775	983			928	415	846	568		
宁 波										
嘉 兴	380								380	
湖 州	6				6					
绍 兴										
舟 山										
台 州										
珠三角	**3829**	**3106**	**3829**	**3106**						
广 州	2954	2386	2954	2386						
深 圳	875	720	875	720						
珠 海										
佛 山										
江 门										
东 莞										
中 山										
惠 州										
肇 庆										

3—234 三大地带限额以上连锁餐饮业非自有配送中心配送商品购进额

（按业态分）

单位：万元

地区	2005年	2004年	正餐		快餐		咖啡店		其他餐饮	
			2005年	2004年	2005年	2004年	2005年	2004年	2005年	2004年
全国	**274352**	**245999**	**168779**	**154038**	**103484**	**90016**	**1845**	**1731**	**244**	**215**
三大地带	**95911**	**83330**	**11064**	**11215**	**82807**	**70220**	**1845**	**1731**	**194**	**164**
环渤海	**46230**	**40951**	**7110**	**7130**	**37275**	**32091**	**1845**	**1731**		
北京	45713	40786	6793	7115	37075	31941	1845	1731		
天津	317	15	317	15						
唐山										
沈阳										
大连	200	150			200	150				
济南										
青岛										
长三角	**29182**	**22425**	**3362**	**3601**	**25819**	**18824**				
上海										
南京	11678	11245	100	60	11578	11185				
苏州	1099	1085			1099	1085				
无锡	4767				4767					
常州	8375	6554			8375	6554				
镇江										
南通										
扬州										
泰州										
杭州	3262	3541	3262	3541						
宁波										
嘉兴										
湖州										
绍兴										
舟山										
台州										
珠三角	**20499**	**19953**	**592**	**484**	**19713**	**19305**			**194**	**164**
广州	786	648	592	484					194	164
深圳	19713	19305			19713	19305				
珠海										
佛山										
江门										
东莞										
中山										
惠州										
肇庆										

3—235 三大地带限额以上直营连锁餐饮业非自有配送中心配送商品购进额

（按业态分）

单位:万元

地区	2005年	2004年	正餐		快餐		咖啡店		其他餐饮	
			2005年	2004年	2005年	2004年	2005年	2004年	2005年	2004年
全国	**127787**	**116726**	**25507**	**26939**	**100298**	**87882**	**1769**	**1728**	**213**	**178**
三大地带	**94221**	**82594**	**10937**	**11122**	**81321**	**69581**	**1769**	**1728**	**194**	**164**
环渤海	**46154**	**40948**	**7110**	**7130**	**37275**	**32091**	**1769**	**1728**		
北京	45637	40783	6793	7115	37075	31941	1769	1728		
天津	317	15	317	15						
唐山										
沈阳										
大连	200	150			200	150				
济南										
青岛										
长三角	**27568**	**21693**	**3235**	**3508**	**24333**	**18185**				
上海										
南京	11678	11245	100	60	11578	11185				
苏州	849	889			849	889				
无锡	4767				4767					
常州	7139	6111			7139	6111				
镇江										
南通										
扬州										
泰州										
杭州	3135	3448	3135	3448						
宁波										
嘉兴										
湖州										
绍兴										
舟山										
台州										
珠三角	**20499**	**19953**	**592**	**484**	**19713**	**19305**			**194**	**164**
广州	786	648	592	484					194	164
深圳	19713	19305			19713	19305				
珠海										
佛山										
江门										
东莞										
中山										
惠州										
肇庆										

3—236 三大地带限额以上加盟连锁餐饮业非自有配送中心配送商品购进额

（按业态分）

单位：万元

地区	2005年	2004年	正餐		快餐		咖啡店		其他餐饮	
			2005年	2004年	2005年	2004年	2005年	2004年	2005年	2004年
全国	146565	129273	143272	127099	3186	2134	76	3	31	37
三大地带	1690	736	127	93	1486	639	76	3		
环渤海	76	3					76	3		
北京	76	3					76	3		
天津										
唐山										
沈阳										
大连										
济南										
青岛										
长三角	1614	732	127	93	1486	639				
上海										
南京										
苏州	250	196			250	196				
无锡										
常州	1236	443			1236	443				
镇江										
南通										
扬州										
泰州										
杭州	127	93	127	93						
宁波										
嘉兴										
湖州										
绍兴										
舟山										
台州										
珠三角										
广州										
深圳										
珠海										
佛山										
江门										
东莞										
中山										
惠州										
肇庆										

3—237　三大地带限额以上连锁餐饮业营业收入

（按业态分）

单位:万元

地区	2005年	2004年	正餐		快餐		茶馆		咖啡店		其他餐饮	
			2005年	2004年	2005年	2004年	2005年	2004年	2005年	2004年	2005年	2004年
全国	**3888664**	**3482336**	**1903736**	**1672127**	**1862650**	**1710555**	**3399**	**3293**	**68730**	**51327**	**50149**	**45035**
三大地带	**2329648**	**2101144**	**669479**	**591550**	**1542314**	**1414336**	**3399**	**3293**	**68730**	**51327**	**45725**	**40638**
环渤海	**916959**	**849507**	**272188**	**239445**	**594916**	**566675**	**695**	**742**	**16580**	**13029**	**32580**	**29616**
北京	545758	497942	255578	223879	272906	260292	695	742	16580	13029		
天津	156835	143710	12160	9973	112096	104122					32580	29616
唐山												
沈阳	105898	106470	96	322	105802	106149						
大连	33313	30467			33313	30467						
济南	8457	8936			8457	8936						
青岛	66699	61982	4355	5272	62344	56710						
长三角	875749	807096	141968	133737	670909	624956	1852	1788	49623	37158	11397	9457
上海	362644	337365	102141	88576	235119	229390			25383	19398		
南京	97140	93927	2869	2658	94271	91269						
苏州	61122	54892	503	502	60619	54390						
无锡	36761	32529			36761	32529						
常州	56572	45723			56572	45723						
镇江												
南通												
扬州												
泰州												
杭州	220901	198902	8487	9058	186322	170297	1852	1788	24240	17760		
宁波	28613	33710	27966	32943	647	767						
嘉兴	11397	9457									11397	9457
湖州	599	591			599	591						
绍兴												
舟山												
台州												
珠三角	**536941**	**444542**	**255325**	**218369**	**276489**	**222705**	**853**	**763**	**2527**	**1140**	**1748**	**1565**
广州	342236	299211	241533	205081	96428	91425			2527	1140	1748	1565
深圳	166855	122889	5739	5723	161116	117166						
珠海	8053	7565	8053	7565								
佛山												
江门												
东莞	18879	13932			18027	13169	853	763				
中山												
惠州												
肇庆	918	945			918	945						

3—238 三大地带限额以上直营连锁餐饮业营业收入

（按业态分）

单位：万元

地区	2005年	2004年	正餐		快餐		茶馆		咖啡店		其他餐饮	
			2005年	2004年	2005年	2004年	2005年	2004年	2005年	2004年	2005年	2004年
全国	**2867562**	**2615446**	**986715**	**880770**	**1797658**	**1666259**	**3399**	**3293**	**42636**	**32330**	**37153**	**32796**
三大地带	**2178314**	**1971188**	**592715**	**519094**	**1505889**	**1387229**	**3399**	**3293**	**42636**	**32330**	**33674**	**29242**
环渤海	**848014**	**784843**	**226939**	**195554**	**584745**	**558535**	**695**	**742**	**14726**	**11792**	**20909**	**18220**
北京	490824	447174	211969	181688	263435	252952	695	742	14726	11792		
天津	143484	130414	11180	8873	111396	103322					20909	18220
唐山												
沈阳	105898	106470	96	322	105802	106149						
大连	33313	30467			33313	30467						
济南	8457	8936			8457	8936						
青岛	66039	61382	3695	4672	62344	56710						
长三角	**820176**	**765483**	**137269**	**128851**	**644655**	**605989**	**1852**	**1788**	**25383**	**19398**	**11017**	**9457**
上海	346191	322513	102141	88576	218666	214538			25383	19398		
南京	96178	92997	2377	2218	93801	90779						
苏州	60861	54705	503	502	60358	54203						
无锡	36536	32529			36536	32529						
常州	51050	43766			51050	43766						
镇江												
南通												
扬州												
泰州												
杭州	192597	178946	7738	8343	183007	168815	1852	1788				
宁波	25156	29979	24509	29212	647	767						
嘉兴	11017	9457									11017	9457
湖州	590	591			590	591						
绍兴												
舟山												
台州												
珠三角	**510124**	**420863**	**228508**	**194690**	**276489**	**222705**	**853**	**763**	**2527**	**1140**	**1748**	**1565**
广州	319659	279131	218956	185001	96428	91425			2527	1140	1748	1565
深圳	164355	121089	3239	3923	161116	117166						
珠海	6313	5766	6313	5766								
佛山												
江门												
东莞	18879	13932			18027	13169	853	763				
中山												
惠州												
肇庆	918	945			918	945						

3—239 三大地带限额以上加盟连锁餐饮业营业收入

（按业态分）

单位:万元

地区	2005年	2004年	正餐		快餐		咖啡店		其他餐饮	
			2005年	2004年	2005年	2004年	2005年	2004年	2005年	2004年
全国	**1021103**	**866890**	**917021**	**791357**	**64992**	**44296**	**26094**	**18997**	**12996**	**12239**
三大地带	**151334**	**129956**	**76764**	**72456**	**36425**	**27107**	**26094**	**18997**	**12051**	**11396**
环渤海	**68945**	**64664**	**45249**	**43891**	**10171**	**8140**	**1854**	**1237**	**11671**	**11396**
北京	54934	50768	43609	42191	9471	7340	1854	1237		
天津	13351	13296	980	1100	700	800			11671	11396
唐山										
沈阳										
大连										
济南										
青岛	660	600	660	600						
长三角	**55573**	**41613**	**4699**	**4886**	**26254**	**18967**	**24240**	**17760**	**380**	
上海	16453	14852			16453	14852				
南京	962	930	492	440	470	490				
苏州	261	187			261	187				
无锡	225				225					
常州	5522	1957			5522	1957				
镇江										
南通										
扬州										
泰州										
杭州	28304	19956	749	715	3315	1482	24240	17760		
宁波	3457	3731	3457	3731						
嘉兴	380								380	
湖州	9				9					
绍兴										
舟山										
台州										
珠三角	**26817**	**23679**	**26817**	**23679**						
广州	22577	20080	22577	20080						
深圳	2500	1800	2500	1800						
珠海	1740	1799	1740	1799						
佛山										
江门										
东莞										
中山										
惠州										
肇庆										

3—240 三大地带限额以上连锁餐饮业餐费收入

（按业态分）

单位：万元

地区	2005年	2004年	正餐		快餐		茶馆		咖啡店		其他餐饮	
			2005年	2004年	2005年	2004年	2005年	2004年	2005年	2004年	2005年	2004年
全国	**3852779**	**3453394**	**1870422**	**1645639**	**1860978**	**1708925**	**3259**	**3117**	**68730**	**51327**	**49390**	**44385**
三大地带	**2324910**	**2097475**	**666302**	**589385**	**1541102**	**1413091**	**3259**	**3117**	**68730**	**51327**	**45516**	**40554**
环渤海	**916440**	**848806**	**271692**	**238744**	**594894**	**566675**	**695**	**742**	**16580**	**13029**	**32580**	**29616**
北京	545679	497898	255521	223836	272884	260292	695	742	16580	13029		
天津	156835	143710	12160	9973	112096	104122					32580	29616
唐山												
沈阳	105898	106470	96	322	105802	106149						
大连	33313	30467			33313	30467						
济南	8457	8936			8457	8936						
青岛	66259	61324	3916	4615	62344	56710						
长三角	**874272**	**805675**	**141820**	**133737**	**669719**	**623711**	**1712**	**1612**	**49623**	**37158**	**11397**	**9457**
上海	362485	337023	102141	88576	234960	229049			25383	19398		
南京	97136	93927	2865	2658	94271	91269						
苏州	60193	54031	503	502	59690	53529						
无锡	36761	32529			36761	32529						
常州	56572	45723			56572	45723						
镇江												
南通												
扬州												
泰州												
杭州	220659	198684	8487	9058	186220	170255	1712	1612	24240	17760		
宁波	28470	33710	27823	32943	647	767						
嘉兴	11397	9457									11397	9457
湖州	599	591			599	591						
绍兴												
舟山												
台州												
珠三角	**534199**	**442993**	**252792**	**216905**	**276489**	**222705**	**853**	**763**	**2527**	**1140**	**1539**	**1481**
广州	339639	297922	239145	203876	96428	91425			2527	1140	1539	1481
深圳	166855	122889	5739	5723	161116	117166						
珠海	7908	7306	7908	7306								
佛山												
江门												
东莞	18879	13932			18027	13169	853	763				
中山												
惠州												
肇庆	918	945			918	945						

3－241 三大地带限额以上直营连锁餐饮业餐费收入

（按业态分）

单位:万元

地区	2005年	2004年	正餐		快餐		茶馆		咖啡店		其他餐饮	
			2005年	2004年	2005年	2004年	2005年	2004年	2005年	2004年	2005年	2004年
全国	**2840836**	**2592885**	**962360**	**860477**	**1796068**	**1664719**	**3259**	**3117**	**42636**	**32330**	**36512**	**32243**
三大地带	**2173576**	**1967519**	**589538**	**516929**	**1504677**	**1385984**	**3259**	**3117**	**42636**	**32330**	**33465**	**29158**
环渤海	**847495**	**784142**	**226443**	**194853**	**584723**	**558535**	**695**	**742**	**14726**	**11792**	**20909**	**18220**
北京	490745	447130	211912	181645	263413	252952	695	742	14726	11792		
天津	143484	130414	11180	8873	111396	103322					20909	18220
唐山												
沈阳	105898	106470	96	322	105802	106149						
大连	33313	30467			33313	30467						
济南	8457	8936			8457	8936						
青岛	65599	60724	3256	4015	62344	56710						
长三角	**818699**	**764062**	**137121**	**128851**	**643465**	**604744**	**1712**	**1612**	**25383**	**19398**	**11017**	**9457**
上海	346032	322171	102141	88576	218507	214197			25383	19398		
南京	96174	92997	2373	2218	93801	90779						
苏州	59932	53844	503	502	59429	53342						
无锡	36536	32529			36536	32529						
常州	51050	43766			51050	43766						
镇江												
南通												
扬州												
泰州												
杭州	192355	178728	7738	8343	182905	168773	1712	1612				
宁波	25013	29979	24366	29212	647	767						
嘉兴	11017	9457									11017	9457
湖州	590	591			590	591						
绍兴												
舟山												
台州												
珠三角	**507382**	**419314**	**225975**	**193226**	**276489**	**222705**	**853**	**763**	**2527**	**1140**	**1539**	**1481**
广州	317062	277842	216568	183796	96428	91425			2527	1140	1539	1481
深圳	164355	121089	3239	3923	161116	117166						
珠海	6168	5507	6168	5507								
佛山												
江门												
东莞	18879	13932			18027	13169	853	763				
中山												
惠州												
肇庆	918	945			918	945						

3－242 三大地带限额以上加盟连锁餐饮业餐费收入

（按业态分）

单位:万元

地区	2005年	2004年	正餐		快餐		咖啡店		其他餐饮	
			2005年	2004年	2005年	2004年	2005年	2004年	2005年	2004年
全国	**1011944**	**860508**	**908062**	**785162**	**64910**	**44206**	**26094**	**18997**	**12878**	**12143**
三大地带	**151334**	**129956**	**76764**	**72456**	**36425**	**27107**	**26094**	**18997**	**12051**	**11396**
环渤海	**68945**	**64664**	**45249**	**43891**	**10171**	**8140**	**1854**	**1237**	**11671**	**11396**
北京	54934	50768	43609	42191	9471	7340	1854	1237		
天津	13351	13296	980	1100	700	800			11671	11396
唐山										
沈阳										
大连										
济南										
青岛	660	600	660	600						
长三角	**55573**	**41613**	**4699**	**4886**	**26254**	**18967**	**24240**	**17760**	**380**	
上海	16453	14852			16453	14852				
南京	962	930	492	440	470	490				
苏州	261	187			261	187				
无锡	225				225					
常州	5522	1957			5522	1957				
镇江										
南通										
扬州										
泰州										
杭州	28304	19956	749	715	3315	1482	24240	17760		
宁波	3457	3731	3457	3731						
嘉兴	380								380	
湖州	9				9					
绍兴										
舟山										
台州										
珠三角	**26817**	**23679**	**26817**	**23679**						
广州	22577	20080	22577	20080						
深圳	2500	1800	2500	1800						
珠海	1740	1799	1740	1799						
佛山										
江门										
东莞										
中山										
惠州										
肇庆										

3—243 三大地带限额以上连锁餐饮业商品销售额

（按业态分）

单位：万元

地区	2005年	2004年	正餐		快餐		茶馆		其他餐饮	
			2005年	2004年	2005年	2004年	2005年	2004年	2005年	2004年
全国	**27844**	**23211**	**25660**	**21032**	**1285**	**1354**	**140**	**176**	**758**	**649**
三大地带	**3591**	**2944**	**2158**	**1484**	**1085**	**1200**	**140**	**176**	**209**	**84**
环渤海	**440**	**657**	**440**	**657**						
北京										
天津										
唐山										
沈阳										
大连										
济南										
青岛	440	657	440	657						
长三角	**1225**	**1376**			**1085**	**1200**	**140**	**176**		
上海	159	342			159	342				
南京										
苏州	926	859			926	859				
无锡										
常州										
镇江										
南通										
扬州										
泰州										
杭州	140	176					140	176		
宁波										
嘉兴										
湖州										
绍兴										
舟山										
台州										
珠三角	**1927**	**911**	**1718**	**827**					**209**	**84**
广州	1927	911	1718	827					209	84
深圳										
珠海										
佛山										
江门										
东莞										
中山										
惠州										
肇庆										

3－244 三大地带限额以上直营连锁餐饮业商品销售额

（按业态分）

单位：万元

地区	2005年	2004年	正餐		快餐		茶馆		其他餐饮	
			2005年	2004年	2005年	2004年	2005年	2004年	2005年	2004年
全国	20330	18263	18265	16180	1285	1354	140	176	640	553
三大地带	3591	2944	2158	1484	1085	1200	140	176	209	84
环渤海	440	657	440	657						
北京										
天津										
唐山										
沈阳										
大连										
济南										
青岛	440	657	440	657						
长三角	1225	1376			1085	1200	140	176		
上海	159	342			159	342				
南京										
苏州	926	859			926	859				
无锡										
常州										
镇江										
南通										
扬州										
泰州										
杭州	140	176					140	176		
宁波										
嘉兴										
湖州										
绍兴										
舟山										
台州										
珠三角	1927	911	1718	827					209	84
广州	1927	911	1718	827					209	84
深圳										
珠海										
佛山										
江门										
东莞										
中山										
惠州										
肇庆										

3—245　三大地带限额以上加盟连锁餐饮业商品销售额

（按业态分）

单位：万元

地　区	2005 年	2004 年	正　餐		其他餐饮	
			2005 年	2004 年	2005 年	2004 年
全　国	7513	4948	7395	4852	118	96
三大地带						
环 渤 海						
长 三 角						
珠 三 角						

3—246　三大地带限额以上连锁餐饮业商品零售额

（按业态分）

单位：万元

地　区	2005 年	2004 年	正　餐		快　餐		其他餐饮	
			2005 年	2004 年	2005 年	2004 年	2005 年	2004 年
全　国	21720	18650	20045	17072	1126	1013	549	565
三大地带	1366	1516	440	657	926	859		
环 渤 海	440	657	440	657				
#青　岛	440	657	440	657				
长 三 角	926	859			926	859		
#苏　州	926	859			926	859		
珠 三 角								

3—247　三大地带限额以上直营连锁餐饮业商品零售额

（按业态分）

单位：万元

地　区	2005 年	2004 年	正　餐		快　餐		其他餐饮	
			2005 年	2004 年	2005 年	2004 年	2005 年	2004 年
全　国	15997	13974	14439	12492	1126	1013	431	469
三大地带	1366	1516	440	657	926	859		
环 渤 海	440	657	440	657				
#青　岛	440	657	440	657				
长 三 角	926	859			926	859		
#苏　州	926	859			926	859		
珠 三 角								

3—248　三大地带限额以上加盟连锁餐饮业商品零售额

（按业态分）

单位：万元

地　区	2005 年	2004 年	正　餐		其他餐饮	
			2005 年	2004 年	2005 年	2004 年
全　国	5723	4676	5605	4580	118	96
三大地带						
环 渤 海						
长 三 角						
珠 三 角						

第四部分 限额以上连锁餐饮业配送中心情况

4—1 各地区限额以上连锁餐饮业配送中心数

（按业态分）

单位：个

地　区	2005年	2004年	正　餐		快　餐		茶　馆		咖啡店		其他餐饮	
			2005年	2004年	2005年	2004年	2005年	2004年	2005年	2004年	2005年	2004年
全　国	**299**	**271**	**107**	**103**	**127**	**118**	**2**	**2**	**58**	**43**	**5**	**5**
北　京	43	41	27	25	14	14			2	2		
天　津	8	7	3	2	5	5						
河　北	3	2			3	2						
山　西	4	4	4	4								
内蒙古	3	3	3	3								
辽　宁	6	6			6	6						
吉　林	1	1			1	1						
黑龙江	3	3	2	2	1	1						
上　海	61	46	1	1	5	5			54	39	1	1
江　苏	27	26	4	4	22	21					1	1
浙　江	16	15	5	5	8	7	1	1	1	1	1	1
安　徽	3	3	3	3								
福　建	13	13	3	3	10	10						
江　西												
山　东	13	13	7	7	6	6						
河　南	4	4	4	4								
湖　北	10	10	7	7	3	3						
湖　南	5	5	3	3	2	2						
广　东	24	24	11	11	10	10	1	1	1	1	1	1
广　西	1	1			1	1						
海　南												
重　庆	8	8	6	6	2	2						
四　川	9	9	3	3	6	6						
贵　州												
云　南	10	10	1	1	9	9						
西　藏												
陕　西	3	3	3	3								
甘　肃	3	3	3	3								
青　海	5	4	4	3							1	1
宁　夏												
新　疆	13	7			13	7						

4—2 各地区限额以上连锁餐饮业自有配送中心数

（按业态分）

单位：个

地区	2005年	2004年	正餐		快餐		茶馆		咖啡店		其他餐饮	
			2005年	2004年	2005年	2004年	2005年	2004年	2005年	2004年	2005年	2004年
全国	**186**	**177**	**69**	**68**	**109**	**101**	**2**	**2**	**2**	**2**	**4**	**4**
北京	20	20	7	7	13	13						
天津	7	7	2	2	5	5						
河北	3	2			3	2						
山西	4	4	4	4								
内蒙古	2	2	2	2								
辽宁	5	5			5	5						
吉林	1	1			1	1						
黑龙江	3	3	2	2	1	1						
上海	6	6			5	5					1	1
江苏	19	19	4	4	14	14					1	1
浙江	13	12	2	2	8	7	1	1	1	1	1	1
安徽	2	2	2	2								
福建	6	6			6	6						
江西												
山东	13	13	7	7	6	6						
河南	4	4	4	4								
湖北	10	10	7	7	3	3						
湖南	3	3	1	1	2	2						
广东	19	19	8	8	9	9	1	1	1	1		
广西	1	1			1	1						
海南												
重庆	6	6	4	4	2	2						
四川	6	6	3	3	3	3						
贵州												
云南	10	10	1	1	9	9						
西藏												
陕西	2	2	2	2								
甘肃	3	3	3	3								
青海	5	4	4	3							1	1
宁夏												
新疆	13	7			13	7						

4—3 各地区限额以上连锁餐饮业非自有配送中心数

（按业态分）

单位：个

地区	2005年	2004年	正餐		快餐		茶馆		咖啡店		其他餐饮	
			2005年	2004年	2005年	2004年	2005年	2004年	2005年	2004年	2005年	2004年
全国	**113**	**94**	**38**	**35**	**18**	**17**			**56**	**41**	**1**	**1**
北京	23	21	20	18	1	1			2	2		
天津	1		1									
河北												
山西												
内蒙古	1	1	1	1								
辽宁	1	1			1	1						
吉林												
黑龙江												
上海	55	40	1	1					54	39		
江苏	8	7			8	7						
浙江	3	3	3	3								
安徽	1	1	1	1								
福建	7	7	3	3	4	4						
江西												
山东												
河南												
湖北												
湖南	2	2	2	2								
广东	5	5	3	3	1	1					1	1
广西												
海南												
重庆	2	2	2	2								
四川	3	3			3	3						
贵州												
云南												
西藏												
陕西	1	1	1	1								
甘肃												
青海												
宁夏												
新疆												

4—4 各地区限额以上连锁餐饮业配送中心数

（按登记注册类型分）

单位：个

地区	合计		自有		非自有	
	2004年	2003年	2004年	2003年	2004年	2003年
全国	**299**	**271**	**186**	**177**	**113**	**94**
北京	43	41	20	20	23	21
天津	8	7	7	7	1	
河北	3	2	3	2		
山西	4	4	4	4		
内蒙古	3	3	2	2	1	1
辽宁	6	6	5	5	1	1
吉林	1	1	1	1		
黑龙江	3	3	3	3		
上海	61	46	6	6	55	40
江苏	27	26	19	19	8	7
浙江	16	15	13	12	3	3
安徽	3	3	2	2	1	1
福建	13	13	6	6	7	7
江西						
山东	13	13	13	13		
河南	4	4	4	4		
湖北	10	10	10	10		
湖南	5	5	3	3	2	2
广东	24	24	19	19	5	5
广西	1	1	1	1		
海南						
重庆	8	8	6	6	2	2
四川	9	9	6	6	3	3
贵州						
云南	10	10	10	10		
西藏						
陕西	3	3	2	2	1	1
甘肃	3	3	3	3		
青海	5	4	5	4		
宁夏						
新疆	13	7	13	7		

4—5 各地区限额以上内资企业连锁餐饮业配送中心数

（按登记注册类型分）

单位：个

地区	合计		自有		非自有	
	2004年	2003年	2004年	2003年	2004年	2003年
全国	**158**	**153**	**116**	**114**	**42**	**39**
北京	33	31	14	14	19	17
天津	4	3	3	3	1	
河北						
山西	4	4	4	4		
内蒙古	3	3	2	2	1	1
辽宁						
吉林						
黑龙江	2	2	2	2		
上海	4	4	3	3	1	1
江苏	22	22	16	16	6	6
浙江	12	11	9	8	3	3
安徽	3	3	2	2	1	1
福建	4	4	2	2	2	2
江西						
山东	9	9	9	9		
河南	4	4	4	4		
湖北	8	8	8	8		
湖南	3	3	1	1	2	2
广东	15	15	12	12	3	3
广西						
海南						
重庆	7	7	5	5	2	2
四川	4	4	4	4		
贵州						
云南	3	3	3	3		
西藏						
陕西	3	3	2	2	1	1
甘肃	3	3	3	3		
青海	5	4	5	4		
宁夏						
新疆	3	3	3	3		

4—6 各地区限额以上港澳台商投资企业连锁餐饮业配送中心数

（按登记注册类型分）

单位：个

地区	合计		自有		非自有	
	2004年	2003年	2004年	2003年	2004年	2003年
全国	**22**	**22**	**16**	**16**	**6**	**6**
	1	1	1	1		
北京						
天津	1	1	1	1		
河北						
山西						
内蒙古						
	2	2	1	1	1	1
辽宁						
吉林						
黑龙江						
	2	2	2	2		
上海						
江苏						
浙江	1	1	1	1		
安徽						
福建	4	4	1	1	3	3
江西						
山东						
河南						
湖北						
湖南						
广东	3	3	2	2	1	1
广西	1	1	1	1		
海南						
重庆						
四川	1	1			1	1
贵州						
云南	6	6	6	6		
西藏						
陕西						
甘肃						
青海						
宁夏						
新疆						

4—7 各地区限额以上外商投资企业连锁餐饮业配送中心数

（按登记注册类型分）

单位：个

地区	合计		自有		非自有	
	2004年	2003年	2004年	2003年	2004年	2003年
全国	**119**	**96**	**54**	**47**	**65**	**49**
北京	9	9	5	5	4	4
天津	3	3	3	3		
河北	3	2	3	2		
山西						
内蒙古						
辽宁	4	4	4	4		
吉林	1	1	1	1		
黑龙江	1	1	1	1		
上海	55	40	1	1	54	39
江苏	5	4	3	3	2	1
浙江	3	3	3	3		
安徽						
福建	5	5	3	3	2	2
江西						
山东	4	4	4	4		
河南						
湖北	2	2	2	2		
湖南	2	2	2	2		
广东	6	6	5	5	1	1
广西						
海南						
重庆	1	1	1	1		
四川	4	4	2	2	2	2
贵州						
云南	1	1	1	1		
西藏						
陕西						
甘肃						
青海						
宁夏						
新疆	10	4	10	4		

4—8 东中西地区限额以上连锁餐饮业配送中心数

（按业态分）

单位：个

地区	2005年	2004年	正餐		快餐		茶馆		咖啡店		其他餐饮	
			2005年	2004年	2005年	2004年	2005年	2004年	2005年	2004年	2005年	2004年
全国	**299**	**271**	**107**	**103**	**127**	**118**	**2**	**2**	**58**	**43**	**5**	**5**
东部	215	194	61	58	90	87	2	2	58	43	4	4
中部	33	33	26	26	7	7						
西部	51	44	20	19	30	24					1	1

4—9 东中西地区限额以上连锁餐饮业自有配送中心数

（按业态分）

单位：个

地区	2005年	2004年	正餐		快餐		茶馆		咖啡店		其他餐饮	
			2005年	2004年	2005年	2004年	2005年	2004年	2005年	2004年	2005年	2004年
全国	**186**	**177**	**69**	**68**	**109**	**101**	**2**	**2**	**2**	**2**	**4**	**4**
东部	112	110	30	30	75	73	2	2	2	2	3	3
中部	29	29	22	22	7	7						
西部	45	38	17	16	27	21					1	1

4—10 东中西地区限额以上连锁餐饮业非自有配送中心数

（按业态分）

单位：个

地区	2005年	2004年	正餐		快餐		茶馆		咖啡店		其他餐饮	
			2005年	2004年	2005年	2004年	2005年	2004年	2005年	2004年	2005年	2004年
全国	**113**	**94**	**38**	**35**	**18**	**17**			**56**	**41**	**1**	**1**
东部	103	84	31	28	15	14			56	41	1	1
中部	4	4	4	4								
西部	6	6	3	3	3	3						

4—11 六经济区限额以上连锁餐饮业配送中心数

（按业态分）

单位：个

地 区	2005年	2004年	正 餐		快 餐		茶 馆		咖啡店		其他餐饮	
			2005年	2004年	2005年	2004年	2005年	2004年	2005年	2004年	2005年	2004年
全 国	**299**	**271**	**107**	**103**	**127**	**118**	**2**	**2**	**58**	**43**	**5**	**5**
华 北	61	57	37	34	22	21			2	2		
东 北	10	10	2	2	8	8						
华 东	133	116	23	23	51	49	1	1	55	40	3	3
中 南	44	44	25	25	16	16	1	1	1	1	1	1
西 南	27	27	10	10	17	17						
西 北	24	17	10	9	13	7					1	1

4—12 六经济区限额以上连锁餐饮业自有配送中心数

（按业态分）

单位：个

地 区	2005年	2004年	正 餐		快 餐		茶 馆		咖啡店		其他餐饮	
			2005年	2004年	2005年	2004年	2005年	2004年	2005年	2004年	2005年	2004年
全 国	**186**	**177**	**69**	**68**	**109**	**101**	**2**	**2**	**2**	**2**	**4**	**4**
华 北	36	35	15	15	21	20						
东 北	9	9	2	2	7	7						
华 东	59	58	15	15	39	38	1	1	1	1	3	3
中 南	37	37	20	20	15	15	1	1	1	1		
西 南	22	22	8	8	14	14						
西 北	23	16	9	8	13	7					1	1

4—13 六经济区限额以上连锁餐饮业非自有配送中心数

（按业态分）

单位：个

地 区	2005年	2004年	正 餐		快 餐		茶 馆		咖啡店		其他餐饮	
			2005年	2004年	2005年	2004年	2005年	2004年	2005年	2004年	2005年	2004年
全 国	**113**	**94**	**38**	**35**	**18**	**17**			**56**	**41**	**1**	**1**
华 北	25	22	22	19	1	1			2	2		
东 北	1	1			1	1						
华 东	74	58	8	8	12	11			54	39		
中 南	7	7	5	5	1	1					1	1
西 南	5	5	2	2	3	3						
西 北	1	1	1	1								

4—14 大中小城市限额以上连锁餐饮业配送中心数

（按业态分）

单位：个

地区	2005年	2004年	正餐		快餐		茶馆		咖啡店		其他餐饮	
			2005年	2004年	2005年	2004年	2005年	2004年	2005年	2004年	2005年	2004年
全国	**299**	**271**	**107**	**103**	**127**	**118**	**2**	**2**	**58**	**43**	**5**	**5**
大城市	241	217	81	77	98	93	1	1	58	43	3	3
中城市	58	54	26	26	29	25	1	1			2	2
小城市												

4—15 大中小城市限额以上连锁餐饮业自有配送中心数

（按业态分）

单位：个

地区	2005年	2004年	正餐		快餐		茶馆		咖啡店		其他餐饮	
			2005年	2004年	2005年	2004年	2005年	2004年	2005年	2004年	2005年	2004年
全国	**186**	**177**	**69**	**68**	**109**	**101**	**2**	**2**	**2**	**2**	**4**	**4**
大城市	138	132	46	45	87	82	1	1	2	2	2	2
中城市	48	45	23	23	22	19	1	1			2	2
小城市												

4—16 大中小城市限额以上连锁餐饮业非自有配送中心数

（按业态分）

单位：个

地区	2005年	2004年	正餐		快餐		茶馆		咖啡店		其他餐饮	
			2005年	2004年	2005年	2004年	2005年	2004年	2005年	2004年	2005年	2004年
全国	**113**	**94**	**38**	**35**	**18**	**17**			**56**	**41**	**1**	**1**
大城市	103	85	35	32	11	11			56	41	1	1
中城市	10	9	3	3	7	6						
小城市												

4—17 35城市限额以上连锁餐饮业配送中心数

（按业态分）

单位：个

城 市	2005年	2004年	正 餐		快 餐		茶 馆		咖啡店		其他餐饮	
			2005年	2004年	2005年	2004年	2005年	2004年	2005年	2004年	2005年	2004年
总 计	**241**	**217**	**81**	**77**	**98**	**93**	**1**	**1**	**58**	**43**	**3**	**3**
北 京	43	41	27	25	14	14			2	2		
天 津	8	7	3	2	5	5						
石家庄												
太 原												
呼和浩特												
沈 阳	2	2			2	2						
大 连	2	2			2	2						
长 春	1	1			1	1						
哈尔滨	2	2	1	1	1	1						
上 海	61	46	1	1	5	5			54	39	1	1
南 京	8	8	3	3	5	5						
杭 州	14	13	5	5	7	6	1	1	1	1		
宁 波												
合 肥	3	3	3	3								
福 州	2	2			2	2						
厦 门	11	11	3	3	8	8						
南 昌												
济 南	1	1			1	1						
青 岛	5	5	2	2	3	3						
郑 州												
武 汉	8	8	5	5	3	3						
长 沙	2	2			2	2						
广 州	11	11	7	7	2	2			1	1	1	1
深 圳	8	8	2	2	6	6						
南 宁	1	1			1	1						
海 口												
重 庆	8	8	6	6	2	2						
成 都	8	8	2	2	6	6						
贵 阳												
昆 明	10	10	1	1	9	9						
西 安	3	3	3	3								
兰 州	3	3	3	3								
西 宁	5	4	4	3							1	1
银 川												
乌鲁木齐	11	7			11	7						

4—18　35城市限额以上连锁餐饮业自有配送中心数

（按业态分）

单位：个

城市	2005年	2004年	正餐		快餐		茶馆		咖啡店		其他餐饮	
			2005年	2004年	2005年	2004年	2005年	2004年	2005年	2004年	2005年	2004年
总计	**138**	**132**	**46**	**45**	**87**	**82**	**1**	**1**	**2**	**2**	**2**	**2**
北京	20	20	7	7	13	13						
天津	7	7	2	2	5	5						
石家庄												
太原												
呼和浩特												
沈阳	2	2			2	2						
大连	1	1			1	1						
长春	1	1			1	1						
哈尔滨	2	2	1	1	1	1						
上海	6	6			5	5					1	1
南京	7	7	3	3	4	4						
杭州	11	10	2	2	7	6	1	1	1	1		
宁波												
合肥	2	2	2	2								
福州	1	1			1	1						
厦门	5	5			5	5						
南昌												
济南	1	1			1	1						
青岛	5	5	2	2	3	3						
郑州												
武汉	8	8	5	5	3	3						
长沙	2	2			2	2						
广州	7	7	4	4	2	2			1	1		
深圳	7	7	2	2	5	5						
南宁	1	1			1	1						
海口												
重庆	6	6	4	4	2	2						
成都	5	5	2	2	3	3						
贵阳												
昆明	10	10	1	1	9	9						
西安	2	2	2	2								
兰州	3	3	3	3								
西宁	5	4	4	3							1	1
银川												
乌鲁木齐	11	7			11	7						

4—19 35城市限额以上连锁餐饮业非自有配送中心数

（按业态分）

单位：个

城市	2005年	2004年	正餐		快餐		咖啡店		其他餐饮	
			2005年	2004年	2005年	2004年	2005年	2004年	2005年	2004年
总计	**103**	**85**	**35**	**32**	**11**	**11**	**56**	**41**	**1**	**1**
北京	23	21	20	18	1	1	2	2		
天津	1		1							
石家庄										
太原										
呼和浩特										
沈阳										
大连	1	1			1	1				
长春										
哈尔滨										
上海	55	40	1	1			54	39		
南京	1	1			1	1				
杭州	3	3	3	3						
宁波										
合肥	1	1	1	1						
福州	1	1			1	1				
厦门	6	6	3	3	3	3				
南昌										
济南										
青岛										
郑州										
武汉										
长沙										
广州	4	4	3	3					1	1
深圳	1	1			1	1				
南宁										
海口										
重庆	2	2	2	2						
成都	3	3			3	3				
贵阳										
昆明										
西安	1	1	1	1						
兰州										
西宁										
银川										
乌鲁木齐										

4—20 三大地带限额以上连锁餐饮业配送中心数

（按业态分）

单位：个

地区	2005年	2004年	正餐		快餐		茶馆		咖啡店		其他餐饮	
			2005年	2004年	2005年	2004年	2005年	2004年	2005年	2004年	2005年	2004年
全国	**299**	**271**	**107**	**103**	**127**	**118**	**2**	**2**	**58**	**43**	**5**	**5**
三大地带	**189**	**169**	**53**	**50**	**73**	**71**	**2**	**2**	**58**	**43**	**3**	**3**
环渤海	**62**	**59**	**32**	**29**	**28**	**28**			**2**	**2**		
北京	43	41	27	25	14	14			2	2		
天津	8	7	3	2	5	5						
唐山	1	1			1	1						
沈阳	2	2			2	2						
大连	2	2			2	2						
济南	1	1			1	1						
青岛	5	5	2	2	3	3						
长三角	**103**	**86**	**10**	**10**	**35**	**33**	**1**	**1**	**55**	**40**	**2**	**2**
上海	61	46	1	1	5	5			54	39	1	1
南京	8	8	3	3	5	5						
苏州	3	2			3	2						
无锡	10	10			10	10						
常州	5	5	1	1	4	4						
镇江												
南通												
扬州												
泰州												
杭州	14	13	5	5	7	6	1	1	1	1		
宁波												
嘉兴	1	1									1	1
湖州	1	1			1	1						
绍兴												
舟山												
台州												
珠三角	**24**	**24**	**11**	**11**	**10**	**10**	**1**	**1**	**1**	**1**	**1**	**1**
广州	11	11	7	7	2	2			1	1	1	1
深圳	8	8	2	2	6	6						
珠海	2	2	2	2								
佛山												
江门												
东莞	2	2			1	1	1	1				
中山												
惠州												
肇庆	1	1			1	1						

4—21　三大地带限额以上连锁餐饮业自有配送中心数

（按业态分）

单位：个

地　　区	2005 年	2004 年	正　餐		快　餐		茶　馆		咖啡店		其他餐饮	
			2005 年	2004 年	2005 年	2004 年	2005 年	2004 年	2005 年	2004 年	2005 年	2004 年
全　　国	**186**	**177**	**69**	**68**	**109**	**101**	**2**	**2**	**2**	**2**	**4**	**4**
三大地带	**93**	**92**	**25**	**25**	**62**	**61**	**2**	**2**	**2**	**2**	**2**	**2**
环 渤 海	**37**	**37**	**11**	**11**	**26**	**26**						
北　　京	20	20	7	7	13	13						
天　　津	7	7	2	2	5	5						
唐　　山	1	1			1	1						
沈　　阳	2	2			2	2						
大　　连	1	1			1	1						
济　　南	1	1			1	1						
青　　岛	5	5	2	2	3	3						
长 三 角	**37**	**36**	**6**	**6**	**27**	**26**	**1**	**1**	**1**	**1**	**2**	**2**
上　　海	6	6			5	5					1	1
南　　京	7	7	3	3	4	4						
苏　　州	2	2			2	2						
无　　锡	4	4			4	4						
常　　州	5	5	1	1	4	4						
镇　　江												
南　　通												
扬　　州												
泰　　州												
杭　　州	11	10	2	2	7	6	1	1	1	1		
宁　　波												
嘉　　兴	1	1									1	1
湖　　州	1	1			1	1						
绍　　兴												
舟　　山												
台　　州												
珠 三 角	**19**	**19**	**8**	**8**	**9**	**9**	**1**	**1**	**1**	**1**		
广　　州	7	7	4	4	2	2			1	1		
深　　圳	7	7	2	2	5	5						
珠　　海	2	2	2	2								
佛　　山												
江　　门												
东　　莞	2	2			1	1	1	1				
中　　山												
惠　　州												
肇　　庆	1	1			1	1						

4—22 三大地带限额以上连锁餐饮业非自有配送中心数

（按业态分）

单位:个

地区	2005年	2004年	正餐		快餐		茶馆		咖啡店		其他餐饮	
			2005年	2004年	2005年	2004年	2005年	2004年	2005年	2004年	2005年	2004年
全国	**113**	**94**	**38**	**35**	**18**	**17**			**56**	**41**	**1**	**1**
三大地带	**96**	**77**	**28**	**25**	**11**	**10**			**56**	**41**	**1**	**1**
环渤海	**25**	**22**	**21**	**18**	**2**	**2**			**2**	**2**		
北京	23	21	20	18	1	1			2	2		
天津	1		1									
唐山												
沈阳												
大连	1	1			1	1						
济南												
青岛												
长三角	**66**	**50**	**4**	**4**	**8**	**7**			**54**	**39**		
上海	55	40	1	1					54	39		
南京	1	1			1	1						
苏州	1				1							
无锡	6	6			6	6						
常州												
镇江												
南通												
扬州												
泰州												
杭州	3	3	3	3								
宁波												
嘉兴												
湖州												
绍兴												
舟山												
台州												
珠三角	**5**	**5**	**3**	**3**	**1**	**1**					**1**	**1**
广州	4	4	3	3							1	1
深圳	1	1			1	1						
珠海												
佛山												
江门												
东莞												
中山												
惠州												
肇庆												

第五部分 限额以上连锁住宿业情况

5—1　限额以上连锁住宿业集团(企业)数及构成

(按登记注册类型分,2005年)

登记注册类型	集团(个)	构成(%)
总　　计	18	100.0
内资企业	16	88.9
国有企业	2	11.1
集体企业	1	5.6
股份合作企业	2	11.1
联营企业		
国有联营企业		
集体联营企业		
国有与集体联营企业		
其他联营企业		
有限责任公司	6	33.3
国有独资公司		
其他有限责任公司	6	33.3
股份有限公司	2	11.1
私营企业	3	16.7
私营独资企业	1	5.6
私营合伙企业		
私营有限责任公司	2	11.1
私营股份有限公司		
其他企业		
港澳台商投资企业	1	5.6
港澳台商合资经营企业	1	5.6
港澳台商合作经营企业		
港澳台商独资经营企业		
港澳台商投资股份有限公司		
外商投资企业	1	5.6
中外合资经营企业		
中外合作经营企业		
外资企业	1	5.6
外商投资股份有限公司		

5—2　限额以上连锁住宿业基本情况

指　　标	计量单位	合计		直营店		加盟店	
		2005年	2004年	2005年	2004年	2005年	2004年
一、门店总数	个	84	69	78	66	6	3
二、营业面积	平方米	688381	468620	654234	454983	34147	13637
三、经营住宿业务床位数	个	14733	11115	13529	10648	1204	467
四、从业人员	人	8678	7258	8437	7136	241	122
五、商品购进总额	万元	23674	19598	23674	19598		
#统一配送商品购进额	万元	21024	16936	21024	16936		
#自有配送中心配送商品购进额	万元	21024	16936	21024	16936		
六、营业收入	万元	118328	93101	112209	91936	6119	1165
#客房收入	万元	57337	42051	51500	40971	5837	1080
#餐费收入	万元	41540	35045	41364	34978	176	68
#商品销售额	万元	630	663	576	656	54	8
#商品零售额	万元	543	642	543	642		
七、配送中心	个	2	2				

5—3 限额以上连锁住宿业情况

（按登记注册类型分）

登记注册类型	门店总数（个）		营业面积（平方米）		从业人员（人）		经营住宿业务床位数（个）	
	2005 年	2004 年	2005 年	2004 年	2005 年	2004 年	2005 年	2004 年
总　计	**84**	**69**	**688381**	**468620**	**8678**	**7258**	**14733**	**11115**
内资企业	**68**	**61**	**566054**	**391382**	**7311**	**6233**	**11333**	**9362**
国有企业	6	6	10954	10954	201	202	604	604
集体企业	2	2	350	350	17	15	80	80
股份合作企业	4	4	3208	2458	20	21	270	215
联营企业								
国有联营企业								
集体联营企业								
国有与集体联营企业								
其他联营企业								
有限责任公司	41	34	530369	356447	6551	5377	8147	6235
国有独资公司								
其他有限责任公司	41	34	530369	356447	6551	5377	8147	6235
股份有限公司	6	6	5000	5000	426	474	1279	1275
私营企业	9	9	16173	16173	96	144	953	953
私营独资企业	2	2	1783	1783	16	16	205	205
私营合伙企业								
私营有限责任公司	7	7	14390	14390	80	128	748	748
私营股份有限公司								
其他企业								
港澳台商投资企业	**15**	**7**	**74141**	**29052**	**596**	**270**	**2817**	**1170**
港澳台合资经营企业	15	7	74141	29052	596	270	2817	1170
港澳台合作经营企业								
港澳台独资经营企业								
港澳台商投资股份有限公司								
外商投资企业	**1**	**1**	**48186**	**48186**	**771**	**755**	**583**	**583**
中外合资经营企业								
中外合作经营企业								
外资企业	1	1	48186	48186	771	755	583	583
外商投资股份有限公司								

5—3 续表

登记注册类型	商品购进总额（万元）		统一配送商品购进额		营业收入		客房收入	
	2005 年	2004 年	2005 年	2004 年	2005 年	2004 年	2005 年	2004 年
总　　计	**23674**	**19598**	**21024**	**16936**	**118328**	**93101**	**57337**	**42051**
内资企业	**21163**	**17261**	**21024**	**16936**	**85684**	**70721**	**34209**	**27815**
国有企业					1419	1483	1395	1452
集体企业					70	69	69	68
股份合作企业					93	103	93	103
联营企业								
国有联营企业								
集体联营企业								
国有与集体联营企业								
其他联营企业								
有限责任公司	21024	16936	21024	16936	79697	64306	28776	22243
国有独资公司								
其他有限责任公司	21024	16936	21024	16936	79697	64306	28776	22243
股份有限公司	138	324			3614	4105	3085	3294
私营企业					790	654	790	654
私营独资企业					74	71	74	71
私营合伙企业								
私营有限责任公司					717	583	717	583
私营股份有限公司								
其他企业								
港澳台商投资企业					**11325**	**3835**	**10541**	**3477**
港澳台合资经营企业					11325	3835	10541	3477
港澳台合作经营企业								
港澳台独资经营企业								
港澳台商投资股份有限公司								
外商投资企业	2511	2338			21320	18545	12587	10759
中外合资经营企业								
中外合作经营企业								
外资企业	2511	2338			21320	18545	12587	10759
外商投资股份有限公司								

5—4 限额以上直营连锁住宿业情况

（按登记注册类型分）

登记注册类型	门店总数（个）		营业面积（平方米）		从业人员（人）		经营住宿业务床位数(个)		商品购进总额（万元）	
	2005 年	2004 年	2005 年	2004 年	2005 年	2004 年	2005 年	2004 年	2005 年	2004 年
总　　计	**78**	**66**	**654234**	**454983**	**8437**	**7136**	**13529**	**10648**	**23674**	**19598**
内资企业	**68**	**61**	**566054**	**391382**	**7311**	**6233**	**11333**	**9362**	**21163**	**17261**
国有企业	6	6	10954	10954	201	202	604	604		
集体企业	2	2	350	350	17	15	80	80		
股份合作企业	4	4	3208	2458	20	21	270	215		
联营企业										
国有联营企业										
集体联营企业										
国有与集体联营企业										
其他联营企业										
有限责任公司	41	34	530369	356447	6551	5377	8147	6235	21024	16936
国有独资公司										
其他有限责任公司	41	34	530369	356447	6551	5377	8147	6235	21024	16936
股份有限公司	6	6	5000	5000	426	474	1279	1275	138	324
私营企业	9	9	16173	16173	96	144	953	953		
私营独资企业	2	2	1783	1783	16	16	205	205		
私营合伙企业										
私营有限责任公司	7	7	14390	14390	80	128	748	748		
私营股份有限公司										
其他企业										
港澳台商投资企业	**9**	**4**	**39994**	**15415**	**355**	**148**	**1613**	**703**		
港澳台合资经营企业	9	4	39994	15415	355	148	1613	703		
港澳台合作经营企业										
港澳台独资经营企业										
港澳台商投资股份有限公司										
外商投资企业	**1**	**1**	**48186**	**48186**	**771**	**755**	**583**	**583**	**2511**	**2338**
中外合资经营企业										
中外合作经营企业										
外资企业	1	1	48186	48186	771	755	583	583	2511	2338
外商投资股份有限公司										

5—4 续表

登记注册类型	统一配送商品购进额		自有配送中心配送商品购进额		营业收入（万元）		客房收入	
	2005年	2004年	2005年	2004年	2005年	2004年	2005年	2004年
总　　计	**21024**	**16936**	**21024**	**16936**	**112209**	**91936**	**51500**	**40971**
内资企业	**21024**	**16936**	**21024**	**16936**	**85684**	**70721**	**34209**	**27815**
国有企业					1419	1483	1395	1452
集体企业					70	69	69	68
股份合作企业					93	103	93	103
联营企业								
国有联营企业								
集体联营企业								
国有与集体联营企业								
其他联营企业								
有限责任公司	21024	16936	21024	16936	79697	64306	28776	22243
国有独资公司								
其他有限责任公司	21024	16936	21024	16936	79697	64306	28776	22243
股份有限公司					3614	4105	3085	3294
私营企业					790	654	790	654
私营独资企业					74	71	74	71
私营合伙企业								
私营有限责任公司					717	583	717	583
私营股份有限公司								
其他企业								
港澳台商投资企业					**5206**	**2670**	**4704**	**2397**
港澳台合资经营企业					5206	2670	4704	2397
港澳台合作经营企业								
港澳台独资经营企业								
港澳台商投资股份有限公司								
外商投资企业					**21320**	**18545**	**12587**	**10759**
中外合资经营企业								
中外合作经营企业								
外资企业					21320	18545	12587	10759
外商投资股份有限公司								

5－5　限额以上加盟连锁住宿业情况

（按登记注册类型分）

登记注册类型	门店总数（个）		营业面积（平方米）		从业人员（人）		经营住宿业务床位数（个）		营业收入（万元）		客房收入	
	2005年	2004年	2005年	2004年	2005年	2004年	2005年	2004年	2005年	2004年	2005年	2004年
总　　计	6	3	34147	13637	241	122	1204	467	6119	1165	5837	1080
内资企业												
国有企业												
集体企业												
股份合作企业												
联营企业												
国有联营企业												
集体联营企业												
国有与集体联营企业												
其他联营企业												
有限责任公司												
国有独资公司												
其他有限责任公司												
股份有限公司												
私营企业												
私营独资企业												
私营合伙企业												
私营有限责任公司												
私营股份有限公司												
其他企业												
港澳台商投资企业	6	3	34147	13637	241	122	1204	467	6119	1165	5837	1080
港澳台合资经营企业	6	3	34147	13637	241	122	1204	467	6119	1165	5837	1080
港澳台合作经营企业												
港澳台独资经营企业												
港澳台商投资股份有限公司												
外商投资企业												
中外合资经营企业												
中外合作经营企业												
外资企业												
外商投资股份有限公司												

5—6 各地区限额以上连锁住宿业集团(企业)数及构成

地区	集团(个)	构成(%)
全国	18	100.0
#北京	15	83.3
浙江	2	11.1
山东	1	5.6

5—7 各地区限额以上连锁住宿业情况

地区	门店总数(个)		营业面积(平方米)		从业人员(人)		经营住宿业务床位数(个)		商品购进总额(万元)		统一配送商品购进额	
	2005年	2004年	2005年	2004年	2005年	2004年	2005年	2004年	2005年	2004年	2005年	2004年
全国	84	69	688381	468620	8678	7258	14733	11115	23674	19598	21024	16936
#北京	68	54	182368	130912	1831	1423	7910	5572				
浙江	15	14	457827	289522	6076	5080	6240	4960	21163	17261	21024	16936
山东	1	1	48186	48186	771	755	583	583	2511	2338		

5—7 续表

地区	自有配送中心配送商品购进额		营业收入(万元)		客房收入		餐费收入		商品销售额		零售额	
	2005年	2004年	2005年	2004年	2005年	2004年	2005年	2004年	2005年	2004年	2005年	2004年
全国	21024	16936	118328	93101	57337	42051	41540	35045	630	663	543	642
#北京			19647	11397	17775	9907	952	566	132	72	45	50
浙江	21024	16936	77361	63159	26974	21384	33531	28230	466	563	466	563
山东			21320	18545	12587	10759	7057	6250	33	28	33	28

5—8 各地区限额以上直营连锁住宿业情况

地区	门店总数（个）		营业面积（平方米）		从业人员（人）		经营住宿业务床位数（个）		商品购进总额（万元）		统一配送商品购进额	
	2005年	2004年	2005年	2004年	2005年	2004年	2005年	2004年	2005年	2004年	2005年	2004年
全　国	**78**	**66**	**654234**	**454983**	**8437**	**7136**	**13529**	**10648**	**23674**	**19598**	**21024**	**16936**
#北　京	62	51	148221	117275	1590	1301	6706	5105				
浙　江	15	14	457827	289522	6076	5080	6240	4960	21163	17261	21024	16936
山　东	1	1	48186	48186	771	755	583	583	2511	2338		

5—8 续表

地区	自有配送中心配送商品购进额		营业收入（万元）		客房收入		餐费收入		商品销售额		零售额	
	2005年	2004年	2005年	2004年	2005年	2004年	2005年	2004年	2005年	2004年	2005年	2004年
全　国	**21024**	**16936**	**112209**	**91936**	**51500**	**40971**	**41364**	**34978**	**576**	**656**	**543**	**642**
#北　京			13529	10232	11939	8827	776	498	77	65	45	50
浙　江	21024	16936	77361	63159	26974	21384	33531	28230	466	563	466	563
山　东			21320	18545	12587	10759	7057	6250	33	28	33	28

5—9 各地区限额以上加盟连锁住宿业情况

地区	门店总数（个）		营业面积（平方米）		从业人员（人）		经营住宿业务床位数（个）	
	2005年	2004年	2005年	2004年	2005年	2004年	2005年	2004年
全　国	**6**	**3**	**34147**	**13637**	**241**	**122**	**1204**	**467**
#北　京	6	3	34147	13637	241	122	1204	467

5—9 续表

地区	营业收入（万元）		客房收入		餐费收入		商品销售额	
	2005年	2004年	2005年	2004年	2005年	2004年	2005年	2004年
全　国	**6119**	**1165**	**5837**	**1080**	**176**	**68**	**54**	**8**
#北　京	6119	1165	5837	1080	176	68	54	8

第六部分

连锁餐饮业集团（企业）门店营业面积和营业收入

6—1 10门店以上连锁餐饮业集团(企业)门店

(2005年)

100个以上(21家,共4542个门店)
内蒙古小肥羊餐饮连锁有限公司
天津市桂发祥麻花饮食集团有限公司
苏州市百分百餐饮服务有限公司
重庆市德庄饮食文化有限公司
重庆小天鹅餐饮连锁经营管理有限公司
常州亿家乐早餐工程有限公司
东莞市杏林春凉茶有限公司
重庆秦妈餐饮文化有限公司
上海肯得基有限公司
百胜餐饮(广东)有限公司
浙江肯德基公司
重庆苏大姐餐饮文化有限公司
百胜餐饮(沈阳)有限公司
北京肯德基有限公司
重庆君之薇餐饮文化有限公司
江苏大娘水饺餐饮有限公司
北京麦当劳食品有限公司
天津肯德基有限公司
重庆莱根香餐饮有限公司
浙江两岸食品有限公司
广东三元麦当劳食品有限公司
50～99个(21家,共1386个门店)
上海必胜客有限公司
深圳肯德基有限公司
南京肯德基有限公司
上海统一星巴克咖啡有限公司
上海新亚大家乐餐饮有限公司
常州市丽华快餐有限公司
青岛肯德基有限公司
四川得克士食品开发有限公司
马兰拉面快餐连锁有限责任公司
厦门市思明区妙香扁食店
上海华联麦当劳有限公司
50～99个(21家,共1386个门店)
麦当劳餐厅(深圳)有限公司
北京美大星巴克咖啡有限公司
北京市顺粮众望餐饮有限公司
北京必胜客比萨饼有限公司
百胜餐饮(武汉)有限公司
中国全聚德(集团)股份有限公司
苏州肯德基有限公司
重庆陶然居饮食文化(集团)有限公司
北京吉野家快餐有限公司
北京好伦哥餐饮有限公司
10～50个(90家,共1837个门店)
北京上岛餐饮有限公司
浙江五芳斋实业公司五芳斋粽子总公司
广州市绿茵阁发展有限公司
长沙肯德基有限公司
杭州知味观
无锡市肯德基有限公司
深圳面点王饮食连锁有限公司
昆明德克士食品开发有限公司
北京金三元阳光餐饮有限责任公司
上海永和大王餐饮有限公司
厦门肯德基有限公司
天津麦当劳食品有限公司
北京永和大王餐饮有限公司
浙江麦当劳餐厅食品有限公司
武汉麦当劳餐饮食品有限公司
南京麦当劳餐饮食品有限公司
东莞肯德基有限公司
上海小绍兴集团公司
北京京日餐饮有限公司
昆明大滇园美食有限公司
杭州德克士食品有限公司

6—1 续表

10～50个(90家,共1837个门店)	10～50个(90家,共1837个门店)
北京禾谷园连锁经营有限公司	深圳永南餐饮有限公司
百胜餐饮(成都)有限公司	深圳市山天饮食连锁有限公司
昆明江氏兄弟桥香园过桥米线连锁店	北京百万庄园西式餐饮有限公司
四川麦当劳餐厅食品有限公司	山东朱老大食品有限公司
天津市食为天粮油便民连锁公司	昆明市饮食公司建新园
上海振鼎鸡实业发展有限公司	北京元绿回转寿司饮食有限公司
百胜餐饮(福州)有限公司	安徽麦当劳(餐厅食品)有限公司
太原肯德基有限公司	厦门市舒友海鲜大酒楼有限公司
大连肯德基有限公司	西安小六汤包餐饮有限责任公司
沈阳麦当劳餐厅食品有限公司	上海你我他快餐食品有限公司
北京千喜鹤餐饮连锁有限公司	南京刘长兴饮食有限责任公司
乌鲁木齐市百富餐饮有限公司	昆明肯德基有限公司
南昌肯德基有限公司	北京老家快餐有限责任公司
东江饮食集团	北京郭林家常菜食品有限责任公司
四川德阳谭氏餐饮连锁有限公司	自贡市蜀江春餐饮食品有限公司
青岛万和春商贸有限公司	厦门麦当劳食品发展有限公司
湖南麦当劳(餐厅食品)有限公司	武汉永昌餐饮有限公司
广州市大西豪快餐有限公司	深圳市元绿回转寿司饮食有限公司
武汉市小蓝鲸健康美食酒店	杭州新丰小吃经营公司
北京乐杰士餐饮有限公司	贵州雅园饮食娱乐有限公司
重庆乡村鸡快餐连锁有限公司	北京老上海城隍庙餐饮有限公司
重庆德克士食品开发有限公司	北京康康快餐娱乐有限公司
重庆肯德基有限公司	重庆骑龙饮食文化有限责任公司
苏州市朱鸿兴饮食有限公司	新疆肯德基有限公司
天津德克士食品开发有限公司	山西芙蓉餐饮有限公司
青岛新尚餐饮有限公司	山东麦当劳(餐厅食品)有限公司
南京大娘水饺餐饮有限公司	美心星巴克咖啡餐饮(广东)有限公司
兰州金鼎牛肉面有限公司	连云港市新浦区小武凉皮店
大连麦当劳餐厅有限公司	杭州九百碗连锁餐饮食品有限公司
安徽蜀王饮食服务有限公司	大连合兴快餐有限公司
天津马兰拉面快餐连锁有限责任公司	郴州得月酒店管理有限公司
广州市广州酒家	滨州市金穗粮油有限公司
福州麦当劳餐厅有限公司	北京功德福餐饮有限公司
武汉凯威啤酒屋有限责任公司	安徽省金满楼饮食集团公司
乌鲁木齐市苏氏餐饮管理有限公司	

6—2　10门店以上连锁正餐集团(企业)门店

（2005年）

100个以上(8家,共2044个门店)	10～49个(24家,共389个门店)
内蒙古小肥羊餐饮连锁有限公司	武汉市小蓝鲸健康美食酒店
重庆市德庄饮食文化有限公司	北京乐杰士餐饮有限公司
重庆小天鹅餐饮连锁经营管理有限公司	兰州金鼎牛肉面有限公司
重庆秦妈餐饮文化有限公司	安徽蜀王饮食服务有限公司
百胜餐饮(广东)有限公司	广州市广州酒家
重庆苏大姐餐饮文化有限公司	武汉凯威啤酒屋有限责任公司
重庆君之薇餐饮文化有限公司	深圳市山天饮食连锁有限公司
重庆菜根香餐饮有限公司	北京百万庄园西式餐饮有限公司
50～99个(4家,共264个门店)	山东朱老大食品有限公司
上海必胜客有限公司	厦门市舒友海鲜大酒楼有限公司
北京必胜客比萨饼有限公司	西安小六汤包餐饮有限责任公司
中国全聚德(集团)股份有限公司	北京郭林家常菜食品有限责任公司
重庆陶然居饮食文化(集团)有限公司	自贡市蜀江春餐饮食品有限公司
10～49个(24家,共389个门店)	贵州雅园饮食娱乐有限公司
广州市绿茵阁发展有限公司	重庆骑龙饮食文化有限责任公司
北京京日餐饮有限公司	山西芙蓉餐饮有限公司
昆明大滇园美食有限公司	郴州得月酒店管理有限公司
东江饮食集团	北京功德福餐饮有限公司
青岛万和春商贸有限公司	安徽省金满楼饮食集团公司

6—3 10门店以上连锁快餐集团(企业)门店

(2005年)

100个以上(10家,共1660个门店)

苏州市百分百餐饮服务有限公司
常州亿家乐早餐工程有限公司
上海肯得基有限公司
浙江肯德基公司
百胜餐饮(沈阳)有限公司
北京肯德基有限公司
江苏大娘水饺餐饮有限公司
北京麦当劳食品有限公司
天津肯德基有限公司
广东三元麦当劳食品有限公司

50～99个(15家,共988个门店)

深圳肯德基有限公司
南京肯德基有限公司
上海新亚大家乐餐饮有限公司
常州市丽华快餐有限公司
青岛肯德基有限公司
四川得克士食品开发有限公司
马兰拉面快餐连锁有限责任公司(北京)
厦门市思明区妙香扁食店
上海华联麦当劳有限公司
麦当劳餐厅(深圳)有限公司
北京市顺粮众望餐饮有限公司
百胜餐饮(武汉)有限公司
苏州肯德基有限公司
北京吉野家快餐有限公司
北京好伦哥餐饮有限公司
长沙肯德基有限公司

10～49个(61家,共1316个门店)

杭州知味观
无锡市肯德基有限公司
深圳面点王饮食连锁有限公司
昆明德克士食品开发有限公司
北京金三元阳光餐饮有限责任公司
上海永和大王餐饮有限公司
厦门肯德基有限公司
天津麦当劳食品有限公司
北京永和大王餐饮有限公司
浙江麦当劳餐厅食品有限公司
武汉麦当劳餐饮食品有限公司
南京麦当劳餐饮食品有限公司
东莞肯德基有限公司
上海小绍兴集团公司
杭州德克士食品有限公司
北京禾谷园连锁经营有限公司
百胜餐饮(成都)有限公司
昆明江氏兄弟桥香园过桥米线连锁店
四川麦当劳餐厅食品有限公司
天津市食为天粮油便民连锁公司
上海振鼎鸡实业发展有限公司
百胜餐饮(福州)有限公司
太原肯德基有限公司
大连肯德基有限公司
沈阳麦当劳餐厅食品有限公司
北京千喜鹤餐饮连锁有限公司

6—3 续表

10～49个(61家,共1316个门店)	10～49个(61家,共1316个门店)
乌鲁木齐市百富餐饮有限公司 南昌肯德基有限公司 湖南麦当劳(餐厅食品)有限公司 广州市大西豪快餐有限公司 重庆乡村鸡快餐连锁有限公司 重庆德克士食品开发有限公司 重庆肯德基有限公司 苏州市朱鸿兴饮食有限公司 天津德克士食品开发有限公司 青岛新尚餐饮有限公司 南京大娘水饺餐饮有限公司 大连麦当劳餐厅有限公司 天津马兰拉面快餐连锁有限责任公司 福州麦当劳餐厅有限公司 乌鲁木齐市苏氏餐饮管理有限公司 深圳永南餐饮有限公司 昆明市饮食公司建新园	北京元绿回转寿司饮食有限公司 安徽麦当劳(餐厅食品)有限公司 上海你我他快餐食品有限公司 南京刘长兴饮食有限责任公司 昆明肯德基有限公司 北京老家快餐有限责任公司 厦门麦当劳食品发展有限公司 武汉永昌餐饮有限公司 深圳市元绿回转寿司饮食有限公司 杭州新丰小吃经营公司 北京老上海城隍庙餐馆有限公司 北京康康快餐娱乐有限公司 新疆肯德基有限公司 山东麦当劳(餐厅食品)有限公司 杭州九百碗连锁餐饮食品有限公司 大连合兴快餐有限公司 滨州市金穗粮油有限公司

6—4 限额以上连锁茶馆集团(企业)门店

(2005年)

3家,共200个门店	3家,共200个门店
东莞市杏林春凉茶有限公司 杭州湖畔居茶楼	北京茗都茶艺文化发展有限公司

6—5 限额以上连锁咖啡店集团(企业)门店

(2005年)

5家,共293个门店	5家,共293个门店
浙江两岸食品有限公司 上海统一星巴克咖啡有限公司 北京美大星巴克咖啡有限公司	北京上岛餐饮有限公司 美心星巴克咖啡餐饮(广东)有限公司

6—6 限额以上连锁其他餐饮集团(企业)门店

(2005年)

6家,共635个门店	6家,共635个门店
天津市桂发祥麻花饮食集团有限公司 浙江五芳斋实业公司五芳斋粽子总公司 四川德阳谭氏餐饮连锁有限公司	连云港市新浦区小武凉皮店 西宁五谷粥屋 上海哈根达斯食品有限公司广州分公司

6—7 营业面积万平米以上连锁餐饮业集团(企业)

(2005年)

20万平米以上(2家,共48.8万平米)
重庆小天鹅餐饮连锁经营管理有限公司
重庆市德庄饮食文化有限公司
10～20万平米(5家,共72万平米)
内蒙古小肥羊餐饮连锁有限公司
中国全聚德(集团)股份有限公司
重庆莱根香餐饮有限公司
重庆陶然居饮食文化(集团)有限公司
重庆秦妈餐饮文化有限公司
5～10万平米(9家,共55.4万平米)
东江饮食集团
上海肯得基有限公司
浙江肯德基公司
浙江两岸食品有限公司
重庆苏大姐餐饮文化有限公司
百胜餐饮(广东)有限公司
北京肯德基有限公司
上海美林阁餐饮经营管理有限公司
百胜餐饮(沈阳)有限公司
1～5万平米(77家,共146.8万平米)
广东三元麦当劳食品有限公司
北京麦当劳食品有限公司
天津肯德基有限公司
武汉市小蓝鲸健康美食酒店
厦门市舒友海鲜大酒楼有限公司

1～5万平米(77家,共146.8万平米)
南京肯德基有限公司
深圳肯德基有限公司
安徽省金满楼饮食集团公司
青岛肯德基有限公司
淄博泰星大酒店
广州市绿茵阁发展有限公司
上海必胜客有限公司
安徽蜀王饮食服务有限公司
北京必胜客比萨饼有限公司
重庆君之薇餐饮文化有限公司
百胜餐饮(武汉)有限公司
上海华联麦当劳有限公司
北京好伦哥餐饮有限公司
上海小绍兴集团公司
江苏大娘水饺餐饮有限公司
苏州肯德基有限公司
麦当劳餐厅(深圳)有限公司
宁波汉通宾馆
广州市广州酒家
武汉艳阳天商贸发展有限公司
深圳面点王饮食连锁有限公司
常州市丽华快餐有限公司
杭州知味观
上海新亚大家乐餐饮有限公司

6—7 续表

1～5万平米(77家,共146.8万平米)	1～5万平米(77家,共146.8万平米)
湖北三五醇酒店有限公司	黄石三五轩饮食管理有限公司
长沙肯德基有限公司	宁波市新盛业大酒店有限公司
陕西服务集团股份有限公司老孙家饭庄	天津市桂发祥麻花饮食集团有限公司
天津狗不理包子饮食集团公司	百胜餐饮(成都)有限公司
武汉梦天湖娱乐有限公司	山东朱老大食品有限公司
马鞍山市塞纳河畔发展有限责任公司	四川麦当劳餐厅食品有限公司
四川得克士食品开发有限公司	北京顺峰饮食娱乐有限公司
山西太原江南餐饮集团有限公司	昆明德克士食品开发有限公司
贵州雅园饮食娱乐有限公司	武汉市亢龙太子酒轩有限责任公司
天津麦当劳食品有限公司	乌海市蓝梦商贸有限公司
无锡市肯德基有限公司	马鞍山市梦都餐饮发展有限责任公司
厦门肯德基有限公司	宁波市江东向阳渔港餐饮发展有限公司
昆明大滇园美食有限公司	北京吉野家快餐有限公司
武汉凯威啤酒屋有限责任公司	东莞肯德基有限公司
北京上岛餐饮有限公司	浙江麦当劳餐厅食品有限公司
武汉麦当劳餐饮食品有限公司	上海统一星巴克咖啡有限公司
陕西竹园村餐饮有限责任公司	天津市鸿起顺餐饮有限公司
青岛万和春商贸有限公司	马兰拉面快餐连锁有限责任公司(北京)
广州黄埔华苑大酒店	北京功德福餐饮有限公司
郴州得月酒店管理有限公司	浙江五芳斋实业公司五芳斋粽子总公司
四川德阳谭氏餐饮连锁有限公司	大连肯德基有限公司
南京麦当劳餐饮食品有限公司	武汉市醉江月饮食服务有限公司
北京郭林家常菜食品有限责任公司	名人名家餐饮有限公司(浙江)
北京万龙洲饮食有限责任公司	百胜餐饮(福州)有限公司

6—8　营业面积万平米以上连锁正餐集团(企业)

(2005年)

20万平米以上(2家,共48.8万平米)	1～5万平米(39家,共71.4万平米)
重庆小天鹅餐饮连锁经营管理有限公司	陕西服务集团股份有限公司老孙家饭庄
重庆市德庄饮食文化有限公司	天津狗不理包子饮食集团公司
10～20万平米(5家,共72万平米)	武汉梦天湖娱乐有限公司
内蒙古小肥羊餐饮连锁有限公司	马鞍山市塞纳河畔发展有限责任公司
中国全聚德(集团)股份有限公司	山西太原江南餐饮集团有限公司
重庆菜根香餐饮有限公司	贵州雅园饮食娱乐有限公司
重庆陶然居饮食文化(集团)有限公司	昆明大滇园美食有限公司
重庆秦妈餐饮文化有限公司	武汉凯威啤酒屋有限责任公司
5～10万平米(4家,共25.2万平米)	陕西竹园村餐饮有限责任公司
东江饮食集团	青岛万和春商贸有限公司
重庆苏大姐餐饮文化有限公司	广州黄埔华苑大酒店
百胜餐饮(广东)有限公司	郴州得月酒店管理有限公司
上海美林阁餐饮经营管理有限公司	北京郭林家常菜食品有限责任公司
1～5万平米(39家,共71.4万平米)	北京万龙洲饮食有限责任公司
武汉市小蓝鲸健康美食酒店	黄石三五轩饮食管理有限公司
厦门市舒友海鲜大酒楼有限公司	宁波市新盛业大酒店有限公司
安徽省金满楼饮食集团公司	山东朱老大食品有限公司
淄博泰星大酒店	北京顺峰饮食娱乐有限公司
广州市绿茵阁发展有限公司	武汉市亢龙太子酒轩有限责任公司
上海必胜客有限公司	乌海市蓝梦商贸有限公司
安徽蜀王饮食服务有限公司	马鞍山市梦都餐饮发展有限责任公司
北京必胜客比萨饼有限公司	宁波市江东向阳渔港餐饮发展有限公司
重庆君之薇餐饮文化有限公司	天津市鸿起顺餐饮有限公司
宁波汉通宾馆	北京功德福餐饮有限公司
广州市广州酒家	武汉市醉江月饮食服务有限公司
武汉艳阳天商贸发展有限公司	名人名家餐饮有限公司
湖北三五醇酒店有限公司	

6—9 营业面积万平米以上连锁快餐集团(企业)

(2005)

5～10 万平米(4 家,共 24.1 万平米)	1～5 万平米(33 家,共 69.1 万平米)
上海肯得基有限公司	深圳肯德基有限公司
浙江肯德基公司	青岛肯德基有限公司
北京肯德基有限公司	百胜餐饮(武汉)有限公司
百胜餐饮(沈阳)有限公司	上海华联麦当劳有限公司
1～5 万平米(33 家,共 69.1 万平米)	北京好伦哥餐饮有限公司
广东三元麦当劳食品有限公司	上海小绍兴集团公司
北京麦当劳食品有限公司	江苏大娘水饺餐饮有限公司
天津肯德基有限公司	苏州肯德基有限公司
南京肯德基有限公司	麦当劳餐厅(深圳)有限公司
深圳面点王饮食连锁有限公司	南京麦当劳餐饮食品有限公司
常州市丽华快餐有限公司	百胜餐饮(成都)有限公司
杭州知味观	四川麦当劳餐厅食品有限公司
上海新亚大家乐餐饮有限公司	昆明德克士食品开发有限公司
长沙肯德基有限公司	北京吉野家快餐有限公司
四川得克士食品开发有限公司	东莞肯德基有限公司
天津麦当劳食品有限公司	浙江麦当劳餐厅食品有限公司
无锡市肯德基有限公司	马兰拉面快餐连锁有限责任公司
厦门肯德基有限公司	大连肯德基有限公司
武汉麦当劳餐饮食品有限公司	百胜餐饮(福州)有限公司

6—10 限额以上连锁茶馆集团(企业)营业面积

(2005 年)

3 家,共 1.1 万平米	3 家,共 1.1 万平米
东莞市杏林春凉茶有限公司	北京茗都茶艺文化发展有限公司
杭州湖畔居茶楼	

6—11 限额以上连锁咖啡店集团(企业)营业面积

(2005 年)

5 家,共 9.8 万平米	5 家,共 9.8 万平米
浙江两岸食品有限公司	北京美大星巴克咖啡有限公司
北京上岛餐饮有限公司	美心星巴克咖啡餐饮(广东)有限公司
上海统一星巴克咖啡有限公司	

6—12 限额以上连锁其他餐饮集团(企业)营业面积

(2005 年)

6 家,共 3.9 万平米	6 家,共 3.9 万平米
四川德阳谭氏餐饮连锁有限公司	上海哈根达斯食品有限公司广州分公司
天津市桂发祥麻花饮食集团有限公司	西宁五谷粥屋
浙江五芳斋实业公司五芳斋粽子总公司	连云港市新浦区小武凉皮店

6—13 营业收入亿元以上连锁餐饮业集团(企业)

(2005年)

10亿元以上(7家,共128.2亿元)
内蒙古小肥羊餐饮连锁有限公司
上海肯得基有限公司
重庆小天鹅餐饮连锁经营管理有限公司
浙江肯德基公司
重庆市德庄饮食文化有限公司
百胜餐饮(广东)有限公司
北京肯德基有限公司
5~10亿元(14家,共97.4亿元)
广东三元麦当劳食品有限公司
百胜餐饮(沈阳)有限公司
北京麦当劳食品有限公司
中国全聚德(集团)股份有限公司
天津肯德基有限公司
深圳肯德基有限公司
上海必胜客有限公司
重庆陶然居饮食文化(集团)有限公司
南京肯德基有限公司
重庆菜根香餐饮有限公司
青岛肯德基有限公司
麦当劳餐厅(深圳)有限公司
北京必胜客比萨饼有限公司
苏州肯德基有限公司
1~5亿元(56家,共106.9亿元)
上海华联麦当劳有限公司
无锡市肯德基有限公司
江苏大娘水饺餐饮有限公司
天津市桂发祥麻花饮食集团有限公司
百胜餐饮(武汉)有限公司
厦门市舒友海鲜大酒楼有限公司

1~5亿元(56家,共106.9亿元)
天津麦当劳食品有限公司
上海美林阁餐饮经营管理有限公司
长沙肯德基有限公司
广州市广州酒家
上海统一星巴克咖啡有限公司
深圳面点王饮食连锁有限公司
浙江两岸食品有限公司
武汉麦当劳餐饮食品有限公司
南京麦当劳餐饮食品有限公司
北京吉野家快餐有限公司
太原肯德基有限公司
东江饮食集团
浙江麦当劳餐厅食品有限公司
百胜餐饮(成都)有限公司
北京顺峰饮食娱乐有限公司
大连肯德基有限公司
常州市丽华快餐有限公司
上海小绍兴集团公司
百胜餐饮(福州)有限公司
厦门麦当劳食品发展有限公司
东莞肯德基有限公司
四川得克士食品开发有限公司
上海新亚大家乐餐饮有限公司
重庆苏大姐餐饮文化有限公司
北京好伦哥餐饮有限公司
沈阳麦当劳餐厅食品有限公司
重庆君之薇餐饮文化有限公司
南昌肯德基有限公司

6—13　续表

1～5亿元(56家，共106.9亿元)	1～5亿元(56家，共106.9亿元)
厦门肯德基有限公司	北京永和大王餐饮有限公司
湖北三五醇酒店有限公司	贵州雅园饮食娱乐有限公司
杭州知味观	焦作市歌乐苑饮食有限公司
武汉市小蓝鲸健康美食酒店	武汉艳阳天商贸发展有限公司
四川麦当劳餐厅食品有限公司	浙江五芳斋实业公司五芳斋粽子总公司
北京美大星巴克咖啡有限公司	宁波市江东向阳渔港餐饮发展有限公司
宁波汉通宾馆	武汉湖锦娱乐发展有限公司
湖南麦当劳(餐厅食品)有限公司	福州麦当劳餐厅有限公司
安徽省金满楼饮食集团公司	大连麦当劳餐厅有限公司
上海永和大王餐饮有限公司	广州市绿茵阁发展有限公司
武汉市亢龙太子酒轩有限责任公司	北京万龙洲饮食有限责任公司

6—14　营业收入亿元以上连锁正餐集团(企业)

(2005年)

10亿元以上(4家，共90亿元)	1～5亿元(19家，共30.7亿元)
内蒙古小肥羊餐饮连锁有限公司	北京顺峰饮食娱乐有限公司
重庆小天鹅餐饮连锁经营管理有限公司	重庆苏大姐餐饮文化有限公司
重庆市德庄饮食文化有限公司	重庆君之薇餐饮文化有限公司
百胜餐饮(广东)有限公司	湖北三五醇酒店有限公司
5～10亿元(5家，共33.3亿元)	武汉市小蓝鲸健康美食酒店
中国全聚德(集团)股份有限公司	宁波汉通宾馆
上海必胜客有限公司	安徽省金满楼饮食集团公司
重庆陶然居饮食文化(集团)有限公司	武汉市亢龙太子酒轩有限责任公司
重庆莱根香餐饮有限公司	贵州雅园饮食娱乐有限公司
北京必胜客比萨饼有限公司	焦作市歌乐苑饮食有限公司
1～5亿元(19家，共30.7亿元)	武汉艳阳天商贸发展有限公司
厦门市舒友海鲜大酒楼有限公司	宁波市江东向阳渔港餐饮发展有限公司
上海美林阁餐饮经营管理有限公司	武汉湖锦娱乐发展有限公司
广州市广州酒家	广州市绿茵阁发展有限公司
东江饮食集团	北京万龙洲饮食有限责任公司

6－15　营业收入亿元以上连锁快餐集团(企业)

(2005)

10亿元以上(3家,共38.2亿元)	1－5亿元(32家,共65.5亿元)
上海肯得基有限公司	江苏大娘水饺餐饮有限公司
浙江肯德基公司	百胜餐饮(武汉)有限公司
北京肯德基有限公司	天津麦当劳食品有限公司
5－10亿元(9家,共64.1亿元)	长沙肯德基有限公司
广东三元麦当劳食品有限公司	深圳面点王饮食连锁有限公司
百胜餐饮(沈阳)有限公司	武汉麦当劳餐饮食品有限公司
北京麦当劳食品有限公司	南京麦当劳餐饮食品有限公司
天津肯德基有限公司	北京吉野家快餐有限公司
深圳肯德基有限公司	太原肯德基有限公司
南京肯德基有限公司	浙江麦当劳餐厅食品有限公司
青岛肯德基有限公司	百胜餐饮(成都)有限公司
麦当劳餐厅(深圳)有限公司	大连肯德基有限公司
苏州肯德基有限公司	常州市丽华快餐有限公司
1－5亿元(32家,共65.5亿元)	上海小绍兴集团公司
上海华联麦当劳有限公司	百胜餐饮(福州)有限公司
无锡市肯德基有限公司	厦门麦当劳食品发展有限公司
东莞肯德基有限公司	杭州知味观
四川得克士食品开发有限公司	四川麦当劳餐厅食品有限公司
上海新亚大家乐餐饮有限公司	湖南麦当劳(餐厅食品)有限公司
北京好伦哥餐饮有限公司	上海永和大王餐饮有限公司
沈阳麦当劳餐厅食品有限公司	北京永和大王餐饮有限公司
南昌肯德基有限公司	福州麦当劳餐厅有限公司
厦门肯德基有限公司	大连麦当劳餐厅有限公司

6－16　限额以上连锁茶馆集团(企业)营业收入

(2005年)

3家,共0.3亿元	3家,共0.3亿元
杭州湖畔居茶楼	北京茗都茶艺文化发展有限公司
东莞市杏林春凉茶有限公司	

6－17　限额以上连锁咖啡店集团(企业)营业收入

(2005年)

5家,共6.9亿元	5家,共6.9亿元
上海统一星巴克咖啡有限公司	美心星巴克咖啡餐饮(广东)有限公司
浙江两岸食品有限公司	北京上岛餐饮有限公司
北京美大星巴克咖啡有限公司	

6－18　限额以上连锁其他餐饮集团(企业)营业收入

(2005年)

6家,共5亿元	6家,共5亿元
天津市桂发祥麻花饮食集团有限公司	上海哈根达斯食品有限公司广州分公司
浙江五芳斋实业公司五芳斋粽子总公司	西宁五谷粥屋
四川德阳谭氏餐饮连锁有限公司	连云港市新浦区小武凉皮店

第七部分

连锁住宿业集团（企业）门店营业面积和营业收入

7—1　限额以上连锁住宿业集团(企业)门店

(2005 年)

18 家,共 84 个门店	18 家,共 84 个门店
如家和美酒店管理(北京)有限公司	北京广通达招待所
北京欣燕都旅馆连锁有限公司	北京海达汇园招待所
开元旅游集团有限公司(浙江)	北京晋都宾馆
北京御华旅店有限责任公司	北京聚丰宾馆有限公司
北京大北服务有限责任公司	北京前门晋都宾馆有限责任公司
北京龙福宫宾馆有限公司	北京市义和长旅社
北京航鹰招待所有限责任公司	北京冶研接待中心
北京清华接待服务部	北京兆安旅馆有限公司
杭州海外海集团有限公司	青岛香格里拉大饭店有限公司

7—2　限额以上连锁住宿业集团(企业)营业面积

(2005 年)

18 家,共 6.9 万平米	18 家,共 6.9 万平米
开元旅游集团有限公司(浙江)	北京前门晋都宾馆有限责任公司
如家和美酒店管理(北京)有限公司	杭州海外海集团有限公司
青岛香格里拉大饭店有限公司	北京航鹰招待所有限责任公司
北京大北服务有限责任公司	北京冶研接待中心
北京欣燕都旅馆连锁有限公司	北京兆安旅馆有限公司
北京龙福宫宾馆有限公司	北京市义和长旅社
北京清华接待服务部	北京晋都宾馆
北京聚丰宾馆有限公司	北京广通达招待所
北京御华旅店有限责任公司	北京海达汇园招待所

7—3　限额以上连锁住宿业集团(企业)营业收入

(2005 年)

18 家,共 11.8 亿元	18 家,共 11.8 亿元
开元旅游集团有限公司(浙江)	北京冶研接待中心
青岛香格里拉大饭店有限公司	北京航鹰招待所有限责任公司
如家和美酒店管理(北京)有限公司	北京兆安旅馆有限公司
杭州海外海集团有限公司	北京御华旅店有限责任公司
北京欣燕都旅馆连锁有限公司	北京前门晋都宾馆有限责任公司
北京大北服务有限责任公司	北京晋都宾馆
北京清华接待服务部	北京海达汇园招待所
北京聚丰宾馆有限公司	北京广通达招待所
北京龙福宫宾馆有限公司	北京市义和长旅社

附　录　连锁餐饮住宿业统计指标解释

连锁餐饮住宿业统计指标解释

连锁(集团)企业(或称连锁店、连锁公司):指在核心企业或总店的领导下,由分散的、经营同类商品或服务的企业或活动单位,采取共同方针,实行集中采购和分散销售的有机结合,通过规范化经营,实现规模效益的经济联合组织形式。一般连锁店应由若干个分店组成。其经营特征:(1)经营同类商品;(2)使用统一商号;(3)统一采购配送,采购与销售相分离(部分商品可根据物流合理和保质保鲜原则由供应商直接送货到门店,其余均由总部统一配送)。通过规范化经营,实现规模效益。

连锁店分为三种形式:直营连锁、特许经营连锁(也可以叫特许加盟)和自由连锁。

(1)直营连锁:也叫正规连锁。指总公司直接经营的连锁店,即由公司总部直接经营、投资、管理各个零售店的经营形态。总部采取纵深似的管理方式,直接下令掌管所有的零售店,零售店也必须完全接受总部指挥。他是大型垄断商业资本通过吞并、兼并或独资、控股等途径,发展壮大自身实力和规模的一种形式。本质上是处于同一流通阶段,经营同类商品和提供相同服务,并在同一经营资本及同一总部集权性管理机构统一领导下进行共同经营活动。直营连锁主要特点:所有权和经营权集中统一于总部。其所有权和经营权的集中统一表现在:所有成员企业必须是单一所有者,归一个公司,一个联合组织或单一个人所有;由总部集中领导、统一管理,如人事、采购、计划、广告、会计和经营方针都集中统一;实行统一核算制度;各直营连锁店经理是雇员而不是所有者;各直营连锁店实行标准化经营管理。直营连锁的人员组织形式是由总公司直接管理。直营连锁的组织体系,一般分为3个层次:上层是公司总部负责整体事业的组织系统;中层是负责若干个分店的区域性管理组织和负责专项业务,下层是分店或成员店。

(2)加盟连锁:也称特许连锁。各连锁门店(被特许人)通过合同形式,取得使用总部(特许人)商标、商号、经营技术和销售总部开发的商品的特许权,加盟者得到上述权利,必须支付给总部(特许人)一定加盟费,并根据总部(特许人)的指导、培训及协助,使用相同商标,全部或部分使用相同商品、服务和经营技术,同时,加盟店设立所需资金及人员大部分(或全部)由加盟者负责。实行加盟连锁对加盟店而言:总部提供一整套经营模式、人员培训、商标和商誉、广告及商品供应,降低时间与资金成本并迅速提高和扩大了知名度,从而大幅度地提高了创业成功率。对总部而言:在减少资金和人力开拓市场的同时,有更多更快的机会扩展其业务。对消费者而言:可以享受品质标准化、价格大众化的商品及服务。

特许经营是以特许经营权的转让为核心的一种经营方式。其本质特征:1、特许经营是利用自己的专有技术与他人的资本相结合来扩张经营规模的一种商业发展模式。因此,特许经营是技术和品牌价值的扩张而不是资本的扩张。2、特许经营是以经营管理权控制所有权的一种组织方式,被特许者投资特许加盟店并对店铺拥有所有权,但该店铺的最终管理权仍由特许者掌握。3、成功的特许经营应该是双赢模式,只有让被特许者获得比单体经营更多的利益,特许经营关系才能有效维持。

(3)自由连锁:也称自愿连锁,连锁公司的店铺均为独立法人,各自的资产所有权关系不变,在公司总部的指导下共同经营。各成员店使用共同的店名,与总部订阅有关购、销、宣传等方面的合同,并按合同开展经营活动。在合同规定的范围之外,各成员店可以自由活动。根据自愿原则,各成员店可自由加入连锁体系,也可自由退出。

连锁店总店(总部):指连锁店的核心企业或管理中心。

连锁店分店:指连锁店所属各分散经营的企业或活动单位,也可称分店或成员店。

门店数:指该连锁企业所拥有的全部连锁门店数量,包括总店和全部直营分店、加盟分店数。其中,总店作为一个直营店处理。此外,有的地区分出控股店,控股店按直营店统计。直营店和加盟店之和应小于等于门店总数。

营业面积:指住宿和餐饮业法人企业、产业活动单位对外提供就餐和住宿服务的门店建筑面积和从事食品加工、烹饪、调制的厨房面积，不包括办公用房和仓库等面积。该指标按年末实有面积统计。

经营住宿业务床位数：指宾馆、饭店、酒店、旅馆等供应旅客使用的床位数，不包括临时加的床位和宾馆、饭店、酒店、旅馆等内部工作人员使用的床位。该指标按年内正常情况下的实有数统计。

经营餐饮业务餐位数：指住宿和餐饮业法人企业、产业活动单位为顾客提供就餐服务时，正常可同时容纳就餐人员的餐位数量，不包括临时加的餐位。该指标按年内正常情况下的实有数统计。

从业人员：指在该连锁企业工作并取得劳动报酬的年末实有人员数。包括在岗职工、再就业的离退休人员、在该企业工作的外方人员、港、澳、台方人员、兼职人员、借用的外单位人员和第二职业者。不包括离开本单位但仍保留劳动关系的职工。从业人数包括总店和全部门店以及自有配送中心的从业人员数。

商品购进总额：指从本企业以外的单位和个人购进作为转卖或加工后转卖的商品，包括从生产者购进、从批发零售贸易业购进、进口等，反映批发零售贸易业从国内、国外市场上购进商品的总量。

统一配送商品购进额：指企业统一购进商品后，配送到门店(包括加盟店)的商品金额(按购进价计算)。非自有配送中心配送比重指由第三方物流配送的商品购进额。直营店和加盟店的配送商品购进额，是指由总部统一配送或接受统一配送的商品购进额，而不是直营店和加盟店对外的配送商品购进额。

自有配送中心配送商品购进额：指连锁总部从自有配送中心购进商品的金额。

非自有配送中心配送商品购进额：指连锁总部从第三方物流配送中心购进商品的金额。

营业收入：指住宿和餐饮业法人企业、产业活动单位在经营活动中因提供服务或销售商品等取得的收入。包括：客房收入、餐费收入、商品销售收入和其他收入。

客房收入：指住宿和餐饮业法人企业、产业活动单位在经营活动中因提供住宿服务取得的客房收入。

餐费收入：指住宿和餐饮业法人企业、产业活动单位因为顾客提供就餐服务取得的收入。包括：经烹饪、调制加工后出售的各种食品，如主食、炒菜、凉拌菜等的收入。

商品销售收入：指住宿和餐饮业法人企业、产业活动单位伴随服务而出售商品所取得的收入。

其他收入：指营业收入中除客房收入、餐费收入、商品销售收入以外的其他收入。包括：娱乐、健身和商务服务等。

配送中心：是连锁企业的物流机构，承担着各门店所需商品的进货、库存、分货、加工、集配、运输、送货等任务。配送中心主要为本连锁企业服务，也可面向社会。如本企业没有配送中心而是利用本企业以外的物流中心配送，可不填自有配送中心数、配送中心面积和运输车辆，但应填统一配送商品购进额。

正餐：指提供各种中西式炒菜和主食，并由服务员送餐上桌的餐饮服务。包括各种中式正餐和西式正餐。

快餐：指服务员不送餐上桌，由顾客自己领取食物的一种自我服务的餐饮活动。包括各种中式快餐和西式快餐。

茶馆：以现场提供现场消费茶饮料为主，兼卖各式点心和小食品。包括各种茶艺馆、茶楼、茶铺等。

咖啡馆：以现场制作现场消费咖啡饮料为主，兼卖各式点心和小食品。包括各种咖啡馆、咖啡厅、咖啡屋等。

酒吧：以出售各种酒及酒精饮料为主，兼卖各式点心和小食品。

其他：指上述业态未包括的连锁餐饮形式。

登记注册类型：指企业或企业产业活动单位的登记注册类型，按其在工商行政管理机关登记注册的类型填写。所有单位均填报本项。

机关、事业单位和社会团体及其他组织的登记注册类型，按其主要经费来源和管理方式，根据实际情况，比照《企业登记注册类型与代码》确定。

工商行政管理部门对企业(单位)登记注册的类型分为以下几种：

(1)国有企业：指企业全部资产归国家所有，并按《中华人民共和国企业法人登记管理条例》规定登记注册的非公司制的经济组织。不包括有限责任公司中的国有独资公司。

(2)集体企业：指企业资产归集体所有，并按《中华人民共和国企业法人登记管理条例》规定登记注册的经济组织。

(3)股份合作企业：指以合作制为基础，由企业职工共同出资入股，吸收一定比例的社会资产投资组建，实行自主经营，自负盈亏，共同劳动，民主管理，按劳分配与按股分红相结合的一种集体经济组织。

(4)联营企业:两个及两个以上相同或不同所有制性质的企业法人或事业单位法人,按自愿、平等、互利的原则,共同投资组成的经济组织称为联营企业。联营企业包括国有联营企业、集体联营企业、国有与集体联营企业和其他联营企业。

国有联营企业:指所有联营单位均为国有。

集体联营企业:指所有联营单位均为集体。

国有与集体联营企业:指联营单位既有国有也有集体。

其他联营企业:指上述三种联营企业之外的其他联营形式的企业。

(5)有限责任公司:根据《中华人民共和国公司登记管理条例》规定登记注册,由两个以上,五十个以下的股东共同出资,每个股东以其所认缴的出资额对公司承担有限责任,公司以其全部资产对其债务承担责任的经济组织称为有限责任公司。有限责任公司分为国有独资公司以及其他有限责任公司。

国有独资公司:指国家授权的投资机构或者国家授权的部门单独投资设立的有限责任公司。

其他有限责任公司:指国有独资公司以外的其他有限责任公司。

(6)股份有限公司:指根据《中华人民共和国公司登记管理条例》规定登记注册,其全部注册资本由等额股份构成并通过发行股票筹集资本,股东以其认购的股份对公司承担有限责任,公司以其全部资产对其债务承担责任的经济组织。

(7)私营企业:由自然人投资设立或由自然人控股,以雇佣劳动为基础的营利性经济组织称为私营企业。包括按照《公司法》、《合伙企业法》、《私营企业暂行条例》以及《个人独资企业法》规定登记注册的私营独资企业、私营有限责任公司、私营股份有限公司、私营合伙企业和个人独资企业。

私营独资企业:指按《私营企业暂行条例》的规定,由一名自然人投资经营,以雇佣劳动为基础,投资者对企业债务承担无限责任的企业。

个人独资企业:指按《个人独资企业法》、《个人独资企业登记管理办法》的规定,由一个自然人投资,财产为投资人个人所有,投资人以其个人财产对企业债务承担无限责任的经营实体。个人独资企业填表时归入私营独资企业。

私营合伙企业:指按《合伙企业法》或《私营企业暂行条例》的规定,由两个以上自然人按照协议共同投资、共同经营、共负盈亏,以雇佣劳动为基础,对债务承担无限责任的企业。

私营有限责任公司:指按《公司法》、《私营企业暂行条例》的规定,由两个以上自然人投资或由单个自然人控股的有限责任公司。

私营股份有限公司:指按《公司法》的规定,由五个以上自然人投资,或由单个自然人控股的股份有限公司。

(8)其他内资企业:指上述第(1)条至第(7)条之外的其他内资经济组织。

(9)与港澳台商合资经营企业:指港澳台地区投资者与内地的企业依照《中华人民共和国中外合资经营企业法》及有关法律的规定,按合同规定的比例投资设立,分享利润和分担风险的企业。

(10)与港澳台商合作经营企业:指港澳台地区投资者与内地企业依照《中华人民共和国中外合作经营企业法》及有关法律的规定,依照合作合同的约定进行投资或提供条件设立,分配利润、分担风险和亏损的企业。

(11)港澳台商独资经营企业:指依照《中华人民共和国外资企业法》及有关法律的规定,在内地设立的由港澳台地区投资者在内地全额投资设立的企业。

(12)港澳台商投资股份有限公司:指根据国家有关规定,经商务部(原外经贸部)批准设立,并且其中港、澳、台商的股本占公司注册资本的比例达25%以上的股份有限公司。凡其中港、澳、台商的股本占公司注册资本的比例小于25%的,属于内资中的股份有限公司。

(13)中外合资经营企业:指外国企业或外国人与中国内地企业依照《中华人民共和国中外合资经营企业法》及有关法律的规定,按合同规定的比例投资设立,分享利润和分担风险的企业。

(14)中外合作经营企业:指外国企业或外国人与中国内地企业依照《中华人民共和国中外合作经营企业法》及有关法律的规定,依照合作合同的约定进行投资或提供条件设立,分配利润、分担风险和亏损的企业。

(15)外资企业:指依照《中华人民共和国外资企业法》及有关法律的规定,在中国内地设立的由外国投资者全额投资设立的企业。

(16)外商投资股份有限公司:指根据国家有关规定,经商务部(原外经贸部)批准设立,并且其中外资的股本占公司注册资本的比例达25%以上的股份有限公司。凡其中外资股本占公司注册资本的比例小于25%的,属于内资中的股份有限公司。

连锁业统计的有关规定

限额以上连锁餐饮业:是指该连锁企业的全部门店的营业收入达到限额标准的。由限额以上连锁餐饮业的总公司或总店或外资企业的中国总部填报。

关于不规范连锁问题,如老字号开出的自称是特许连锁店,但实际上不规范管理也不统一配送商品的,统一配送商品购进额按零处理。